SECONDE SÉRIE

DE LA

BIBLIOTHÈQUE

LATINE-FRANÇAISE

DEPUIS ADRIEN JUSQU'A GRÉGOIRE DE TOURS

publiée

PAR C. L. F. PANCKOUCKE

OFFICIER DE LA LÉGION D'HONNEUR

IMPRIMERIE PANCKOUCKE,
rue des Poitevins, 14.

RUFUS FESTUS
AVIENUS

DESCRIPTION DE LA TERRE
LES RÉGIONS MARITIMES
PHÉNOMÈNES ET PRONOSTICS D'ARATUS
ET PIÈCES DIVERSES

TRADUITS

PAR MM. E. DESPOIS ET ÉD. SAVIOT
Agrégés de l'Université
anciens Élèves de l'École normale

PARIS
C. L. F. PANCKOUCKE, ÉDITEUR
OFFICIER DE L'ORDRE ROYAL DE LA LÉGION D'HONNEUR
RUE DES POITEVINS, 14

1843

NOTICE

SUR AVIENUS.

Si Rufus Festus Avienus ne nous avait donné lui-même quelques renseignements sur sa personne, on ignorerait absolument tout ce qui se rapporte à cet écrivain, sa patrie, sa famille, son rang dans l'empire. Il naquit à Vulsinie en Étrurie, probablement dans la seconde moitié du IVe siècle. Son père se nommait comme lui, Avienus. Un de ses ancêtres, qu'il appelle Musonius, avait donné son nom à une fontaine célèbre dans le pays. La famille d'Avienus était illustre : lui-même fut deux fois proconsul, si l'inscription publiée par Spon et Fabretti* est réellement consacrée à notre auteur. D'ordinaire il habitait Rome ou la campagne environnante, au sein de sa famille, qu'il paraît avoir beaucoup aimée. Il parle du bonheur que lui donnent sa femme Placida, son fils Placidus, et d'autres enfants en grand nombre. Il eut aussi des amis, entre autres Probus, jeune homme auquel il dédie son

---

* Nous donnons ici cette inscription, composée de deux parties très-distinctes :

R. FESTVS V.C. DE SE AD DEAM NORTIAM
FESTVS MVSONI SVBOLES PROLESQVE AVIENI
VNDE TVI LATICES TRAXERVNT CAESIA NOMEN
NORTIA TE VENEROR LARE CRETVS VVLSINIENSI
ROMAM HABITANS GEMINO PROCONSVLIS AVCTVS HONORE
CARMINA MVLTA SERENS VITAM INSONS INTEGER AEVVM
CONIVGIO LAETVS PLACIDAE NVMEROQVE FREQVENTI
NATORVM EXVLTANS VIVAX ET SPIRITVS OLLIS
CETERA COMPOSITA FATORVM LEGE TRAHENTVR
SANCTO PATRI FILIVS PLACIDVS
IBIS IN OPTATAS SEDES NAM IVPPITER AETHRAM
PANDIT FESTE TIBI CANDIDVS VT VENIAS
IAMQ VENIS TENDIT DEXTRAS CHORVS INDE DEORVM
ET TOTO TIBI IAM PLAVDITVR ECCE POLO

poëme sur les *Régions maritimes*, et Flavianus Myrmecius, auquel il adresse une petite épître en vers.

Voilà à peu près tout ce que nous savons sur Avienus. On a avancé qu'il était chrétien, qu'il avait voyagé en Espagne : aucune de ces assertions n'est appuyée sur des preuves solides.

Les ouvrages d'Avienus, comme il s'en vante lui-même, étaient nombreux. Presque tous sont traduits du grec. La *Description de l'Univers* est une traduction libre d'un poëme géographique de Denys le Périégète. Il la composa avant ses *Régions maritimes*, compilation faite sur d'anciens Grecs, et dont il ne reste que le premier livre. Avienus a encore traduit les *Phénomènes* et les *Pronostics d'Aratus*. Tous ses poëmes sont donc consacrés à des sujets scientifiques. Il faut en excepter quelques pièces légères, qui sont précisément la source où nous avons puisé les détails de cette Notice.

On lui a attribué, en outre, une traduction de quarante-deux fables d'Ésope, une amplification en vers iambiques de différents passages de Virgile et de Tite-Live, une description en prose de l'empire sous Valentinien, et une autre de l'Espagne. Ces ouvrages ne sont pas d'Avienus.

Avienus a été imprimé pour la première fois à Venise, en 1488, par les soins de Georges Valla ; et depuis, Vienne, Paris, Lyon, Genève, ont publié successivement d'autres éditions de cet auteur. Des commentateurs célèbres, tels que Camers, Scaliger, Hudson, Schrader, Wernsdorf, etc., se sont occupés d'expliquer et de réviser son texte. Toutefois il n'a point été fait de travail complet sur Avienus : cet auteur n'a même pas été traduit.

Le style d'Avienus n'est pas sans mérite, surtout si l'on considère l'époque à laquelle il écrivait. Malheureusement les matières qu'il a traitées se prêtent difficilement au langage poétique. L'historien Gibbon, à propos d'un autre auteur, de Rutilius, fait quelques réflexions qui nous paraissent surtout convenir à celui-ci. « Lorsqu'on veut, dit-il, traiter en vers un sujet tout uni et tout simple, il n'est presque pas possible de conserver à la fois le ton des choses et celui de la versification.... Le poëte qui cherche à employer la poésie dans un sujet qui laissera l'âme tranquille et sans émotions, se trouvera placé entre deux écueils presque inévitables.... Ici la force de son coloris défigurera la simplicité de son objet, au lieu de l'embellir. Là, le poëte ne se fera sentir que par l'harmonie des vers, pendant que les expressions seront froides et prosaïques. » C'est là sans doute ce qui a nui le plus à Aviénus : le malheureux choix des matières. Il choque aussi quelquefois par ses retours continuels sur une même description, par ses erreurs géographiques, par l'inexactitude avec laquelle il traduit certains passages, par la bizarrerie de ses étymologies. Pourtant il faut lui tenir compte des efforts qu'il a faits pour la science, et même pour la poésie. Ses petits poëmes ont de la grâce; quelques passages spirituels viennent quelquefois animer sa versification. Nous pourrions même citer des élans poétiques assez remarquables : la conquête de l'Inde par Bacchus, qui termine, d'une manière heureuse, la *Description de l'Univers;* et le préambule des *Phénomènes d'Aratus,* reflet assez vif encore des beautés étincelantes de Lucrèce.

DESPOIS et Ed. SAVIOT.

RUFI FESTI AVIENI

DESCRIPTIO ORBIS TERRÆ.

Qua protenta jacent vastæ divortia terræ,
Et qua præcipiti volvuntur prona meatu
Flumina per terras, qua priscis inclyta muris
Oppida nituntur, genus hoc procul omne animantum
Qua colit, Aoniis perget stylus impiger orsis.
Ardua res Musæ. Deus, en Deus intrat Apollo
Pectora, fatidicæ quatiens penetralia Cirrhæ.

Pierides, toto celeres Helicone venite,
Concinat et Phœbo vester chorus; Oceanumque,
Carminis auspicium, primum memorate, Camœnæ.
Oceani nam terra salo præcingitur omnis,
Parva ut cæruleo caput effert insula ponto:
Nec tamen extremo teres est situs undique in orbe,
Qua colitur populis, qua tellus paret aratro;
Sed, matutino qua cœlum sole rubescit,
Latior, accisi curvatur cespitis arva,
Cetera protentus. Tria sunt confinia terræ
Unius: est primum Libyæ, Europæque, Asiæque,
Æquore ab Hesperio qua se salis insinuat vis,

RUFUS FESTUS AVIENUS.

DESCRIPTION DE L'UNIVERS.

L'ÉTENDUE et la situation des différentes parties de l'immense univers, la direction des fleuves qui roulent à travers les terres leurs flots précipités, la place des villes célèbres protégées par d'antiques murailles, la répartition du genre humain sur cette vaste surface; tels sont les objets que va décrire ma muse de sa plume infatigable. La poésie est une œuvre difficile. Mais voici le dieu! Apollon pénètre dans mon cœur, et il a fait retentir le sanctuaire fatidique de Cirrha.

Filles du Piérius, accourez des retraites de l'Hélicon; que votre chœur accompagne les chants de Phébus! ô muses, préludez à ce poëme par la description de l'Océan.

La terre dans son ensemble est embrassée par la ceinture de l'Océan : c'est une île, comme celles qui élèvent leur humble sommet au-dessus de la mer azurée. Cependant les contours de la terre n'ont pas une forme circulaire, partout où elle est habitée par les peuples, où elle obéit à la charrue; mais aux lieux où le ciel se rougit des feux du matin, elle est plus large, et forme comme une base plus étendue, en s'allongeant dans la direction opposée. L'univers est divisé en trois parties : la Libye, l'Europe, l'Asie. Là où la mer Occidentale précipite ses

Terrarumque cavis illabitur, arduus Atlas
Qua juga celsa tumet, Libyæ sese explicat ora:
Finis huic Gades, septenaque gurgite vasto
Ora procul Nili, Phariorum ubi gleba recumbit,
Et Pelusiaci celebrantur templa Canopi[1].
Europæque dehinc lævum est latus : at procul ambas
Una Asia, inclinans geminis se cornibus, urget
Desuper, ac rupti divortia continet orbis.
Europam atque Asiam Tanais disterminat amnis.
Hic se Sarmaticis evolvens finibus alta,
Scissus Araxeo prius æquore[2], jam suus, unda
Effluit in Scythiam : procul hinc Mæotida Tethyn
Intrat, et inserto freta pellit vasta fluento,
Ismaricique riget semper flabris Aquilonis.
At qua piscosi gurges strepit Hellesponti,
Vis obliqua sali tepidum procumbit in Austrum,
Terrarumque trium modus est mare, donec in alti
Ora procul Nili late Thetis efflua serpat.
Altera pars orbem telluris limite findit.
Cespes terga jacens Asiæ succedit in oras,
Immensusque modi protenditur : hic latus arctans
Caspia contingit freta desuper, atque tumenti
Proximus Euxino est : Asiam conterminus iste
Europamque secat. Tellus sese altera in Austrum
Porrigit, insertoque sinus inter jacet agro
(Nam sinus hic Arabum, sinus hic Ægyptius unda
Æstuat); et Libycis Asiam discernit ab oris.
Sic diversa fuit sententia, rite quis orbi
Limes haberetur. Totum hoc circumlatrat æstus,
Et maris infesti moles ligat : una furenti
Natura est pelago, pelagi sed nomina mille,
Æquor ut innumeris terrarum admoverit oris.

ondes et s'élance dans l'intérieur des terres, où le géant Atlas élève sa tête hautaine, se déploie le rivage de la Libye : elle se prolonge de Gadès aux lieux où le Nil se répand dans le gouffre des mers par sept embouchures, où s'étend le territoire de Pharos, où Canope l'Égyptienne voit ses temples se remplir d'adorateurs. A l'opposé se trouve le côté gauche de l'Europe; mais l'Asie, jetant vers ces deux contrées deux bras qui les rapprochent, les domine de ses plateaux élevés, et prévient ainsi le divorce des deux mondes. Le fleuve du Tanaïs sépare l'Europe de l'Asie. Il descend des limites de la Sarmatie en roulant ses eaux profondes; il se détache de l'Araxe pour devenir bientôt un fleuve indépendant, et coule vers la Scythie : loin de là il se jette dans le Palus-Méotide, et son courant fait refluer les eaux de la mer; le souffle de l'Aquilon de Thrace glace toujours ses eaux. Mais du côté où retentissent les gouffres poissonneux de l'Hellespont, un vaste courant d'eau se détache de l'Euxin pour se jeter vers les chaudes contrées du Midi; cette mer sépare ainsi trois mondes, jusqu'aux lieux où Thétis vient dérouler ses vagues devant l'embouchure du Nil profond. D'autres divisent le monde par des limites terrestres. Il est une vaste contrée qui s'étend jusqu'en Asie et comprend d'immenses pays : un de ses flancs plus rétréci vient dominer la mer Caspienne, et avoisine l'Euxin gonflé par les orages. C'est la limite qui sépare l'Europe de l'Asie. Une autre contrée s'étend vers l'Auster; c'est comme une digue entre deux mers qui bouillonnent sur ses flancs, d'un côté celle des Arabes, de l'autre celle de l'Égypte; elle sépare l'Asie des contrées Libyennes. Telles ont été les différentes opinions sur les limites qui doivent partager le monde. Les abîmes mugissants d'une mer ennemie environnent la terre de toutes parts. La mer furieuse est partout la même, mais elle porte mille noms, selon les contrées innombrables dont

Qua se blanda satis intendunt flabra Favoni,
Hesperium Oceano mare terras intrat ab alto.
Axe Lycaoniæ rursum facis, atque ubi dura
Belligeratores nutrit tellus Arimaspas,
Nomine Saturni late jacet æquoris unda.
Hic densata sali stant marmora, pigraque ponti
Se natura tenet, nunquam ruit effluus humor:
Mortuus hic Graio perhibetur gurges in usu
Denique, quod lento stupeat plaga salsa profundo,
Vel quod sole carens pars orbis tetra rigescat.
Vix hebes has oras ardor Titanius adflat,
Vix evecta dies illuminat, omneque late
Pingue tenebrosa cœlum subtexitur æthra.
At qua prima dies rutilo sustollitur ortu,
Aureus et tremulas late rubor inficit undas,
Eoum pelagus, freta dicunt Indica pandi.
Propter Erythræi tenduntur dorsa profundi,
Æthiopumque salum diffunditur : hic Notus æthram
Urit, et hic æstu radiorum Phœbus anhelo
Arva coquit : sterilis regio est, et inhospita late
Aret humus, cassæque solo torrentur arenæ.

Oceanus sic cuncta vago complectitur æstu,
Undique sic unus terras interminus ambit,
Innumerosque sinus cavat illabentibus undis
Desuper : e multis celebri sub nomine tantum
Quatuor infuso late sale terga dehiscunt.
Primus in orbe sinus vasti maris æquora gignit,
Gurgitis Hesperii : procul hic protentus in ortus
Faucibus a Libycis æstum trahit, atque ubi lætam
Cespite sub pingui pandit Pamphylia glebam,
Deficit, et curva sinuatur litoris ora.
Alter item est primo brevior, majorque duobus.

elle baigne les côtes. Aux lieux où souffle le Zéphir favorable aux moissons, la mer Occidentale quitte l'Océan pour descendre dans l'intérieur des terres. D'un autre côté, vers la constellation de Lycaon, où un sol sauvage nourrit les belliqueux Arimaspes, s'étend au loin la mer de Saturne. Dans ces parages la mer glacée reste immobile comme du marbre, l'onde paresseuse y est sans mouvement; jamais rien n'en soulève les flots. Enfin cette mer a reçu des Grecs le nom de mer Morte. Peut-être est-ce sa nature même qui lui donne cette immobilité; peut-être est-ce l'éloignement du soleil qui fait de ces contrées un vaste amas de glaces. C'est à peine si le soleil effleure ces lieux de quelques rayons émoussés; c'est à peine si le jour y porte sa lumière : une atmosphère ténébreuse voile partout un ciel de plomb. Mais aux lieux où le jour fait rayonner ses premiers feux, où une rougeur dorée colore les ondes tremblantes, s'étend l'océan Oriental, la mer des Indes. Près de là la mer Érythrée allonge son dos immense, près de là se répand en tous sens la mer d'Éthiopie : là le Notus brûle l'atmosphère, et Phébus dévore de ses rayons les campagnes altérées : c'est une contrée stérile; elle est partout déserte et desséchée; des sables infertiles et brûlants y couvrent le sol.

C'est ainsi que l'Océan, unique et immense ceinture du monde, entoure l'univers de ses flots vagabonds, qui, descendant de la haute mer vers les côtes, y creusent des golfes innombrables; quatre seulement, plus célèbres que les autres, font entrer dans les terres une vaste étendue d'eau. Le premier golfe est celui que forme la mer Occidentale; il s'étend au loin et porte ses flots du détroit voisin de la Libye à l'Orient. Aux lieux où la riche Pamphylie étale ses riches moissons, il s'arrête et vient le long du rivage décrire des sinuosités. Le second golfe est plus pet.. que le premier, plus grand que les deux autres. C'est un cours d'eau versé

Hic prolapsus aquae, boreali fusus ab alto,
Terga procelloso turgescit Caspia fluctu [3].
Hyrcanum hoc pelagus pars nominat : hinc duo rursum
Ora patent ponti : geminus sinus aequoris intrat,
Telluremque cavat, qua se Notus axe tepenti
Erigit : horum unus vada longe Persica fundit,
Caspia conversus procul in freta ; porrigiturque
Quartus Arabs, tumet hic rapido per aperta fluento.
Euxinumque salum videt eminus. En tibi rursum
Aequoris Hesperii tractus loquar : istius unda
Lambit terga soli, qua se vagus explicat orbis.
Nam vel caeruleo loca circumplectitur aestu,
Vel celso demissa jugo confinia radit,
Moenia vel fusi praestringit gurgite ponti.
In Zephyrum tellus extenditur, oraque terrae
Ultima proceras subducit in astra columnas.
Hic modus est orbis Gadir locus, hic tumet Atlas
Arduus, hic duro torquetur cardine coelum,
Hic circumfusis vestitur nubibus axis.
Et primum ruptas se pontus Ibericus illinc
Inserit in terras : caput autem principiumque
Europae et Libyae est. Mediis infunditur oris,
Irrepitque salum. Scopuli stant ardui utrimque :
Unus enim Europam, Libyam procul adspicit alter.
Hic discreta freto procera cacumina celsis
Emicuere jugis, hic intrant saxa profundum,
Hic subeunt nubes, hic coelum vertice fulcit
Maura Abyla, et dorso consurgit Iberica Calpe.
Gallicus hinc aestus provolvitur. Hic super urbem
Massiliam gens Graia colit, Ligurumque tumescit
Aequor, et indomito tellus jacet Itala regno.
Ausonis haec regio est; pubi genus ab Jove summo.

par l'océan Boréal, et qui, gonflant ses flots orageux, devient la mer Caspienne. Quelques-uns le nomment mer Hyrcanienne. La mer creuse encore deux golfes en pénétrant dans les terres, dans les contrées brûlantes où s'élève le Notus : l'un d'eux forme la mer Persique, et, quoique éloigné de la mer Caspienne, s'étend dans la même direction : le quatrième enfin, est le golfe Arabique; son rapide courant présente une vaste étendue d'eau, il correspond à une grande distance au Pont-Euxin. Je vous parlerai encore de la mer d'Hespérie : son onde vient baigner des rivages aux aspects variés. Tantôt ce sont des plaines qu'il entoure de ses flots azurés, tantôt des promontoires élevés dont il ronge les pieds, tantôt enfin des murailles qu'il presse de ses eaux. Cette terre s'étend du côté du Zéphir, et ses extrémités portent jusqu'aux astres deux colonnes gigantesques. Là se trouve Gadir, la borne de l'univers; là s'élève l'Atlas à la tête altière, inébranlable pivot du ciel; son front est couronné d'un bandeau de nuages. C'est là que la mer d'Ibérie pénètre entre deux rivages jadis réunis : c'est la tête, le commencement de l'Europe et de la Libye. L'Océan se répand ainsi et se glisse au milieu des terres. Des deux côtés se dressent des rochers élevés : l'un regarde l'Europe, l'autre la Libye. Là, séparés par la mer, deux monts orgueilleux portent jusqu'aux astres leur front superbe; là, deux immenses rochers descendent dans la mer, et pénètrent dans la région des nuages; l'Africaine Abyla soutient le ciel de sa tête, et, en face, s'élève la croupe de l'Ibérique Calpé. C'est dans ces parages que commence la mer des Gaules. Sur le rivage qui la domine, une colonie grecque habite le territoire de Marseille; près de ces lieux, la mer des Ligures soulève ses flots, et l'Italie, cette reine indomptable, étend ses vastes campagnes.

Ce pays est l'Ausonie; son peuple descend du grand

Qua se flabra trucis Boreæ per inhospita terræ
Eructant cœlo, populis caput Æneadarum,
Alba dehinc cautes [4] est terminus : hæc freta propter
Trinacriæ summa consurgit litoris ora.
Evolvuntur item vada fusi cærula ponti;
Insula qua Cyrnus fluctu madet adludente,
Litoris ostriferi protendens latius undam,
Sardiniamque dehinc moles circumflua cingit
Æquoris, et cano spumant freta concita fluctu.
Hinc Tyrrhena sali sunt agmina, qua Notus axem
Humidus inclinat : qua lux se rursus Eoa
Emergit pelago, Siculi maris æstuat unda,
Obliquumque quatit gurges protentior altum
Usque in saxosi Pachyni juga. Plurimus inde
In Cretam trahitur ponti tumor : hicque procul se
Inclinat rupes, atque obvia fluctibus altis
Ingreditur pelagus Gortynia mœnia juxta,
Ac procumbentis sola propter pinguia Phæsti.
PRONA mari cautes extenditur, ut ferus ora
Est aries [5], ultroque minans petit obvia fronte;
Denique sic olli nomen prior indidit ætas :
Nec minus Italiam cornu prospectat acuti
Litoris, et rapidi perflatur Iapygis ortu.
Hinc se rursus aquis Adriatica marmora fundunt
In Boream, Zephyrumque dehinc deflexa parumper
Alta petunt, rauco penitus repentia fluctu :
Hic sinus Ionius curvatur litoris acta,
Cespitis et gemini tellus irrumpitur alto.
Nam qua cæruleis pontus sese inserit undis,
Illyris in dextris pandit regionibus agros,
Emathiamque super sulcat [6] genus acre virorum :
Ausonidum læva est. Hinc longo cespite tellus

Jupiter. La contrée des fils d'Énée commence à ces régions inhospitalières où l'impétueux Borée lance ses tourbillons du haut du ciel, elle se termine à la roche Blanche. Celle-ci s'élève sur une côte escarpée, près de la mer qui baigne la Trinacrie, et qui, roulant ses flots azurés, vient laver en se jouant les côtes de l'île de Cyrnus, dont les rivages étendus sont couverts de coquillages. Une mer profonde entoure ensuite la Sardaigne, et ses flots agités se blanchissent d'écume. La mer Tyrrhénienne roule ses vagues dans ces parages, où vient s'abattre le Notus pluvieux : du côté où l'aurore s'élève au-dessus des ondes, gronde la mer de Sicile, et ses eaux retentissantes vont s'étendre dans une direction oblique jusqu'aux rochers du promontoire de Pachynum. La mer étend ensuite ses flots vers la Crète. Là, les rochers semblent reculer devant elle, et lui laisser porter ses eaux jusqu'aux murailles de Gortyne, et près du riche territoire de Phestus, qui descend vers les flots. Dans ces lieux s'allonge un promontoire penché sur la mer, et qui représente la tête d'un bélier sauvage courbant pour le combat un front menaçant; enfin, c'est là ce qui lui a fait donner son nom par l'antiquité. La pointe que forme ce promontoire regarde l'Italie aussi bien que la Sicile, et il est exposé au souffle violent de l'Iapyx. L'Adriatique étend vers le Borée ses eaux, qui se détournent ensuite un peu vers le Zéphyr, et font pénétrer dans les terres leurs flots retentissants. Là, la mer Ionienne se courbe devant le rivage, et ses eaux séparent ainsi deux contrées verdoyantes. En effet, à l'entrée de cette mer aux ondes bleuâtres, l'Illyric déploie à droite ses campagnes, qu'une race laborieuse cultive au-dessus de l'Émathie. A gauche est l'Ausonie, dont le rivage se prolonge au loin, et dont les champs obéissent à diverses races d'hommes. Trois mers viennent se briser avec fracas contre ses rivages. Dans la direction où s'élève le souffle du Zéphyr, se trouve

Funditur, et varia populorum pube domantur
Arva soli. Trina hæc pelagi circumtonat unda.
Nam qua se Zephyri sustollunt flabra, profundum
Tyrrheni est pelagi : qua se Notus erigit æthra,
Sicanum late fluitat mare : qua procul autem
Spirat ab Eois pulcher regionibus Eurus,
Ionii sunt terga sali. Sic Itala tellus
A circumfusis latus amplum lambitur undis.
EFFLUA post Siculi moles evolvitur alti,
Inque Notum late vada ponti cærula serpunt,
Donec arenosas adtollant æquora Syrtes,
Infidumque rati tenuent mare. Languida quippe
Æquore jam fesso sese trahit unda per ambas.
Montibus ab Siculis capit autem prona meatum,
Cretæisque jugis mox Syrtes inter oberrat
Parcior, et tenui prætexens ima fluento.
Rursus ab Idæa Salmonide porrigit æquor
Se geminum : nautæ Pharium dixere profundum,
Quod procul in Casiæ vergit ? confinia cautis :
Sidoniique dehinc late salis æstuat unda,
Issicus immodico donec sinus ore patescat,
Æquoris et nostri sit terminus ; arva ubi late
Pinguia proceris Cilicum versantur aratris.
Curva salo forma est : hinc sese marmora ponti
In Zephyrum torquent, ac flexu lubricus errat
Gurges, et exesas illabitur unda lacunas.
Sic virosorum prolixa volumina sese
Sponte cerastarum facili sub viscere curvant ;
Sic spiras crebro sinuat draco, seque vel orbe
Colligit inclinans, vel pronis agmina longe
Tractibus absolvit : stridet nemus undique totum,
Pestifero adflatu serpens vagus inquinat æthram.

la mer Tyrrhénienne; aux lieux où le Notus s'élance dans les airs, s'étendent les flots de la mer de Sicile; du côté où l'Eurus souffle des contrées brillantes de l'aurore, la mer Ionienne présente sa large surface. Telles sont les mers dont les flots viennent lécher le vaste flanc de l'Italie.

Ensuite, la mer de Sicile répand sa masse liquide, et ses ondes bleuâtres glissent au loin, dans la direction du Notus, jusqu'aux lieux où les Syrtes sablonneuses s'élèvent sous la mer, et la rendent perfide pour les navires en exhaussant son lit. En effet, la mer languissante traîne sur les deux Syrtes ses flots épuisés. Des montagnes de Sicile où son courant commence, elle étend ses eaux profondes jusqu'aux monts de la Crète, et de là elle va promener autour des Syrtes ses ondes diminuées et couvrir son lit d'une mince nappe d'eau. Au promontoire de Salmonis, voisin de l'Ida, commencent deux mers : les matelots appellent mer de Pharos, celle qui va se briser sur la roche du mont Casius; plus loin bouillonne la mer de Sidon, jusqu'aux lieux où le golfe d'Issus ouvre son immense embouchure; c'est là que se termine notre mer, devant les grasses campagnes que les Ciliciens labourent avec leurs grandes charrues. Cette mer décrit une courbe : elle se détourne ensuite vers le Zéphyr, en formant de nombreux replis, et elle pénètre dans les terres, qu'elle ronge de ses flots. Ainsi les cérastes à l'odeur fétide courbent leurs vastes corps en anneaux mobiles; ainsi le dragon multiplie ses spirales, se ramasse en cercle en se courbant vers la terre, ou s'élance en avant en se déployant dans toute sa longueur; le bois tout entier en retentit, et le serpent infecte l'air en portant çà et là son haleine empoisonnée. C'est ainsi que les flots pénètrent

Haud secus illapso penetrantur litora fluctu,
Et rursum tellus init æquora : jugis ubique
Mugitus pelago est, gemitu loca cuncta resultant.

IMMINET huic late Pamphylia, subluit illic
Unda Chelidonias, illisum murmurat æquor,
Sæpius et crebra spumescunt æquora rupe,
Ac rursum in Zephyrum vada semet cærula curvant.
Terminus his cautes Patarcidis eminet arcis.
Hinc salis Ægæi tractus tonat, inque Bootis
Plaustra dehinc rapidi flectuntur marmora Nerei,
Saxosis Sporadum sæpe obluctantia ripis.
Non aliud tanta consurgit mole profundum,
Non sic curva Thetis fluctu tumet : extimus olli
In Tenedum cursus, pelagi caput incipit Imbro.
Cespitis hinc proni protendens dorsa Propontis,
Flatibus ex Boreæ tepidum procumbit in Austrum,
Immensæque Asiæ populos alit ubere terræ.
Hinc arctas inter fauces atque obvia saxa
Thracius angustas discludit Bosporus oras,
Bosporus Inachiæ subvector virginis olim.
Nam vicina sibi stant litora, terraque parci
Faucibus oris hiat, pronam sinus evomit undam :
Proxima non alibi tantum divortia cernis
Cespitis : hac pecoris cursu sternacis in æquor
Inachis illata est; sic pectus canduit ira,
Pellicis et tanto Divam dolor extulit igni.
Illic instabili fama est sale saxa moveri,
Inferrique sibi flabris urgentibus oras :
Hic rigidas errare ferunt per marmora cautes,
Et nunc ora sali vastas prætendere rupes,
Nunc aperire sinum : gemit amplo murmure pontus,
Seu quod collisas Thetis indignata per arces

dans le rivage, et que la terre à son tour s'avance au milieu des flots : partout cette mer fait entendre un éternel mugissement, et son bruit plaintif fait résonner tous les échos d'alentour.

La Pamphylie la domine, et ses côtes étendues sont baignées par la mer des îles Chélidoniennes ; les flots viennent s'y briser en mugissant ; des roches nombreuses font écumer les ondes ; puis cette mer recourbe de nouveau ses flots azurés vers le Zéphyr. Elle a pour borne le rocher que domine la ville de Patara. Plus loin grondent les flots de la mer Égée, domaine du rapide Nérée ; celle-ci s'étend ensuite vers le char du Bouvier, et vient souvent lutter contre les côtes rocheuses des Sporades. Nulle autre mer ne présente une masse d'eau aussi profonde, nulle part Thétis ne se recourbe en vagues plus élevées : le terme de sa course est Ténédos, la tête de cette mer est à Imbros. La Propontide, longeant de vertes collines qui se penchent vers la mer, descend des lieux où souffle Borée pour s'allonger vers le tiède Auster ; les terres fertiles qui l'avoisinent nourrissent les peuples de l'immense Asie. Là, dans une gorge étroite et embarrassée par des rochers, coule le Bosphore de Thrace ; il sépare deux côtes voisines. C'est lui qui jadis porta la fille d'Inachus. En effet, les rivages sont à peu de distance l'un de l'autre. La terre n'y présente qu'une étroite ouverture où la mer se précipite en bouillonnant : il n'existe point d'autre détroit qui ait aussi peu de largeur ; c'est par là que la fille d'Inachus fut emportée, à travers les ondes, sous la forme d'une génisse épouvantée ; alors Junon pâlit de courroux, et dans le cœur de la déesse la jalousie alluma tous ses feux. On dit que cette mer toujours agitée entraîne avec elle des rochers ; que des blocs détachés du rivage viennent s'entre-choquer poussés par les vents. On rapporte qu'on voit des récifs redoutables errer au milieu des eaux, et que l'embouchure du détroit présente tantôt

Sæviat objectis; seu quod brevis exitus undas
Exserat, et strictis eructet faucibus æquor.
Interius lato Pontus se gurgite fundit,
Undarumque procul latus explicat, aurea Phœbi
Qua rota purpureo repetit convexa sub ortu.
Sic obliqua maris panduntur denique dorsa,
Ut matutinis inclinent æquora habenis,
Longior ac Boreæ concedat gurges in axem.
Pontus enim nostræ sinus est amplissimus undæ.

Hic Asia ab lævis præcingitur, Europamque
Excipit, adversus quam dehinc se Thracius arctat
Bosporus, et tenui vix panditur oris hiatu.
At qua diducto Pontus distenditur æstu,
Et porrecta mari terræ juga longius intrant
In pelagus, tractuque vago sua litora linquunt,
Cespite Paphlagonum prodit saxosa Carambis.
Altera se cautes similis procul arietis ori,
Dura pruinoso qua torpet Taurica cœlo,
Exserit, et tenta late premit æquora fronte.
Eminus ista Notum videt, Arctos eminus illa.
Porro inter fluctus ac fusi marmora Ponti
Proxima celsorum sic sunt sibi dorsa jugorum,
Quamvis vasta sali moles interfluit arces,
Ut gemini sit forma maris. Sed brachia Pontus,
Finibus Arctois, Eoæ lucis in ortum,
Et qua prona dies atris involvitur umbris,
Molliter inclinans, Scythici speciem facit arcus:
At tepidi de parte Noti directior oram,
Continuumque jacens, rigidi sub imagine nervi

une chaîne de vastes rochers, tantôt une surface unie; les flots retentissent de longs gémissements, soit que Thétis indignée brise sa prison en se déchaînant contre tout ce qui lui résiste; soit que les eaux n'aient pour s'écouler qu'une ouverture trop resserrée, et que cette gorge étroite fasse mugir les ondes. Le Pont se répand entre les terres voisines, en une vaste nappe d'eau, qui s'étend au loin vers les lieux où le char de Phébus aux essieux d'or remonte dans le ciel rougi de ses feux. Cette mer s'étend ainsi obliquement d'abord vers les lieux où se lève au matin le char du Soleil, et elle prolonge plus loin encore ses flots vers les régions boréales. Le Pont est la plus vaste étendue d'eau que forme notre mer.

Il est bordé à gauche par l'Asie; il touche aux dernières limites de l'Europe, et c'est à l'opposé de cette dernière contrée que se trouve l'étroit Bosphore de Thrace, dont la bouche est à peine entr'ouverte. Plus loin les flots du Pont-Euxin se trouvent violemment séparés par un promontoire qui s'avance et se prolonge dans la mer, abandonnant ainsi le rivage pour se jeter au milieu des eaux : c'est là qu'apparaît sur la côte de Paphlagonie l'escarpée Carambis. Aux lieux où, sous un climat rigoureux, la Taurique dort engourdie par les frimas, s'élève un autre rocher ressemblant de loin à la tête d'un bélier, dont le front allongé domine les eaux. L'un de ces caps regarde le Notus, l'autre les Ourses. Ainsi, à travers les flots et les plaines liquides du Pont, les croupes élevées de ces deux promontoires se correspondent si bien, quoique à une grande distance, quoique séparées par une vaste étendue d'eau, qu'elles semblent dessiner deux mers. Mais le Pont, inclinant mollement ses bras des contrées de l'Ourse vers le lever de l'aurore, et vers les lieux où le jour à son déclin s'enveloppe de ténèbres, décrit ainsi la courbe d'un arc de Scythie; et son rivage, présentant du côté du tiède Notus une ligne droite et sans brisure,

Tenditur : excedit confinia sola Carambis
In Boream vergens. Boreali rursus in Arcto
Ore sinus patulo Mæotidis alta paludis
Æquora prorumpunt : Scytha late barbarus oras
Incolit, et Matrem Ponti cognominat undam.
Sola parens Ponto, genitrix hæc sola fluento est :
Hoc se fonte trahunt vaga glauci marmora Ponti,
Cimmerio prolapsa sinu ; nam Bosporus illic
Cimmerius fauces aperit : circumque superque
Cimmerii, gens dura, colunt. Hic ardua Taurus
In juga consurgit, cœlumque cacumine fulcit
Verticis, et celsis late caput inserit astris.
Huc, mirante salo, quondam sese intulit Argo
Thessala, et innantem stupuerunt æquora cymbam.
Sic vasti moles pelagi interfunditur oras :
Sic se forma maris toto procul explicat orbe.
Nunc tibi tellurem versu loquar : incute docto,
Phœbe, chelyn plectro. Musis intermina vita
Permanet, et memori laus semper pullulat ævo.
Indefessa tuæ sint mentis acumina, lector,
Sudorisque mei patulo bibe carmina rictu [8] :
Dulcis in his haustus, meritum grave, gratia perpes.

Ergo solum terræque Libystidis ora per Austrum
Tenditur, Eoæ procul in confinia lucis.
Gades principium est ; caput hujus cespitis autem
Arctius angusto conducit litora tractu,
Oceanique salum cuneo subit : istius oræ
Terminus immensis Arabum concluditur undis.
At latus hoc terra diffusius explicat agros,
Arvaque tenta patent. Hæc pingui cespite tellus
Æthiopum est nutrix, qui nigros propter Erembos
Extremi Libyæ curvo sola vomere sulcant :

semble la corde roide et tendue de l'arc; seule Carambis dépasse cette ligne en s'élevant vers Borée. Plus loin, vers l'Ourse boréale, par une vaste bouche se déchargent les eaux élevées du Palus-Méotide. Le Scythe barbare habite ses rivages, et appelle cette onde la mère du Pont-Euxin. Elle seule, en effet, enfante et fait naître les eaux du Pont; c'est la source qui grossit le marbre mobile du Pont bleuâtre; c'est du golfe Cimmérien qu'il tire ses eaux, car le Bosphore Cimmérien ouvre cette mer, et la race dure des Cimmériens habite tout alentour. Là, le Taurus élève sa crête gigantesque, soutient de son sommet la voûte des cieux, et porte sa tête au milieu des astres; c'est là qu'Argo, la nef thessalienne, étonna jadis les ondes, et nagea au milieu des flots épouvantés.

C'est ainsi que la masse immense des eaux circule entre les rivages; c'est ainsi que la mer dessine dans l'univers ses contours variés. Maintenant je vais parler de la terre : ô Phébus, frappe ta lyre de ton savant archet. Aux muses est assurée une vie immortelle, et leur gloire s'accroît de jour en jour dans le souvenir de la postérité. Lecteur, que ton attention soit infatigable, ces vers sont le fruit de mes sueurs; viens boire à cette source poétique; elle t'offre un breuvage agréable, un mérite solide, un charme perpétuel.

La Libye étend ses côtes vers le midi et vers les lieux où naît l'aurore. Elle commence à Gadès; la tête de cette contrée allonge ses rivages en une pointe étroite, et s'avance en forme de coin dans les eaux de l'Océan : l'extrémité opposée est enfermée par la mer immense des Arabes. Ce côté de la Libye présente une vaste étendue et de grandes contrées; cette terre féconde est la nourrice des Éthiopiens, qui, non loin des noirs Érembes, aux derniers confins de la Libye, sillonnent la terre de leur soc recourbé; ce sont encore les Éthiopiens qui occupent la contrée placée sous le soleil couchant. Ainsi, cette race

Et rursum Æthiopes soli subjecta cadenti
Arva tenent. Sic scissa virum gens ultima terræ
Incolit : hos adflant rutilæ incunabula lucis ;
Ili jam præcipitis terrentur solis habenis.
PROPTER proceras Zephyri regione columnas
Mauri habitant ; his fluxa fides et inhospita semper
Corda rigent ; trahitur duris vaga vita rapinis.
Proxima se late Numidarum pascua tendunt,
Massylique super populi per aperta locorum
Palantes agitant. Certi laris inscia gens est :
Nunc in dumosas erepunt denique rupes,
Nunc quatiunt campos, nunc silvas inter oberrant
Conjugibus natisque simul : cibus aspera glando
Omnibus : haud illis sulcatur cespes aratro :
Non his mugitus pecudum strepit. Inclyta post hos
Mœnia consurgunt Tyriæ Carthaginis : illa
Urbs Phœnissa prius, Libyci nunc ruris alumna,,
Paci blanda quies, et bello prompta cruento.
Ast hinc in Syrtim præceps ruit unda minorem,
Ulteriusque dehinc qua lux se reddit Olympo,
Major vasta sibi late trahit æquora Syrtis,
Infidumque rati pelagus furit : ardua quippe
Undarum moles Tyrrheno cogitur æstu,
Curvatumque salum quatit amplo litora fluctu ;
Ecce alias lento prorepit gurgite Nereus,
Undaque vix tenuis siccas prætexit arenas.
Immemor ergo modi semper natura duabus
Syrtibus, et classem sors crebro cæca fatigat.
Ambarum medio procera Neapolis arcem
Subrigit : hanc rursum gens late prisca virorum
Lotophagi includunt : diros Nasamonas at inde
Adspice, queis quondam populorum examina multa

d'hommes se trouve reléguée aux extrémités de la terre; le jour les éclaire de ses rayons naissants, et ce sont eux aussi qu'épouvante le soleil quand son char plonge à l'horizon.

Près des colonnes qui s'élèvent dans les régions du Zéphyr, habitent les Maures : ce sont des cœurs sans foi, que ne réchauffe jamais le culte de l'hospitalité; leur vie errante se traîne dans un impitoyable brigandage. Près de là s'étendent les vastes pâturages des Numides, et la nation des Massyles mène dans de grandes plaines une existence aventureuse. Ceux-ci n'ont pas de demeures fixes; tantôt ils gravissent sur des rochers couverts de ronces, tantôt ils foulent les plaines, tantôt enfin ils errent dans les forêts avec leurs femmes et leurs enfants; leur nourriture à tous, c'est l'âpre fruit du chêne : jamais leurs plaines ne sont sillonnées par la charrue, jamais elles ne retentissent des mugissements de leurs troupeaux. Plus loin s'élèvent les murailles fameuses de Carthage la Tyrienne : c'était d'abord une ville phénicienne, maintenant c'est la fille adoptive de la Libye; c'est le séjour d'une paix délicieuse, mais elle est ardente aux combats meurtriers. C'est là que la mer se précipite sur la petite Syrte; et plus loin, vers les lieux où la lumière revient dans le ciel, la grande Syrte traîne ses vastes eaux. Là rugit une mer perfide pour les vaisseaux; la mer Tyrrhénienne y amasse ses eaux en masses profondes, et, décrivant une courbe, bat les rivages de ses flots immenses; quelquefois aussi Nérée s'en retire peu à peu, et c'est à peine si une légère couche d'eau couvre ces sables desséchés. Ainsi dans les Syrtes la nature ne garde jamais une juste mesure, et une destinée aveugle y fatigue souvent les vaisseaux. Contre les deux Syrtes, Néapolis élève sa citadelle altière : une race antique, les Lothophages, l'enferment de toutes parts; de là, on peut voir les Nasamons impies dont le territoire était jadis labouré par

Versavere solum, multæ sonuere per agros
Balatu pecudes: nunc lati jugera campi
Et grege nuda jacent, et sunt cultoribus orba.
Ausonis hæc duro vastavit dextera bello:
Ausonis invicti gens roboris una per orbem
Arma tulit: pubem Latiam ferus horruit Ister,
Romanas aquilas Rhodanus tremit, Italidum vi
Mœsta paludivagos Germania flevit alumnos.

ILLI cæruleas adtingunt æquoris undas:
At qua navigero tellus discedit ab æstu,
Innumeræ gentes, populorum examina mille
Arva tenent. Hic fata canit venerabilis Hammon;
Mugit arenosis nemus illic denique lucis.
Adstat Cyrene propter vetus, erigiturque
Urbs procera arces, et Apolline dives alumno:
Marmaridæ juxta; procul hi tamen ultima regni
Ægypto inclinant: tergo Gætulia glebam
Porrigit, et patulis Nigretæ finibus errant.
Protinus hinc Garamas late confinia tendit,
Trux Garamas, pedibus pernix, et arundinis usu
Nobilis: at quantum terrarum interna recedunt,
Ut procul Oceano tellus vicina madescat,
Æthiopum populos alit ampli cespitis ora,
Terminus Æthiopum populos adit ultima Cerne [9].
Post Blemyes medii succedunt solis habenas,
Corpora proceri, nigri cute, viscera sicci,
Et circumvincti nervis exstantibus artus.
Ii celeri molles currunt pede semper arenas,
Nec tamen impressæ linquunt vestigia plantæ.
Eminus evolvunt hinc sese pinguia Nili
Flumina, et intenti prolabitur æquoris unda.

un grand nombre de peuplades, pour qui de nombreux troupeaux faisaient résonner les campagnes de leurs bêlements. Maintenant ce ne sont que de vastes plaines, où l'on n'aperçoit ni troupeaux ni cultivateurs ; c'est le bras de Rome qui a dévasté ces contrées par une guerre impitoyable : les Romains ont porté par toute la terre leurs armes et leur force invincible : le sauvage Ister a frémi devant les enfants du Latium, les aigles romaines font trembler le Rhin, et la Germanie désolée par les armes italiennes a pleuré ses fils, les habitants de ses marais.

Ces peuples touchent aux bords de la mer azurée ; mais dans les contrées éloignées de ces ondes toutes parsemées de navires, mille essaims de peuples innombrables habitent les campagnes ; c'est là que le redoutable Ammon prédit l'avenir : sa voix fait retentir les bosquets sablonneux du bois sacré. Près de là se trouve l'antique Cyrène ; elle dresse jusqu'aux cieux ses tours hautaines, qu'Apollon enrichit de sa présence. Les Marmarides habitent près de cette ville ; cependant leur pays en se terminant s'incline vers l'Égypte ; derrière eux la Gétulie étend ses campagnes, et des nègres nomades parcourent ses vastes plaines. Le pays voisin est habité par les Garamantes, peuple farouche, rapide à la course, et célèbre par son habileté à se servir de l'arc. Dans l'intérieur des terres jusqu'aux contrées lointaines que baigne l'Océan, les peuples éthiopiens cultivent des pays immenses ; les Éthiopiens vont jusqu'aux parages où se trouve Cerné, la limite du monde. Près d'eux habitent les Blémyes, au milieu de la course du soleil : leur peau est noire, leur taille mince et élancée ; leurs membres présentent un invincible réseau de muscles saillants ; sans cesse ils parcourent d'un pied rapide leurs sables, sans laisser sur cette molle surface l'empreinte de leurs pas. C'est du fond de cette contrée que se déroulent les eaux fécondantes du Nil, que s'élance son vaste courant. Dans les lieux

Hic qua secretis incidit flexibus agros,
Æthiopum lingua Siris ruit; utque Syenen
Cærulus accedens diti loca flumine adulat,
Nomine se claro Nilum trahit, inque jacentem
Ægyptum fusus fluctu premit arva marito,
Fecundatque solum : procul illinc agmina cogit
In Boream, scissusque vagis anfractibus æquor
Proserit, et ponto septem ferus explicat ora.
Non olli compar quisquam fluit, inclyta quanquam
Undique se totis eructent flumina terris.
Nilus enim immensos ulnam dispergit in agros,
Et fovet invecto sata gurgite : Nilus honorem
Telluri reparat : Nilus freta maxima pellit.
Hic Asiam ab Libya disterminat, axe Favoni
Secernens Libyam; redeuntis solis ab ortu
Disjungens Asiæ medio confinia fluctu.
Nec procul illa virum gens incolit, axibus olim
Quæ prior humanas leges et jura notavit,
Vomere quæ duro, quæ longi pondere aratri
Sollicitavit humum, quæ fetus edere sulcis
Tellurem docuit, quæ cædens partibus æthram
Prodidit obliquo solem decurrere cœlo.
Istius ergo tibi formam regionis et oras
Expediam versu. Blandus prætenditur aer,
Prodigus herbarum cespes jacet, aspera nusquam
Culmina consurgunt, portus cavat ora frequentes.
Quidquid terra dehinc redeuntis sufficit anni
Tempore, præ cunctis stupeas specieque modoque.
Trina loco frons est, sed laxior axe Bootis;
Luce sub Eoa constrictior, usque Syenen
Tenditur, unde pii volvuntur flumina Nili.
Hic urbs est Thebæ, Thebæ quæ mœnibus altis

inconnus où il promène ses détours, il reçoit des Éthiopiens le nom de Siris ; et lorsque, s'approchant de Syène, il caresse ses rives du trésor de ses eaux bleuâtres, alors il prend le nom fameux de Nil, et, se répandant à travers les plaines basses de l'Égypte, il presse de ses flots bienfaisants cette terre, son épouse, et la féconde ; loin de ces lieux il pousse ses eaux vers le nord, et, se séparant pour se jeter dans des défilés sinueux, il va par sept embouchures déployer dans la mer ses ondes impétueuses. Nul autre fleuve ne peut lui être comparé, quoique dans toutes les contrées de la terre des fleuves fameux promènent leurs eaux retentissantes. Le Nil étend ses bras sur d'immenses campagnes, et, en y portant ses ondes, il féconde les sillons ; le Nil rend à la terre une nouvelle splendeur ; c'est le Nil enfin qui, à son embouchure, refoule la mer avec le plus de violence. Il sépare l'Asie de la Libye, et son courant, limite de ces deux parties du monde, voit la Libye à gauche, vers les lieux où naît le Zéphyr, et l'Asie à droite, vers les contrées où le soleil revient éclairer la terre : sur ses bords habite la race d'hommes qui la première a su graver sur des tables les lois humaines et le droit des gens, labourer les champs avec le soc infatigable, avec la longue et pesante charrue ; qui a appris à la terre à couvrir ses sillons de fruits ; qui, divisant le ciel en différentes zones, y a signalé la course oblique du soleil. Aussi, je vais vous décrire l'aspect de cette contrée et les pays qu'elle renferme : une douce atmosphère s'étend sur cette région ; la terre s'y couvre d'herbes abondantes, nulle part ne s'élèvent d'âpres rochers ; le rivage offre des rades nombreuses ; les récoltes qu'y ramène le retour de l'année, sont d'une abondance merveilleuse, d'une étonnante beauté. Le pays est compris entre trois côtés, dont le plus large regarde la constellation du Bouvier, et le plus resserré est tourné vers l'Orient, et s'étend jusqu'à Syène, d'où se déploient les ondes bienfaisantes du

Præcinxere larem ; Memnon ubi Tithoneus
Suspectat roseas Auroræ matris habenas.
Pars quæ cyaneo discedit ab æquore, septem
Oppida sustentat : notiam pars vergit in oram,
Et modus est olli Serbonidis alta paludis;
Altera pulsatur genitabilis ore Favoni.
Hic urbem posuit Pellææ dextera gentis ;
Hic inter celsas late surgentia nubes
Templa Sinopæi Jovis adstant nixa columnis,
Divite saxorum circumvestita metallo,
Auro fulta gravi, niveo radiantia dente.
Nec minus hic speculæ vertex subducitur, ex quo
Cernere sit longe Pallenidis intima terræ[10].
At qua surgenti terræ pars conscia Phœbo est,
Aggere murorum Pelusia mœnia surgunt.
Gens hic docta sali tumido freta gurgite currit,
Inque procellosos lembum convertere fluctus[11]
Ludum habet, et rauca vitam producit in unda.

Talis forma jacet Libyæ, talique recessu
Ab Zephyro Eoum tellus incumbit in axem.
Istius extenti sola cespitis undique sulcant
Gentes innumeræ, quæ sparsæ litore longo
Oceani australis vada late cærula tangunt;
Et quæ multimodis media tellure agitantes
Arva domant, et quæ Tritonidis alta paludis
Ut circumfuso populorum examine cingunt.
Nunc tibi et Europæ labor latus : hæc, ubi terras
Intrat Atlantei vis æquoris, accipit ortum.
Unus utramque sali fluxus secat, et procul unum
Distinet os ambas; eadem insinuatio ponti
Europam et Libyam rapido disterminat æstu.
Sed prior illa tamen tepido perfunditur Austro,

Nil. Là se trouve Thèbes, Thèbes qui a entouré ses demeures de murailles élevées : c'est là que Memnon, fils de Tithon, regarde le char de roses de l'Aurore, sa mère; la contrée qui s'éloigne de la mer azurée comprend sept villes; une partie est tournée vers le Notus, et a pour limite le marais profond de Serbonis; l'autre est exposée au souffle fécondant du Zéphyr. Dans ces parages, la main des enfants de Pella a placé une ville; là s'élèvent dans la région des nuages les vastes temples de Jupiter Sinopien; appuyés sur de hautes colonnes, ils sont revêtus du marbre le plus précieux, ornés d'or massif, et tout rayonnants d'un ivoire blanc comme la neige. La tour de Pharos ne s'élève pas moins haut, et de son sommet on domine toute l'étendue de la terre de Pallène. Dans la partie qui voit naître les premiers rayons du jour, on voit les hautes murailles de Péluse; la population de cette contrée, habituée à la mer, s'élance sans crainte sur les flots gonflés par l'orage; c'est un jeu pour elle de risquer une barque sur les flots soulevés par la tempête; elle passe sa vie au milieu des eaux retentissantes.

Tel est l'aspect de la Libye, telle est sa forme de l'Occident à l'Orient. Cette vaste étendue de terre est cultivée par des nations innombrables : les unes, dispersées sur un rivage immense, touchent aux flots azurés de l'océan Austral; d'autres, dans l'intérieur des terres, vivant de mille manières différentes, soumettent les champs à la culture; d'autres enfin couvrent de peuplades nombreuses les bords du marais Triton.

Je vais maintenant parler de l'Europe; cette contrée commence aux lieux où l'Océan Atlantique pénètre dans les terres; c'est le même courant d'eau qui coupe les deux contrées, le même détroit qui les divise : c'est la mer Intérieure, dont les flots bouillonnants séparent l'Europe et la Libye. Mais l'une va chercher les cha-

Hæc subit insanos tergum curvata Aquilones.
Ambæ Asiam rursum simili sub limite tangunt:
Æquus utrimque modus protenditur: at simul ambas
Si conferre sibi quisquam velit, una parumper
Ut credatur humus, mediique interflua ponti
Subtrahat; extemplo, quali nux pinea forma est,
Singula versanti talis succedet imago
Europæ et Libyæ: sic nam latus explicat ambas,
Unum et utrique caput, similis quoque finis utrique.
Sed tamen Hesperii qua spectant æquoris undam,
Ambæ producto coeunt sibi cespite terræ;
Qua matutinis sol istas ignibus adflat,
Latior ambabus species distenditur. Unum
Hoc agili sub mente tenens, velut obvia habebis
Cetera terrarum. Tellus Europa columnis
Proxima magnanimos alit æquo cespite Iberos.
Hi super Oceani borealis frigida tangunt
Æquora, et excursu diffusi latius agri
Arva [12] tenent, duris nimium vicina Britannis;
Flavaque cæsariem Germania porrigit oram,
Dumosa Hercyniæ peragrans confinia silvæ.
INDE Pyrenæi turgescunt dorsa nivalis,
Gallorumque truces populi per inhospita terræ
Vitam agitant: tum cæruleum Padus [13] evomit antro
Flumen, et extento patulos premit æquore campos.
Hic prius Eridani propter nemorosa fluenta
Fleverunt liquidæ [14] lapsum Phaethonta sorores,
Mutatæque manus planxerunt pectora ramis.

Nec procul hinc rigidis insurgunt rupibus Alpes,
Nascentemque diem celso juga vertice cernunt.
Porro inter cautes et saxa sonantia Rhenus,
Vertice qua nubes nebulosus fulcit Adulas,

leurs de l'Auster, l'autre va se recourber vers les aquilons fougueux. Toutes deux, à une égale distance, touchent à l'Asie : leur étendue est la même; mais si l'on veut les considérer dans leur ensemble, en n'y voyant qu'une seule terre, et en supprimant par la pensée la mer qui les divise par le milieu, l'Europe et la Libye vous présenteront aussitôt l'image d'une pomme de pin; car c'est sous cette forme que leurs flancs se prolongent : elles commencent et se terminent de même. Mais du côté où elles regardent les eaux de la mer Occidentale, toutes deux se joignent en s'allongeant; quant à la partie que le soleil éclaire des feux du matin, elle présente beaucoup plus de largeur dans les deux contrées. Une fois que votre intelligence aura saisi et fixé cette pensée, vous aurez comme sous les yeux les autres parties de l'univers. La partie de l'Europe voisine des colonnes d'Hercule nourrit dans des champs fertiles les généreux Ibériens. Ils touchent par le nord aux ondes froides de l'océan Boréal, et leur contrée étend ses vastes campagnes vers des régions trop voisines de la Bretagne glacée, et des lieux où la Germanie à la blonde chevelure étend ses rivages, en longeant les épaisses retraites de la forêt Hercynienne.

Plus loin s'élève la croupe neigeuse des Pyrénées, plus loin les peuples farouches de la Gaule habitent une contrée inhospitalière. C'est dans ce pays que la source du Pô vomit ses flots azurés, et presse d'immenses campagnes sous ses ondes débordées. C'est là que, près des rives boisées de l'Éridan, les sœurs désolées de Phaéthon pleurèrent sa chute, et qu'en frappant leur poitrine, leurs mains se changèrent en rameaux.

Les Alpes dressent près de là leurs roches escarpées, et le sommet de leurs pics élevés voit naître le jour. Le Rhin, sorti du nébuleux Adule, dont la cime soutient les nuages, pousse ses ondes au milieu de ses écueils et de ses roches

Urget aquas, glaucoque rapax rotat agmine molem
Gurgitis; Oceani donec borealis in undas
Effluat, et celeri perrumpat marmora fluctu.
Quin et Danubium produnt secreta repente
Barbara, sed discors tamen est natura fluento.
Abnoba mons Istro pater est : cadit Abnobæ hiatu
Flumen; in Eoos autem convertitur axes,.
Euxinoque salo provolvitur; ora per æquor
Quinque vomunt amnem, qua se procul insula Peuce
Exserit : hinc rigidi qua spirant flabra Aquilonis,
Sarmata, Germani, Geta, Bastarnæque feroces,
Dacorumque tenent populi, tenet acer Alanus,
Incola Taurisci Scytha litoris; indeque rursum
Dira!⁵ Melanchlæni gens circumfusa vagatur.
Proxima Neurorum regio est, celeresque Geloni,
Præcinctique sagis semper pictis Agathyrsi.
Inde Borysthenii vis sese fluminis effert
Euxinum in pelagus ; tunc æquora Panticapæi
Ardiscique ¹⁶ : ibi celso de vertice surgunt
Riphæi montes, ubi dura sæpe sub Arcto
Densa pruinosos eructant nubila nimbos
Hic dites venæ niveum gignunt crystallum,
Atque hic indomito tellus adamante rigescit
Inter Riphæos et proceros Agathyrsos.
Hæ gentes Istrum, qua se plaga dura Bootis
Porrigit, incumbunt : medii de parte diei
Per dumosorum reptantes dorsa jugorum
Gerrhæ habitant. Gerrhas adtingunt oppida late
Norica, et immodicæ rursum sola pinguia glebæ
Pannonia exercet. Borean subit altior agro
Mœsus, et extento post tergum cespite Thracas
Plurimus excedit : tunc ipsi maxima Thraces

retentissantes, et roule la masse impétueuse de ses vertes eaux, jusqu'à ce qu'il aille se perdre dans l'océan Boréal, et rompre de son courant rapide le marbre de cette mer. Le Danube se montre tout à coup sorti des solitudes barbares; son cours change de direction. C'est le mont Abnoba qui enfante l'Ister; ce fleuve tombe d'une gorge de l'Abnoba; puis il se tourne vers l'Orient, et s'écoule dans le Pont-Euxin : cinq embouchures y vomissent ses eaux, dans les parages où s'élève à une certaine distance l'île de Peucé ; près de là, du côté où soufflent les rigoureux aquilons, habitent les Sarmates, les Germains, les Gètes, les fiers Bastarnes, les peuples daces, les Alains infatigables, et le Scythe, habitant de la Tauride; et plus loin la nation des Mélanchlènes aux sombres vêtements, mène une existence vagabonde. A côté se trouve le pays des Neures, celui des rapides Gélons et des Agathyrses, toujours revêtus de saies bariolées. Plus loin le Borysthène va se précipiter dans le Pont-Euxin; plus loin s'étalent les eaux qui baignent Panticapée et celles de l'Ardiscus : là se dresse la cime élevée des monts Riphée, dans les climats glacés de l'Ourse où des nuages épais vomissent des flocons de neige. Là, les veines de la terre recèlent en abondance un cristal éclatant de blancheur; le diamant indomptable durcit partout le sol, entre les Riphéens et les Agathyrses à la taille élancée. Les nations s'étendent vers l'Ister, depuis les lieux où se montre la rigoureuse constellation du Bouvier. Vers le Midi, les Gerrhes gravissent sur la croupe de leurs montagnes hérissées de broussailles. Les villes du Noricum touchent au pays des Gerrhes, et plus loin la Pannonie laboure ses vastes et fertiles campagnes. Vers le Borée, s'étendent les plateaux plus élevés de la Mésie, qui, en se prolongeant derrière les Thraces, dépasse de beaucoup leur territoire. Ces mêmes Thraces labourent de leurs socs recourbés des champs immenses; en effet, depuis les lieux où se dé-

Vomere sollicitant curvo loca : denique longo
Qua porrecta jacet spatio piscosa Propontis,
Et qua præcipiti fluctu furit Hellespontus,
Ægæumque dehinc procul in mare, plurima Thraces
Arva tenent : hic mellifluis Pallena sub antris
Lychnitis rutilæ flammas alit [17] : hic et iaspis
Fulva micat stellis, quantum convexa per æthræ
Ignea perpetuis ardescunt sidera flammis.
Hic rursum occiduis Europam fabor ab oris.
Hæc tanquam speculis adsurgens plurima trinis,
Spectat Achæmeniæ lucis jubar : unus Iberos
Limes habet, limes tenet alter denique Graios,
Ausoniæ medius protendit latius arva.
Oceani vicina salo qua gleba recumbit,
Oceani Hesperii, tumet illic ardua Calpe;
Hic Hispanus ager, tellus ibi dives Iberum :
Tartessusque super sustollitur : indeque Cempsi
Gens agit, in rupis vestigia Pyrenææ
Protendens populos : medio se limite gleba
Ausonis effundit; mediam secat Apenninus
Ausoniam : nam qua boreali vertice ad æthram
Concrescunt Alpes, surgit caput Apennino;
Et qua Sicanii tellus madet æquoris æstu,
Ut protelatæ molis juga gurgite condit.
Hunc circa multæ sola sulcant proxima gentes;
Et tamen has omnes solers tibi Musa loquetur.
Prima vetustorum gens est ibi Tyrrhenorum :
Inde Pelasga manus, Cyllenæ e finibus olim
Quæ petit Hesperii freta gurgitis, arva retentat
Itala : tum multa tenduntur parte Latini,
Per quos flaventes Tibris pater explicat undas,
Romanosque lares lapsu prælambit alumno [18].

ploient les eaux de la Propontide féconde en poissons, et depuis ceux où se déchaîne l'Hellespont aux vagues fougueuses, jusqu'à la mer Égée, les Thraces occupent un pays très-étendu : là, Pallène, dans des antres habités par des abeilles, recèle les flammes du lychnis éblouissant ; là, le jaspe jette des reflets aussi brillants que les astres qui de leurs feux éternels enflamment la voûte des cieux.

Je vais recommencer la description de l'Europe en partant de l'Occident. Elle lance en avant trois péninsules élevées qui, comme autant de postes avancés, regardent venir le jour des contrées de la Perse : l'une est celle des Ibères, la dernière est habitée par les Grecs ; entre ces deux péninsules, l'Ausonie prolonge au loin ses campagnes. Dans les contrées qui s'étendent auprès de l'océan Occidental, se dresse la montagne de Calpé : c'est là que commence l'Espagne, le riche pays des Ibères ; au-dessus s'élève Tartesse. Plus loin vit la nation des Cempses, qui pousse ses tribus jusqu'au pied des Pyrénées. Entre l'Espagne et la Grèce s'étend le territoire de l'Ausonie, que l'Apennin coupe par le milieu ; car, dans la partie septentrionale où les Alpes semblent monter vers le ciel, s'élève la tête de l'Apennin, qui se prolonge en ligne droite jusqu'aux pays que baigne la mer de Sicile ; c'est là que, semblable à une digue, son extrémité vient mourir au milieu des eaux. Des nations nombreuses habitent les deux versants de cette chaîne ; et, malgré leur nombre, ma Muse saura les énumérer. La première est la race antique des Tyrrhéniens : viennent ensuite des Pélasges, qui, partis autrefois des environs de Cyllène en allant vers le couchant, se sont fixés dans les campagnes italiques ; un vaste territoire est occupé par les Latins, au milieu desquels le Tibre bienfaisant déroule ses ondes jaunissantes, et lèche de ses eaux fécondes le séjour des Romains. C'est là que commence le sol de la Campanie.

Hinc Campanus ager glebam jacit : hic freta quondam
Parthenopen blando labentem in marmora ponti
Suscepere sinu : tepidum si rursus in Austrum
Convertare oculos, nemorosi maxima cernes
Culmina Piceni [19] : coma largi palmitis illic
Tenditur, ac fuso Bacchus tegit arva flagello.
Tum Lucanorum regio insurgentibus alte
Cautibus horrescit : scrupus sola creber iniqua
Asperat, et denso cæcantur stipite silvæ.
Bruttius hinc dumos acer colit inter, et arces
Obsidet infidas [20], donec Sicana fluenta
Intendant pelagus, displosisque æquora terris
Instabile inclinent semper mare, qua vel Eois
Hadrias unda vadis largam procul exspuit algam,
Vel qua Tyrrheni præceps involvitur æstus.
At Zephyri hinc rupes dorsum tumet, inque Bootis
Plaustra patens albo consurgit vertice saxum.
Huc se prisca Locri gens intulit, et sale longo
Eminus invecti, qua pontum gurgite rumpit
Flumen Alex, Graiæ rexerunt lintea cymbæ.
Hinc Metapontini discurrunt latius arvo :
Inde Croton priscis adtollit mœnia muris :
Æsarus hic amnis salsa convertitur unda,
Et Junone calent hic aræ præsule semper.
Nec minus exciti post flumina dira Tonantis [21]
Infortunatæ Sybaris vicina ruina est ;
Samnitæque truces habitant confinia : post hos
Gens Marsum quondam tenuit loca : tumque Tarentum
Surgit, Amyclæi [22] suboles prædura tyranni.
Hinc jacet in patulos projecta Calabria campos,
Et super arenti tenduntur Iapyges agro.
Huc se præcipiti cogit ferus Hadria ponto.

Les ondes qui la baignent accueillirent autrefois Parthénope, qui s'avançait vers elles sur la surface unie des mers. Maintenant, si vous tournez vos yeux vers l'Auster à la chaude haleine, vous apercevrez les montagnes du Picénum couvertes de forêts. C'est là que la vigne étend ses larges feuilles, et que Bacchus couvre les campagnes de son vaste réseau de pampres. Le pays des Lucaniens est tout hérissé de roches escarpées; c'est une terre rocailleuse et infertile; l'épaisseur des taillis rend les forêts inaccessibles au jour. Plus loin la race ardente des Bruttiens cultive un sol couvert de ronces et habite dans des montagnes, lieux favorables aux trahisons; leur pays va jusqu'aux lieux où s'étend la mer de Sicile, toujours agitée, toujours soulevée entre les deux contrées qu'elle a violemment séparées, et mugissant également à l'orient du côté où l'Adriatique se couvre d'algues nombreuses arrachées à son lit, et à l'occident où roulent les vagues impétueuses de la mer Tyrrhénienne. Près de là s'élève le promontoire du Zéphyr, et, s'étendant vers le char du Bouvier, il domine la mer de son blanc sommet. C'est là qu'aborda la race antique des Locriens après une lointaine navigation. Les vaisseaux grecs dirigèrent leurs voiles vers les côtes où le fleuve Alex coupe la mer de ses eaux. Plus loin s'étend le vaste territoire de Métaponte; puis Crotone élève ses antiques murailles; c'est là que le fleuve Ésarus répand ses eaux au milieu de l'onde amère; c'est là que Junon est adorée sur des autels où brûle un feu éternel. Près de là se trouvent les mines de l'infortunée Sybaris, que le courroux de Jupiter abîma sous un fleuve de sang. Les farouches Samnites occupent la contrée voisine : plus loin habitait jadis la nation des Marses. Près d'eux s'élève Tarente, la fille sévère de Phalante venu d'Amyclée. Près de là, la Calabre étale ses vastes campagnes, et les Iapyges sont dispersés sur un territoire aride. Près de leurs côtes la fougueuse Adriatique pré-

Hic Aquileia decens celsis caput inserit astris:
Tergestumque dehinc curvi salis incubat oram,
Extimus Ionii qua se sinus æquoris abdit.
Tot populi Ausoniam circumdant mœnibus altis,
Italiam cingunt tot diti cespite gentes.

In jubar Eoum rursum se pervia flectunt
Æquora, et Assyrium suspectant eminus axem
Ionii freta glauca sali, primosque Liburnos
Præstringunt pelago; gens Hylli plurima rursum
Accolit: hic tenui tellus discluditur æstu.
Illyris ora dehinc distenditur: hicque periclis
Sæpe carinarum famosa Ceraunia[23] surgunt.
Tum prorepentis qua sunt vada cærula Nerei,
Harmoniæ[24] et Cadmi sustentat gleba sepulcrum
Barbara: nam longo jactati sæpius orbe,
Postquam liquerunt Ismeni fluminis undam,
Hic in cæruleos mutati membra dracones
Absolvere diem, finemque dedere labori.
Nec minus hic aliud monstri genus arbiter æthræ
Edidit: adsistunt scopuli duo, quumque quid atri
Imminet eventus, ut vulgi corda fatiget
Sors rerum, et mentem terat inclementia fati,
Et motantur humo, et coeunt sibi vertice saxa.

Sed qua mitis item spirat Notus, Oriciumque
Pulsant flabra solum[25], Graiæ confinia terræ
Incipiunt aperire latus, prolixaque longis
Jugera producunt spatiis, præcincta duobus
Æquoris infusi procursibus: hanc freta quippe
Ægæi lambunt pelagi; citus Hadria rursum
Subluit hanc fluctu: gemino sic gurgite late

cipite ses ondes dans un lit plus resserré. C'est là que la belle Aquilée élève sa tête jusqu'aux astres : puis Tergeste apparaît assise sur le rivage recourbé du golfe ; c'est le point le plus éloigné où s'étendent les eaux de la mer Ionienne. Tels sont les peuples qui entourent l'Ausonie de leurs remparts élevés, telles sont les races qui habitent les bords de l'Italie au riche territoire.

Les eaux de la mer Ionienne se tournent ensuite vers l'orient, ses flots azurés regardent de loin l'Assyrie. Les premiers peuples dont ils rasent les côtes, sont les Liburnes ; auprès d'eux habite la nation des Hylles. Dans ces parages un étroit promontoire s'avance dans les eaux de la mer. Plus loin se développe le rivage de l'Illyrie : c'est sur ses côtes que surgissent les roches Cérauniennes, trop fameuses par les périls qu'elles font courir aux vaisseaux. Puis, près des lieux où Nérée étale ses ondes bleuâtres, s'élève sur une terre barbare le tombeau de Cadmus et d'Harmonia : après avoir subi de longues épreuves dans tout l'univers, depuis le jour où ils quittèrent les eaux de l'Ismenus, c'est là qu'ils furent changés en deux serpents livides, et que la mort vint mettre un terme à leurs souffrances. A ce prodige, le maître des cieux en a joint un autre non moins étonnant : deux rochers s'élèvent dans les airs, et quand un événement terrible se prépare, quand le sort veut abattre les courages des peuples, que la cruauté des destins doit briser leurs cœurs, ces deux rochers s'ébranlent dans leur base, et viennent se toucher par leur sommet.

Du côté où la douce haleine du Notus vient souffler sur le territoire d'Oricium, la Grèce commence à développer son large flanc, et à étendre ses campagnes spacieuses, bordées dans leur longueur par deux mers. La mer Égée lèche ses rivages à l'orient ; et de l'autre côté elle est baignée par les flots de l'Adriatique. Ainsi, deux vastes mers mouillent les côtes de la Grèce ; chacune a ses vents,

Graia madet tellus, sortitaque marmora ventos
Quæque suos, imo turgescunt mota profundo.
Eurus in Ægæum contorquet flabra : cadentis
Parte poli Zephyris Hadriatica terga tumescunt.
Insula se sursum Pelopis visentibus offert,
Insula quæ platani folio compar sedet. Isthmi
Quippe caput summum conducitur, arctaque vergit
In Borean tellus, et Graios adjacet agros :
Cetera sub folii specie distenditur arva,
Ac per utrumque latus sinuoso sæpe recedit
Cespite : sed tepido qua tellus tunditur Austro,
Graiorum Triphylis sterili se porrigit ora.
Hinc sacer Alpheus[26] flumen trahit, et vagus æquor
Influit Eurotas. Pisanos alter adulat,
Alter Amyclæas celeri secat agmine terras.
Insula qua curvas inclinat concava valles,
Arcades immensum propter degunt Erymanthum.
Hic distentus aquas sata lambit pinguia Ladon.
Juxta Argivus ager, juxta sunt culta Laconum :
Illos prima dies, celer istos adspicit Auster.
Isthmi terga dehinc geminus circumlatrat æstus,
Parte Ephyres, piceas qua nox agit atra tenebras,
Et matutinus qua lucem proserit ortus.
Hic usu Graio nomen tenet unda Saronis.
Atticus hanc ultra limes jacet, Attica tellus
Belligeratorum genitrix memoranda virorum.
Fertilis hæc herbis[27] Ilissum subvehit amnem :
Ilissi Boreas stagno tulit Orithyiam.
Bœotumque dehinc sese confinia jungunt,
Et Locris, et patuli sulcator Thessalus agri,
Et Macetum præpingue solum ; tumet arduus Hæmus,
Threiciumque caput subducitur : adjacet Hæmum

qui la bouleversent dans ses profondeurs. L'Eurus s'engouffre dans le canal de la mer Égée ; à l'occident le Zéphyr gonfle les plaines de l'Adriatique. L'île de Pélops s'offre bientôt aux regards ; elle présente l'apparence d'une feuille de platane. Le sommet de l'isthme s'allonge et s'amincit en se dirigeant vers le Borée, et touche aux campagnes de la Grèce. Le reste de la péninsule s'élargit comme une feuille, et ses contours en décrivent les sinuosités. Du côté où les champs sont battus par l'Auster, s'étendent les plaines stériles de la Triphylis des Grecs. C'est de là que l'Alphée entraîne ses ondes sacrées dans la mer, et que l'Eurotas y porte le tribut de ses eaux. L'un baigne les champs de Pise, l'autre coupe de son courant rapide le territoire d'Amiclée. La péninsule se creuse au centre pour former une vallée profonde ; c'est là qu'habitent les Arcadiens, près du gigantesque Érymanthe : le Ladon y lèche de grasses campagnes de ses ondes épandues. Près de là se trouve le territoire d'Argos, près de là les champs des Laconiens ; les uns sont exposés aux premiers rayons du jour, les autres au souffle du rapide Auster. Plus loin se prolonge l'isthme, battu sur ses deux flancs par deux mers retentissantes à l'endroit où se trouve Éphyre, du côté où la nuit obscure amène ses ténèbres, et du côté où l'aurore matinale répand la lumière. La mer qui baigne la côte orientale a reçu des Grecs le nom de golfe Saronique. De l'autre côté de ce golfe se trouve l'Attique, le territoire d'Athènes, l'immortelle patrie de tant de héros ; cette terre fertile en herbages est arrosée par l'Ilissus ; c'est des bords de ce fleuve que Borée enleva Orithyie. La contrée voisine est celle des Béotiens. Plus loin se trouvent la Locride ; les vastes champs labourés par les Thessaliens ; la Macédoine aux fertiles campagnes ; l'Hémus élevé, dont la tête se dresse au milieu de la Thrace, et à côté de l'Hémus, dans la direction du Zéphyr, la montagne qui porte l'oracle de Dodone. Du côté

Partibus ab Zephyri Dodonæ vatis alumnus [28].
Axe Noti rigidas subter rupes Aracynthi
Gens Ætola colit; campis ibi pulcher apertis
Labitur, et virides sulcans terras Achelous
Irruit Hadriaci tergum maris; hicque frequentes
Fluctibus adtolluntur Echinades : haud procul inde
Prisca Cephallenæ consurgunt oppida terræ.
Delphica quin etiam miscet confinia Phocis,
Lucis in exortum protentior, inque Booten
Thermopylæ cedunt. Hic se Parnassia rupes
Erigit : hic celeri Cephissus volvitur unda :
Hic quondam Python transactus arundine membra,
Sanguinis et cassus prolixa volumina solvit.
Illic sæpe Deum conspeximus adridentem,
Inter turicremas hic Phœbum vidimus aras [29].
Nunc ut quæque vago surrexerit insula ponto,
Ordine quo steterint pelago circumflua saxa,
Expediam. Cymbæ ducatur cursus ab unda
Gurgitis occidui : precor, adspirate, Camenæ,
Inter et oppositas intendite lintea terras.
Gadir prima fretum solida supereminet arce,
Adtollitque caput geminis inserta columnis.
Hæc Cotinussa prius fuerat sub nomine prisco,
Tartessumque dehinc Tyrii dixere coloni ;
Barbara quin etiam Gades hanc lingua frequentat,
Pœnus quippe locum Gaddir vocat undique septum
Aggere præducto. Tyrii per inhospita late
Æquora provecti, tenuere ut cespitis oram,
Constituere domus; dant hi quoque maxima templa
Amphitryoniadæ, numenque verentur alumnum.
Insula se propter Gymnesia tollit ab alto,
Ac dilecta vago pecori consurgit Ebusus,

du Notus, sous les roches escarpées de l'Aracynthe, habite la nation des Étoliens; le magnifique Acheloüs y coule dans des plaines découvertes, et, sillonnant de vertes campagnes, va jeter ses eaux dans la mer Adriatique. C'est là que les îles Échinades sortent nombreuses du sein des flots. Près de ces lieux s'élèvent les villes antiques du territoire de Céphalénie. Le pays limitrophe est la Phocide, célèbre par la ville de Delphes; c'est vers l'Orient qu'il s'étend le plus loin. Les Thermopyles s'allongent vers le Bouvier. Là s'élèvent les roches du Parnasse; là le Céphyse roule ses eaux rapides. C'est là qu'autrefois Python, percé d'une flèche et perdant tout son sang, déroula épuisé ses immenses anneaux. C'est là que nous avons vu souvent le dieu nous sourire, que nous avons contemplé Phébus au milieu de ses autels parfumés d'encens.

Maintenant je vais énumérer les îles qui se sont formées sur les ondes agitées, et dire dans quel ordre se trouvent ces rochers toujours battus des flots. C'est de l'Occident que ma barque va prendre sa course : Muses, je vous en conjure, donnez-moi un vent favorable, et guidez mes voiles entre les écueils. Gadir, la première, domine les mers de sa citadelle inébranlable, et élève sa tête entre les deux colonnes. Son ancien nom était Cotinussa; des colons de Tyr lui donnèrent ensuite celui de Tartessus; dans la langue des barbares elle s'appelle encore Gadès, du mot Gaddir par lequel les Carthaginois désignent tout lieu entouré d'une digue de terre. Les Tyriens, amenés à travers la mer orageuse, n'eurent pas plutôt occupé la côte, qu'ils y établirent des maisons : ils y élevèrent aussi des temples immenses au fils d'Amphitryon, et y fondèrent le culte de cette divinité protectrice. Près de là s'élève, du milieu de la haute mer, l'île de Gymnésie; puis Ebusus aimée des troupeaux errants, la Sardaigne montagneuse, la Corse toute hérissée de forêts; plus loin,

Sardiniæque arces, et inhorrens Corsica silvis :
Æolidesque dehinc tumidis se fluctibus edunt
Insulæ, et inserto canescunt undique ponto.
Has dudum tenuit rex Æolus : Æolus illic
Hospita jactatis indulsit litora nautis,
Æolus imperio summi Jovis arbiter alto
Impositus pelago est, effundere carcere ventos
Et sedare salum. Septem sese æquoris æstu
Emergunt arces, septem quas æquoris æstu
Hic habuit. Tunc Ausoniam se pandit in oram
Tellus Trinacria et patulo distenditur agro.
Hæc autem trinis laterum procursibus adstat,
Ternaque cæruleis longe juga porrigit undis.
In matutinos Pachynus producitur ortus :
Pars tepet a Zephyro Lilybeia : celsa Peloris
Tota sereniferæ pulsatur flatibus Ursæ.
Hic iter infidum pelagi, miserandaque fata
Involvere salo fluctuque hausere voraci
Sæpe rates. Urgent angustæ marmora fauces,
Arctaque præcipitant properum confinia pontum.
Qua se parte dehinc celsæ Notus erigit æthræ,
Vis late Libyci furit æquoris. Una ibi Syrtis;
Ast aliam ulterius freta prolabentia tendunt,
Parvaque cæruleo circumsonat æquore Meninx.
Rursus in Hadriacam lembum cogentibus undam,
Et lævum curva pelagus sulcantibus alno,
Insula se Graii Diomedis gurgite promit,
Italiam spectans et Iapygis arva coloni.
Huc illum motæ quondam tulit ira Diones[30],
Postquam per celeres extorrem traxit Iberos :
Conjugis huc diræ misit furor Ægialeæ.
Ionii si quis rate rursum cærula currat

du sein des flots gonflés, sortent les îles d'Éole, toutes blanches sur la mer où elles sont semées. Longtemps elles ont été habitées par Éole, le roi des vents : c'est là qu'Éole offrait aux marins battus par la tempête ses rivages hospitaliers. C'est Éole que la toute-puissance du grand Jupiter a donné pour maître à la mer, et auquel il a accordé le droit de déchaîner les vents et de calmer les ondes. Ces îles, aux rivages élevés, sont au nombre de sept; sept rochers, d'où il dominait les mers. Près de là la Trinacrie étend vers les rivages de l'Ausonie ses vastes campagnes. Cette île, d'une forme triangulaire, allonge dans les ondes azurées trois promontoires. Le cap Pachynum s'étend vers le lever du jour; celui de Lilybée est échauffé par l'haleine du Zéphyr; le promontoire élevé de Pélore est tout entier battu par les vents de l'Ourse qui ramène la sérénité dans le ciel. La mer offre en ces lieux une route perfide, et souvent de malheureux navires enveloppés par les ondes y ont disparu dans des gouffres dévorants. Les vagues s'y pressent dans un canal étroit, et le voisinage des deux côtes agite la mer en la resserrant. Du côté où le Notus s'élève dans les airs, la mer de Libye étend au loin ses fureurs. On y trouve une des Syrtes; plus loin apparaît la seconde, que battent les eaux de la mer, et la petite île de Ménynx retentit du bruit des flots qui l'environnent. En retournant notre barque vers les flots de l'Adriatique, en sillonnant de notre carène recourbée la mer qui s'étend à notre gauche, nous voyons s'élever au-dessus des eaux l'île du Grec Diomède; elle regarde l'Italie et les champs cultivés par les Iapyges. C'est là que la colère de Dioné, qu'il avait offensée, le poussa jadis après l'avoir traîné en exil jusqu'au milieu des Ibères rapides; c'est là que l'envoyèrent les fureurs de sa femme Égialée.

En parcourant de nouveau la mer Ionienne aux ondes

Æquora, et Eoos cymbam producat in ortus,
Absyrti cautes et crebras protinus arces
Inveniet. Colchos huc quondam cura fidesque
Extulit, insanam sectantes Æetinen.
Nec procul Ionii per terga Liburnides adstant :
Inque Notum post dira Ceraunia carbasa si quis
Torqueat, et tepidos lembum declinet in axes,
Ambraciotarum succedent protinus arces,
Alcinoique domus pandetur, Corcyra rursum,
Corcyra compta solum, locupleti Corcyra sulco.
Hanc super est tellus, Ithaci vetus aula tyranni,
Exsulis et toto raptati sæpe profundo.
Plurima præterea consurgunt gurgite saxa,
Quæ protentus aquas Achelous pulcher oberrat;
Amnisusque dehinc alias circumfluit unda,
Quæ tamen in Boream vergunt magis; Ægyla parva
Et procera caput turgescunt pulchra Cythera;
Eminet hic etiam saxosa Calauria juxta;
Carpathus hic rupes adtollitur : hæc tamen axem
Respicit occiduum [31]; Nutrix hic Creta Tonantis,
Multa latus, glebamque ferax et opima virentum
Erigitur pelago. Cretam super adstitit Ida,
Ida procellosis agitans Aquilonibus ornos.
Nec procul Ægyptum Rhodus adjacet, adjacet oram
Suniados, qua se protendit cespes Abantum,
Fertilis Æginæ tellus, et opima Salamis.
Lucis ab exortu, Pamphylia qua cavat æstum
Prolabentis aquæ, Cyprus alta cingitur unda,
Atque Dionæi pulsatur litoris acta.
Inde Chelidoniæ treis sese gurgite tollunt,
Qua frons tenta salo Patareidis eminet arcis.
Læta dehinc Aradus Phœnicum præjacet oram,

azurées, en dirigeant notre barque vers le lever de l'aurore, nous trouverons aussitôt les rochers et les îles nombreuses d'Absyrte. C'est là que l'inquiétude, le dévouement d'un père amena les habitants de Colchos à la recherche de la fille insensée d'Éetès. Non loin de là les Liburnides apparaissent sur la surface de la mer Ionienne. Après avoir dépassé les roches Cérauniennes, funestes aux navigateurs, si nous dirigeons nos voiles vers le Notus, vers les régions qu'échauffe un soleil plus ardent, nous rencontrerons sur-le-champ les îles escarpées des Ambraciotes; Corcyre, la patrie d'Alcinoüs, nous étalera ses rivages, la belle Corcyre, Corcyre aux riches sillons. Plus loin se trouve Ithaque, antique demeure de ce roi que l'exil traîna longtemps sur toutes les mers. Un grand nombre de rochers s'élèvent aussi devant la vaste embouchure du bel Acheloüs; les eaux de l'Amnisus embrassent d'autres îles, mais elles sont situées plus au nord. La petite île d'Ægyle et la belle Cythère à la tête altière dominent les ondes; près de là se dressent les rochers de Calaurie, ceux de Carpathos; cette dernière cependant est plus à l'occident. Dans ces parages se trouve la Crète, nourrice du dieu de la foudre; elle élève au-dessus de la mer ses vastes et fertiles campagnes, ses verdoyants sommets. L'Ida domine la Crète, l'Ida agitant sans cesse ses frênes battus par les orageux Aquilons. Près de là se trouvent, Rhodes non loin de l'Égypte, et vers le cap Sunium, vers le pays des Abantes, le sol fertile d'Égine et la riche Salamine. A l'orient, aux lieux où la Pamphylie se creuse en se retirant devant la mer, Cypre est entourée d'eaux profondes, qui battent sans cesse ce rivage aimé de Dioné. Plus loin les trois îles Chélidoniennes s'élèvent au-dessus des eaux, au milieu desquelles s'avance le promontoire de Patare. Puis la fertile Aradus s'étend devant la Phénicie. Les flots rongent ses rivages et en découpent les contours et les fréquentes sinuosités, autour desquelles

Multus ubi exesæ sinus est telluris ab alto,
Ac latus omne soli procul in dispendia cedit
Litoris, et curvo prælambitur ora fluento.
Mirus at ille dehinc Ægæi gurges habetur,
Qui gemina de parte sali velut ordine justo
Saxa mari profert circumflua, tenuia sese
Quo freta præcipitant Athamantidis inclyta leto :
Sestus ubi atque Abydus parvo sale discernuntur,
Et vicina sibi lambit confinia pontus.
Pars procul Europæ lævum latus, altera porro
Ditem Asiam spectat : cunctæ tamen ordine facto
Insulæ in Arctoi procedunt plaustra Bootis.
Europam incumbit prolixus limes Abantum.
Scyrus ibi late dorsum tumet, ac Peparethum
Protollit pelagus. Juxta Vulcania Lemnos
Erigitur, Cererique Thasos dilecta profundo
Proserit albenti se vertice : prominet Imbrus,
Thressaque consurgit propter Samus : indeque rursum
Cyclades accedunt Asiam [32], Delumque coronant.
Omnes fatidico curant solemnia Phœbo.
Nam quum vere novo tellus se dura relaxat,
Culminibusque cavis blandum strepit ales hirundo,
Gens devota choros agitat, gratique sacrato
Ludunt festa die, visit sacra numen alumnum.

Hinc Sporades crebro producunt cespite sese,
Densa serenato ceu splendent sidera cœlo.
Nec minus adtolluntur Ionides insulæ ab alto,
Hic juxta Caunus, Samus hic Saturnia juxta,
Tumque Chius patulæ prospectans arva Pelinæ.
Lesbus item et Tenedus per aperti marmora ponti
Expediunt arces, et culmina nubibus induunt.

la mer serpente en les léchant. La mer Égée offre un singulier aspect : sur ses deux côtés elle présente comme deux rangs de rochers entourés par la mer, jusqu'aux lieux où se précipitent les eaux du détroit fameux par la mort de la fille d'Athamas. C'est là qu'un étroit canal sépare Sestos et Abydos, et que la mer baigne deux côtes rapprochées. Une partie de ses îles regarde le côté gauche de l'Europe, l'autre les riches campagnes de l'Asie; toutes cependant s'avancent en ordre vers le char du Bouvier, le gardien de l'Ourse.

L'île allongée des Abantes s'appuie sur l'Europe. Là Scyros soulève son vaste dos et Peparethus semble sortir de la mer. Dans le voisinage s'élève Lemnos, l'île de Vulcain, et Thasos, aimée de Cérès, dégage des eaux profondes sa tête blanchâtre; puis apparaissent Imbros et auprès d'elle Samothrace; plus loin les Cyclades se rapprochent de l'Asie et couronnent Délos. Toutes célèbrent des fêtes annuelles en l'honneur d'Apollon qui leur révèle l'avenir. Lorsqu'au printemps la terre ouvre ses pores resserrés par le froid, et que dans les trous des toits l'hirondelle fait entendre son cri joyeux, les pieux adorateurs d'Apollon forment des chœurs de danse, et dans leur reconnaissance honorent par des jeux ce jour solennel; le dieu qu'ils adorent vient recevoir leurs hommages.

De l'autre côté les Sporades élèvent leurs pics aussi nombreux que les étoiles qui brillent dans un ciel serein. D'autres îles sortent aussi des mers qui baignent l'Ionie. Là, se trouvent réunies Caunus, Samos, l'île de Saturne, et Chios vis-à-vis les campagnes que domine la vaste Pelina. Lesbos et Ténédos se dressent au milieu des eaux ; leurs sommets se cachent dans les nues. Plus loin l'Hellespont

Hinc se piscosi pandit sinus Hellesponti.
Hic salis Arctoi spumas vomit impiger æstus,
Hic protenta quatit late freta glauca Propontis.
Si quis læva dehinc Euxini marmora sulcet,
Ora Borysthenii qua fluminis in mare vergunt,
E regione procul spectabit culmina Leuces,
Leuce cana jugum, Leuce sedes animarum :
Nam post fata virûm semper versarier illic
Insontes aiunt animas, ubi concava vasto
Cedit in antra sinu rupes, ubi saxa dehiscunt
Molibus exesis, et curvo fornice pendent.
Hæc sunt dona piis : sic illos Jupiter imis
Exemit tenebris, Erebi sic inscia virtus.
Rursum Cimmerius qua Bosporus ora patescit,
Dexterior ponto subit insula, vastaque late
Excedit moles pelagus : sedet eminus ingens
Phænagore, et muros adtollitur Hermonassa.
Hæ maris infusi consurgunt insulæ ab alto.
Exterior queis unda dehinc, circumfluus et queis
Æstuet Oceanus, quibus illæ flatibus omnes
Culmina pulsentur, memores date carmine Musæ.

Propter Atlantei tergum salis Æthiopum gens
Hesperides habitant; dorsum tumet hic Erytheæ,
Hicque Sacri, sic terga vocat gens ardua, montis :
Nam protenta jugum tellus trahit : hoc caput amplæ
Proditur Europæ : genitrix hæc ora metalli
Albentis stanni venas vomit : acer Iberus
Hic freta veloci percurrit sæpe faselo.
Eminus hic aliæ gelidi prope flabra Aquilonis
Exsuperant undas et vasta cacumina tollunt.
Hæ numero geminæ, pingues sola, cespitis amplæ,
Conditur occidui qua Rhenus gurgitis unda,

étend ses ondes poissonneuses ; là, une mer toujours agitée vomit les eaux écumantes du Nord, et la Propontide bat ses vastes rivages de ses flots d'azur. Que le voyageur s'élance à gauche et sillonne le marbre de l'Euxin vers les parages où le Borysthène tourne son embouchure vers la mer, il apercevra de loin les hauteurs de Leucé, Leucé aux blancs sommets, Leucé l'asile des âmes : car on dit qu'après la mort les âmes des justes habitent dans ces lieux, où les rochers se creusent pour former de vastes grottes, et, rongés par les eaux, s'entr'ouvrent et s'arrondissent en voûte. C'est un asile donné aux âmes innocentes ; c'est ainsi que Jupiter les affranchit des ténèbres de l'enfer, et que l'Érèbe est un lieu toujours inconnu pour la vertu.

Devant l'embouchure du Bosphore Cimmérien, une île s'avance à droite dans la mer et dépasse les eaux de sa masse énorme : on aperçoit de loin la grande Phénagoré et les murailles d'Hermonassa.

Telles sont les îles qui s'élèvent dans la mer intérieure. Il faut énumérer maintenant celles qu'entoure la mer extérieure, celles contre lesquelles bouillonne l'Océan ; il faut dire à quels vents elles sont exposées : déesses de mémoire, ô Muses, c'est à vous de me l'apprendre.

Près de la mer Atlantique, une race d'Éthiopiens habite les îles des Hespérides : là, s'élèvent les sommets d'Erythea et du mont Sacré, c'est ainsi que les habitants appellent le promontoire escarpé que forme la terre en se prolongeant au milieu des flots : c'est la tête de l'immense Europe. Cette terre, comme une mère féconde, fait sortir de son sein de riches mines d'étain blanchâtre : l'ardent Ibère parcourt souvent ces parages sur sa barque rapide. Plus loin, près des lieux d'où s'élance le souffle glacé de l'Aquilon, deux îles dominent les ondes de leurs vastes sommets. Leur sol est fertile, leur étendue considérable ; situées dans les parages où le Rhin va se

Dira Britannorum sustentant agmina terris.
Hic spumosus item ponti liquor explicat æstum,
Et brevis e pelago vertex subit : hic chorus ingens
Feminei cœtus pulchri colit orgia Bacchi :
Producit noctem ludus sacer : aera pulsant
Vocibus, et crebris late sola calcibus urgent.
Non sic Absinthi prope flumina Thracis alumnæ
Bistonides ; non, qua celeri ruit agmine Ganges,
Indorum populi stata curant festa Lyæo.

Longa dehinc celeri si quis rate marmora currat,
Inque Lycaonias cymbam procul urgeat Arctos,
Inveniet vasto surgentem vertice Thulen.
Hic quum Plaustra poli tangit Phœbeius ignis,
Nocte sub illustri rota solis fomite flagrat
Continuo, clarumque diem nox æmula ducit.
Nam sol obliquo torquetur cardine mundi,
Directosque super radios vicinior axi
Occiduo inclinat, donec juga rursus anhela
Devexo accipiat cœlo Notus. Inde fluenta
Tenduntur Scythici longe maris in facis ortum
Eoæ : tum cyaneis crepit ab undis
Insula, quæ prisci signatur nominis usu
Aurea, quod fulvo sol hic magis orbe rubescat.

Contemplator item, ceu se mare flectat in Austrum,
Inque Notum Oceanus freta ponti cærula curvet :
Altaque Coliados mox hic tibi dorsa patescent
Rupis, et intenti spectabis cespitis arces.
Pro quibus ingenti consistens mole per undas
Insula Taprobane gignit tetros elephantos,
Et super æstiferi torretur sidere Cancri.

perdre dans les eaux de l'océan Occidental, elles nourrissent les races féroces des Bretons. Là, au milieu des flots écumants d'une vaste mer, une petite île sort du milieu des eaux : des chœurs nombreux de femmes y célèbrent les fêtes du beau Bacchus; ces jeux sacrés se prolongent dans la nuit. Elles frappent l'air de leurs cris, et font retentir la terre du bruit répété de leurs pas. Ni les femmes des Bistoniens près du fleuve Absinthe en Thrace, ni les Indiens qui habitent les bords du Gange aux flots impétueux, n'observent avec autant de zèle les fêtes instituées en l'honneur de Bacchus.

Si nous dirigeons maintenant notre esquif rapide à travers une grande étendue de mer, vers l'Ourse, fille de Lycaon, nous verrons s'élever le vaste sommet de Thulé. Là, quand les feux d'Apollon s'approchent du Chariot voisin du pôle, la roue de son char illumine les nuits de sa flamme qui ne s'éteint pas, et la nuit, rivalisant avec le jour, apporte aussi sa lumière. C'est que le soleil parcourt au-dessus de la terre une route oblique, et qu'allant mourir vers les contrées septentrionales, il y laisse tomber directement ses rayons, jusqu'au moment où son attelage haletant redescend vers les lieux où les reçoit le Notus. Près de là la mer de Scythie étend ses ondes vers les contrées où naît l'aurore : là se soulève au-dessus des ondes bleues l'île connue de tout temps sous le nom d'île Dorée, parce que dans ces parages l'orbe du soleil s'y colore d'un rouge éclatant.

Voyez comme la mer se tourne du côté de l'Auster, et comme l'Océan courbe vers le Notus ses flots d'azur : bientôt s'étendront à vos yeux les sommets du mont Colias, et un vaste et verdoyant plateau. Devant ces hauteurs, assise sur sa base immense, l'île de Taprobane nourrit de sauvages éléphants, et est brûlée par les feux du Cancer enflammé. Cette île, d'une grandeur considérable, déploie sur les mers ses rivages spacieux. Dans ces

Hæc immensa patet, vastisque extenditur oris
Undique per pelagus: latus autem protinus olli
Agmina cetosi pecoris, vaga monstra profundi,
Adludunt: fervent Erythræi marmora ponti
Tota feris: hæc, ut rigidi juga maxima montis,
Nubibus adtollunt latus omne, et terga tumescunt:
Instar in his rupis spinæ tenor arduus adstat,
Molibus in celsis scrupus quoque creber inhorret[33].
Ah! ne quis rapidi subvectus gurgitis unda
Hæc in terga sali lembum contorqueat unquam:
Ah! ne monstrigenis, hostem licet, inferat æstus
Fluctibus: immodici late patet oris hiatus
Quippe feris, antro panduntur guttura vasto;
Protinus hac ipsas absorbent fauce carinas,
Involvuntque simul mox monstra voracia nautas.
OGYRIS inde salo promit caput, aspera rupes,
Carmanis qua se pelagi procul invehit undas;
Regis Erythræi tellus hæc nota sepulcro
Tenditur, et nudis juga tantum cautibus horrent.
PERSICUS hinc æstus fauces hiat: insula rursum,
Si tamen in Borean flectantur carbasa cymbæ,
Icarus aerio consurgit vertice in auras,
Icarus ignicomo Soli sacra; namque Sabæi
Turis ibi semper vaga fumum nubila volvunt.
INSULÆ in Oceani procursibus hæ tibi tantum
Carmine sunt dignæ: multas vehit undique pontus
Præterea, parvas specie, famaque carentes.
Pars Asiam, Libyam pars adjacet altera ponto,
Pars videt Europam: non has tamen aut modus oræ,
Aut interna cavi commendat vena metalli.
Harum aliæ duris reserant vix litora nautis,
Et scaber in multis scrupus riget; undique iniquus

eaux se jouent de grands poissons, habitants terribles de ces parages : la mer Érythrée est sillonnée en tous sens par des monstres marins; ils lèvent vers les nues leurs flancs et leur dos énorme, comme une montagne escarpée; leur épine dorsale se prolonge comme une roche élevée, et leur immense surface est hérissée de nombreuses écailles. Ah! qu'aucun navigateur, porté sur le gouffre impétueux des mers, ne dirige sa barque vers ces parages! ah! fût-il mon ennemi, puissent les flots ne jamais l'amener au milieu de ces eaux peuplées de monstres! leur gueule immense et toujours béante ouvre de vastes profondeurs, toujours prêtes à engloutir les vaisseaux eux-mêmes et à dévorer avec eux les matelots.

La roche escarpée d'Ogyris élève sa tête au-dessus des eaux, au milieu desquelles s'avance la Carmanie : cette terre, illustrée par le tombeau du roi Érythrée, étend une longue chaîne de roches nues et hérissées.

Le golfe Persique ouvre plus loin sa vaste étendue; si nous tournons nos voiles vers Borée, nous verrons surgir dans les airs le sommet d'Icarus, l'île du Soleil aux cheveux de flamme; toujours au-dessus de cette île roulent çà et là des nuées d'encens sabéen.

Ces îles sont les seules, dans toute l'étendue de l'Océan, qui soient dignes de trouver place dans ce poëme; la mer en porte encore beaucoup d'autres à sa surface, mais elles ont peu d'apparence. Les unes vont dans les mers qui baignent l'Asie, les autres dans les eaux de la Libye, d'autres enfin regardent les rivages de l'Europe; ni leur étendue, ni la richesse des mines recélées dans leurs flancs, ne les recommande à notre attention. Plusieurs d'entre elles laissent à peine accès aux hardis matelots sur

Subrigitur vertex, et inhospita cespitis ora est.
Quarum quis valeat numerosa ut nomina fari?
Si velit hoc ullus, velit idem scire quot alto
Curventur fluctus pelago, quot sidera cœli
Educant flammas, quot robora proferat Ida,
Quantus arenarum numerus versetur ab Euro.

CARMINE nunc Asiam formet stylus : incute doctam
Phœbe, chelyn! totis Helicon adspiret ab antris.
Maxima pars orbis narrabitur; inclyta tellus
Prometur Musis. Terrarum summa duarum
Unius est limes, quæ cespite protegit ambas.
Vastius est Asiæ diti caput, indeque sensim
In matutinos oram conducitur axes.
Hic adstare procul Bacchi fert fama columnas,
Ultimus Oceani qua terras adluit æstus,
Indica qua rupes tumet extima, qua vaga Ganges
Cespite dorsa trahens in Nyssæum Platamona [34]
Porrigitur. Similis nequaquam est forma duabus,
Nec modus est compar : secat unus denique pontus
Europam et Libyam : multus circumsonat istam
Oceanus, trinoque sinu vagus influit æstus
Unam Asiæ molem : sinus istam Persicus intrat,
Maximus hanc Arabum scindit sinus, et sinus æquor
Inserit Hyrcanus : duo nigri partibus Austri
Curvantur, rigidam suspectat tertius Arcton :—
Hic et in Euxini prorepit marmoris undam,
Et Zephyrum tergo spectat procul : adjacet ambos
Tellus multa dehinc, et longis tenditur arvis.
Ast Asiam incumbit vasto mons aggere Taurus,
Interstatque jugo mediam, Pamphylia campo
Qua jacet, incipiens, ac verticis ardua ducit
Indorum in pelagus : nunc autem subrigit idem

leurs côtes hérissées d'âpres rochers; leurs rivages inhospitaliers se défendent de tous côtés par des escarpements inaccessibles. Qui pourrait nommer des îles aussi nombreuses! l'essayer, ce serait tenter de compter les flots qui se courbent sur les mers, les astres qui brillent dans les cieux, les chênes que produit l'Ida, les grains de sable que soulève l'Eurus.

Maintenant c'est l'Asie que vont décrire mes vers; ô Phébus! soutiens mes chants des accords de ta lyre, et que le souffle poétique me vienne de tous les antres de l'Hélicon. Je vais parler de la plus vaste partie du monde : les Muses vont vous faire connaître cette contrée fameuse. L'Asie est à elle seule la limite des deux autres parties de l'univers, elle les domine toutes deux de ses plateaux. C'est du côté où elle commence que l'Asie a le plus d'étendue, et peu à peu elle se rétrécit en s'éloignant vers les lieux où naît le jour. La renommée place les colonnes de Bacchus dans ces contrées lointaines, ces extrémités du monde, que baignent les flots de l'Océan, où s'élèvent les derniers rochers des Indes, où le Gange traîne à travers les campagnes ses eaux vagabondes vers le Platamon de Nyssa. L'Asie ne ressemble ni pour la forme ni pour l'étendue aux deux autres contrées : une seule mer sépare l'Europe et la Libye; l'Océan, au contraire, forme autour de l'Asie un grand nombre de mers retentissantes, et ses eaux vagabondes en font pénétrer trois dans cette seule contrée : le golfe Persique entre dans ses flancs; elle est coupée encore par la vaste mer des Arabes; enfin, la mer d'Hyrcanie y introduit ses eaux : deux de ces mers roulent leurs flots vers l'Auster aux noires tempêtes; la troisième est tournée vers les climats rigoureux de l'Ourse; cette dernière s'étend aussi vers les eaux calmes de l'Euxin, et son extrémité regarde le Zéphyr. Près de ces deux mers se déploient d'immenses campagnes, de vastes contrées. L'Asie voit s'élever la chaîne gigantesque du

Obliquas arces et flexilis aera pulsat;
Nunc directa solo tentus vestigia figit.
Mille dehinc amnes unus vomit, exserit unus
Flumina per terras, vel qua riget ora Bootis,
Vel qua lene Notus spirat, qua perstrepa' Eurus,
Et qua dejecto Zephyrus sustollitur axe.
Nec tamen hic uno signatur nomine ubique,
Sed dum flectit iter, novus emicat; utque tumenti
Gens vicina subest, peregrina vocabula mutat.

Accipe, qui populi circumdent denique Taurum.
Mæotæ primi salsam cinxere paludem.
Obversatur item trux Sarmata, bellica quondam
Gentis Amazonidum suboles : nam quum prius illæ
Egissent vasti prope flumina Thermodontis
Threicio de Marte satæ [35], junxere profectæ
Concubitus : longas exercet Sarmata silvas :
Ex quibus elapsus Tanais procul arva pererrat
Barbara, et in salsam protendit terga paludem.
Hic Asiam Europa disterminat : arduus istum
Caucasus eructat : Scythicos hic fusus in agros
Impacatorum nutrit pubem populorum.
Hujus utrumque latus quatit amplis bruma procellis,
Constrictumque tenent hunc frigora. Proxima rursus
Cimmerii Sindique colunt : Cercetia gens est
Atque Toretarum propter genus : indeque Achæi,
Ab Xanthi ripis atque Idæo Simoente,
Inter cauricrepas et scruposas convalles,
Transvexere larem. Juxta gens aspera degit
Heniochi, Zygiique dehinc, qui regna Pelasgûm

Taurus, qui la coupe par le milieu : il commence aux plaines de la Pamphylie, et prolonge ses pics élevés jusqu'à la mer des Indes. Tantôt sa chaîne décrit des sinuosités et s'élève dans les airs en faisant mille détours; tantôt dans sa marche elle suit invariablement une ligne droite. A lui seul le Taurus vomit un grand nombre de fleuves, seul il répand des rivières sur toutes les contrées voisines, dans la direction du Bouvier, vers les tièdes contrées du Notus, vers l'Eurus mugissant, enfin vers les lieux où le Zéphyr voit mourir le jour. Cependant il ne s'appelle pas partout de même; mais à chaque détour qu'il fait, c'est une nouvelle montagne, et, selon les nations qui habitent près de ses hauteurs, il prend un nom nouveau.

Voici les peuples qui environnent le Taurus. Les Méotes entourent les marais salés qui portent leur nom; près d'eux se rencontre le farouche Sarmate, race belliqueuse descendue des Amazones : celles-ci, filles de Mars, le dieu de la Thrace, habitaient d'abord sur les rives du vaste Thermodon; elles quittèrent ce pays et prirent des époux; le Sarmate habite de grandes forêts, d'où s'échappe le Tanaïs pour parcourir des contrées barbares, et aller verser ses eaux dans le Palus-Méotide. Ce fleuve sépare l'Europe de l'Asie : il s'élance des pics élevés du Caucase, et, répandu dans les champs de la Scythie, il nourrit une race belliqueuse. Ses deux rives sont battues par de fréquentes tempêtes, et le froid enchaîne ses eaux. Dans le voisinage habitent les Cimmériens et les Sindes, les Cercètes et les Torètes, et, plus loin, des Achéens, venus des rives du Xanthe et du Simoïs, voisin de l'Ida, et qui transportèrent leurs pénates dans ces vallées rocailleuses où le Caurus fait entendre ses sifflements; à côté d'eux habite la rude nation des Hénioques, puis les Zygies, qui abandonnèrent jadis les royaumes des Pélasges pour s'établir sur le littoral du Pont. Colchos nourrit près de là ses colons infatigables; exilés de la fertile Égypte, ils sont

Linquentes, quondam tenuerunt proxima Ponti.
Impiger hos propter Colchus colit : iste feraci
Exsul ab Ægypto celsæ serit aspera rupis :
Caucasus Hyrcanæ nimium conterminus undæ est.
Hujus valle procul Phasis gemit, istius antro
Agmina provolvit, Circæaque lapsus in arva
Incidit Euxinum. Borealis cardine cœli
Rursus in Eoæ lucis confinia tellus
Inclinata jacet, gemino vicina profundo.
Caspia nam late terram super adluit unda,
Euxinique subest tergum salis : asper Hiberus
Hic agit : hic olim Pyrrhenide pulsus ab ora
Cespitis Eoi tenuit sola, ceu vaga sæpe
Fors rapit exactos patria : tenet æquora campi
Gens Camaritarum, qui post certamina Bacchum,
Indica Bassaridum quum duceret agmina victor,
Accepere casis, mensasque dedere Lyæo :
Orgia ludentes et nebride pectora cincti
Deduxere choros, Nyssæi ludicra ritus.
Hos super in fluctus adsurgit Caspia Tethys.
Hæc dicenda mihi ; nec diri gurgitis unquam
Lustravi pinu freta barbara, nec vagus orbem
Undique reptavi : sed vasti flumina Gangis,
Caucaseas arces et dumicolas Arienos
Incentore canam Phœbo, Musisque magistris
Omnia veridico decurrens carmine pandam.

Caspia per teretes Tethys distenditur oras,
Et sinuant curvis hanc totam litora terris,
Tantum sed fuso pontus jacet iste profundo,
Ut ter luna prius reparet facis incrementa,
Quam quis cæruleum celeri rate transeat æquor.

venus ensemencer des roches âpres et escarpées. Le Caucase est très-voisin de la mer d'Hyrcanie. Dans une de ses vallées gémissent les eaux du Phase, sorti d'une de ses cavernes, et qui, roulant ses flots à travers les champs de Circé, va se jeter dans l'Euxin. Cette contrée s'étend des régions boréales en s'inclinant vers l'orient ; elle est bordée par deux mers : la mer Caspienne la baigne au nord, et au-dessous d'elle s'étend le Pont-Euxin. C'est là qu'habite le sauvage Hibère : chassé autrefois des contrées voisines des Pyrénées, il est venu chercher une patrie en Orient; ainsi le sort traîne souvent les exilés de pays en pays. La nation des Camarites habite ces plaines ; lorsqu'après ses combats Bacchus conduisait en triomphe des chœurs de bacchantes indiennes, ces peuples le reçurent dans leurs cabanes, et offrirent leurs tables au dieu du vin; la poitrine couverte d'une peau de chevreuil, et célébrant les orgies sacrées, ils formèrent des chœurs de danse selon les rites de Nyssa. Au-dessus d'eux la mer Caspienne soulève ses flots.

C'est d'elle que je vais maintenant parler. Je n'ai point sur un vaisseau parcouru les mers barbares, aux gouffres dévorants, je n'ai point traîné mes pas errants dans tout l'univers; mais Phébus me donne le ton, les Muses m'instruisent, et je chanterai le vaste courant du Gange, les sommets du Caucase, et les Ariens qui habitent au milieu des broussailles ; voilà ce que mes vers vont décrire avec exactitude.

La mer Caspienne s'étend entre des rivages arrondis, dont les nombreux détours découpent dans toute sa longueur de continuelles sinuosités. Son étendue est assez grande pour que la lune puisse trois fois se renouveler avant qu'un vaisseau rapide en ait traversé les ondes

Gurgitis Oceanus pater est : namque iste nivalis
Axe Helices infert rapidi freta concita ponti,
Et sinus inde sibi pelagus trahit : hic vada propter
Caspia versatur Scytha belliger; hicque feroces
Degunt Albani : trux illic arva Cadusus
Dura tenet, Mardi celeres, Hyrcani, Apyrique.
Cespite vicino Mardus fluit, et procul ipsos
Accedit Bactros; adtingens denique atroces
Agmine Dercebios, medius disterminat ambos,
Hyrcaniquc salis tumido convolvitur æstu.
Sed Bactrena solo vasto procul arva recedunt,
Parnessique jugi [36] tegitur gens rupibus illa :
Dercebios aliud cohibet latus et vada tangit
Caspia : tum clari pharetris agilique sagitta
Massagetæ rauci succedunt flumen Araxis :
Durum ab stirpe genus, placidæ mens nescia vitæ,
Ignorant flavæ Cereris commercia, Bacchi
Semper inexpertes animam traxere ferinam.
His cibus et potus simul est; nam sanguinem equinum,
Et lac concretum per barbara guttura sorbent.
Nec procul ad Boream diri posuere Chorasmi
Hospitia, et juxta protendit Sugdias agros,
Sugdias, ingenti quam flumine dissicit Oxus.
Hic procul Emodi late ruit aggere montis,
Et per prolixos evectus protinus agros
Caspia propellit fluctu freta : qua perit hujus
Fluminis os, diri ripas habitant Iaxartæ.
Tendere non horum quisquam certaverit arcus :
Ambitus hos etenim multus trahit, et grave curvis
Pondus inest taxis, longo sunt spicula ferro,
Et rigor in nervis veluti bovis. Inde cruenti
Sunt Tochari, Phrurique truces, et inhospita Seres

azurées. L'Océan en est le père; il entraîne vers ces contrées les flots impétueux formés par les neiges de l'Ourse; c'est de là que ce golfe tire ses eaux. Près de la mer Caspienne se trouvent le Scythe belliqueux, le fier Albanien. Dans cette rude contrée habitent aussi les farouches Cadusiens, les Mardes rapides, les Hyrcaniens, les Apyres. Dans le pays voisin coule le Mardus, qui se rapproche des Bactriens et touche aux Dercébiens indomptables; il coule entre ces deux peuples qu'il sépare, et va rouler ses ondes au milieu des eaux soulevées de la mer d'Hyrcanie. Les champs des Bactriens s'étendent au loin, et cette nation est protégée par les rochers du mont Parnasse : l'autre rive du Mardus est la limite des Dercébiens et touche à la mer Caspienne. Les Massagètes, fameux par leurs carquois et leurs flèches rapides, habitent les bords de l'Araxe mugissant; c'est une race dure, une vie calme leur est inconnue; ils ne connaissent point les dons de la blonde Cérès, et, toujours étrangers aux plaisirs de Bacchus, ils mènent une vie sauvage; un seul mets satisfait à la fois leur soif et leur faim : ces barbares avalent du sang de cheval mêlé à du lait caillé. Près de là, vers le Nord, se sont établis les cruels Chorasmes, et à côté la Sogdiane étend ses campagnes, que divise le large courant de l'Oxus. Ce fleuve s'élance de la chaîne de l'Emodus au milieu des plaines, et, roulant à travers des champs immenses, il refoule de ses flots ceux de la mer Caspienne ; près de l'endroit où il va se perdre dans la mer, habitent les cruels Iaxartes. Personne ne saurait tendre leurs arcs; ces arcs sont d'une grande dimension; ce sont des ifs recourbés et très-pesants; leurs traits sont armés d'un long fer, et leurs cordes sont roides comme un nerf de bœuf. Plus loin sont les sanguinaires Tochares, les Phrures farouches; les Sères habitent des contrées inhospitalières, et, confondus avec leurs troupeaux de brebis et de bœufs, ils recueillent au milieu de

Arva habitant, gregibus permixti oviumque boumque
Vellera per silvas Seres nemoralia [37] carpunt.
Ultima Epetrimos tellus habet [38] : et procul ista
Cassa virûm est, nullis pecorum balatibus agri
Persultant; herbæ viduus jacet undique cespes,
Fronde caret; nusquam terras intersecat amnis.
Caspia tot late circumdant æquora gentes.
Nunc rursum ab Colchis et glauci Phasidis undis
Occiduum ad solem populos memorate, Camœnæ,
Usque in Threicii fauces maris! Aspera primum
Byzerum gens est : diri sunt inde Bechires,
Macrones, Philyresque, et pernix Duratcûm gens.
Inde Tibareni, Chalybes super, arva ubi ferri
Ditia vulnifici crepitant incudibus altis.
Post hos Assyriæ tenduntur jugera terræ,
Armenioque jugo late surgens Thermodon
Gentis Amazonidum lambit sata; nec minus illic
Erigitur celsa in fastigia prisca Sinope.
Hanc urbem quondam, magni Jovis ardor, Asopis
Virgo [39], locans sævæ propter confinia terræ,
Aulam habuit, plebemque suo de nomine dixit.
Nec procul hinc purus laticem provolvitur Iris;
Et citus Armeniæ cursum convallibus arcis,
Qua vastum in pelagus vergit saxosa Carambis,
Urget Halys : tum Paphlagonum sata longa patescunt,
Et Mariandynûm gens incolit, unde triformis
Ora canis superas quondam produxit in auras
Alcides Erebo : propter Bithynia glebam
Exserit : hic late Rhebas extenditur amnis,
Rhebas, cyanei qui dissicit æquora Ponti,
Rhebas, argento similem qui porrigit undam.
Ili Pontum cingunt populi. Nunc illa canatur

leurs forêts le duvet qu'ils trouvent sur les arbres. Les Épétrimes sont le dernier peuple de cette contrée; plus loin il n'y a plus d'habitants, les champs ne résonnent plus des bêlements des troupeaux; ce n'est plus partout qu'une terre sans herbes, sans arbres, sans cours d'eau. Telles sont les nations qui de près ou de loin entourent la mer Caspienne.

Maintenant, ô Muses, dites-nous tous les peuples situés depuis la Colchide, et les eaux bleuâtres du Phase jusqu'à l'Occident, jusqu'à la mer de Thrace! C'est d'abord la nation sauvage des Byzères; puis les cruels Béchires, les Macrons, les Philyres, et les Duratéens aux pieds rapides; ensuite les Tibarènes, au-dessus les Chalybes, où la terre qui produit en abondance le fer meurtrier, retentit du bruit des enclumes. Près de ces peuples s'étendent les plaines de l'Assyrie; échappé des montagnes d'Arménie, le Thermodon baigne les campagnes habitées jadis par les Amazones; près de là s'élève la tête altière de l'antique Sinope. La fille d'Asopus, ardemment aimée de Jupiter, fonda jadis cette ville sur les limites d'une terre barbare; elle y fit son séjour, et donna son nom à son peuple. Près de là, l'Iris roule le cristal de ses eaux, et vers l'endroit où les rochers de Carambis s'avancent dans la vaste mer, l'Halys vient précipiter ses ondes rapides après avoir parcouru les vallons de la montagneuse Arménie. Là se déploient les campagnes de la Paphlagonie; c'est dans ce pays qu'habite la nation des Mariandyns, et qu'Alcide autrefois traîna des bords de l'Érèbe à la lumière du jour le chien aux trois gueules menaçantes. Près de là se trouvent les champs de la Bithynie. Le fleuve Rhébas y développe son vaste courant, le Rhébas qui vient fendre les eaux bleues du Pont-Euxin, le Rhébas qui roule des eaux brillantes comme l'argent. Tels sont les peuples qui bordent le Pont-Euxin. Décrivons maintenant les pays de l'Asie que baigne la mer azurée; depuis

Ora Asiæ, glaucus pelagi quam subluit æstus,
Axe Noti in fauces rapidi procul Hellesponti,
Et freta qua spumant Ægyptia partibus Austri,
Usque Arabas et longa Syræ consinia terræ.
Dictum etenim, quantus rigidas Scytha degat ad Arctos.
CHALCEDON tumulus [40] fluctu circumdatus alto
Eminus Europen proceraque mœnia Byzæ
Adspicit : ab tergo tendit Bebrycia glebam,
Celsaque nubiferæ sustollit culmina rupis
Mysus ager : Mysos tacitum diffusus in æquor
Tergaque flavescens sulcat Cius : hujus ad undam
Pulcher Hylas Nymphis quondam fuit anxia cura.
HINC in cæruleum cedit sinus Hellespontum,
Explicat et Phrygiam tellus incurva [41] Minorem ;
Major Sangario late præstringitur amni.
Hæc procul Eoos procedit plurima in axes,
Fertilis herbarum : qua cœlum rursus in umbras
Inclinat vertex, panduntur terga Minori,
Quæ jacet immensæ late sub rupibus Idæ,
Infortunatam pertingens cespite Trojam.
ÆOLIS inde patet vastum super Hellespontum
Ægæi per terga sali. Prolixus Ionum
Rursus ager glebam protenditur : hunc secat ingens
Mæander, salsique ruens vada gurgitis intrat.
Cominus hic gelidi qua spirant flabra Aquilonis,
Urbs Ephesus tetricæ sustollit fana Dianæ,
Munus Amazonidum memorabile ; nec minus inde
Lydia procedens longum latus explicat Euro :
In qua vitiferæ Tmolus juga proserit arcis,
Et Pactolus aquas agit auriger, arva canoris
Persultant cygnis, curva sedet undique ripa
Crebra ales, lætis adsurgunt gramina campis,

le Notus jusqu'au canal du rapide Hellespont, et les mers qui écument vers l'Auster du côté de l'Égypte, jusqu'à l'Arabie et aux vastes confins de la Syrie : nous avons énuméré toutes les peuplades scythiques qui habitent vers l'Ourse glacée.

La colline de Chalcédoine entourée par une mer profonde regarde de loin l'Europe et les remparts élevés de Byzance ; la Bébrycie s'étend derrière elle, et la Mysie porte jusque dans la région des nuages la cime hautaine de ses rochers. La rivière de Cius promène à travers la Mysie ses eaux silencieuses et sa surface jaunâtre ; c'est près de son onde que le bel Hylas excita l'ardent amour des Nymphes.

La mer resserre ensuite ses eaux azurées dans le canal de l'Hellespont : c'est là que la petite Phrygie dessine un coude au bord des flots. La grande Phrygie est arrosée par le vaste courant du Sangarius ; elle étend ses fertiles prairies bien loin vers l'Orient. A l'opposé, vers les lieux où disparaît la lumière, la petite Phrygie étale ses campagnes sous les rochers de l'immense Ida, et touche aux ruines de la malheureuse Troie.

En quittant le vaste Hellespont, on voit s'étendre l'Éolide sur les bords de la mer Égée. Plus loin se développent les campagnes des Ioniens ; le grand fleuve du Méandre les sillonne de ses eaux, qu'il va précipiter dans la mer. Près de là, du côté où souffle l'Aquilon glacé, s'élève dans la ville d'Éphèse un temple consacré à l'austère Diane, offrande fameuse des Amazones. La Lydie déploie ensuite son large flanc au souffle de l'Eurus. C'est là que le Tmolus prolonge ses coteaux couverts de vignes, que le Pactole roule dans ses eaux des paillettes d'or, que les prairies retentissent du chant des cygnes : un grand nombre de ces oiseaux se tiennent sur les rivages sinueux, au milieu des hautes herbes et des prairies luxuriantes,

Herbaque luxurians loca semper pinguia vestit.
Sed locuplete magis Mæandria gleba recumbit
Ubere, nam blandi terram rigat unda Caystri.
Mæonis hic etiam deducit turba choreas:
Aurea subnectunt hæ vincula, ritus Iaccho
Luditur, atque sacris feriunt ululatibus æthram;
Virgineusque chorus late strepit, exsilit omnis
Cœtus, ut instabiles vaga pendent corpora dammæ:
Caurorum quoque flabra Deo famulantia ludunt
Ritibus in vulgi; subeunt hæc serica sæpe
Pallia, et impulsi zephyris agitantur amictus.
Hæc linquenda tamen læto reor omnia Lydo.
Qua se Xanthus agit, Lyciorum tenditur ora
Inclinata mari, surgunt ibi culmina Tauri
Pamphyliæ in fines: hic idem Cragus habetur
Nomine sub gentis: prope celsam surgit in arcem
Piscosi Aspendus flumen secus Eurymedontis,
Sus ubi deformis calidis adoletur in aris
Sæpe Dionææ Veneri: stat Corycus alta,
Stat Perge propter, micat ardua tecta Phaselis
Eminus, et Phœbi radiis tremit æmulus ardor.
Inde Lycaoniæ tractus jacet: impiger agros
Incola decurrit, sitit atrum dira cruorem
Gens hominum, et sævo pascuntur pectora bello.
Tum Pisida ferox exercet pinguia culta,
Termessusque dehinc urbs eminet, eminet arcem
Inclyta per nubes adtollens mœnia Lyrbe,
Et Lacedæmoniæ surgunt fastigia Selges.

Plurimus hinc terras intrat sinus, undaque longe
Vicina Euxino rupti sola cespitis urget.
Hic diros Cilicas trames tenet, inque dici
Tenditur exortum: sulcant duo flumina terram,

qui sont le vêtement de ces grasses et fécondes campagnes. La terre de la Méandrie est encore plus fertile ; elle est arrosée par la douce rivière du Caïstre. Les femmes de Méonie s'y livrent à la danse ; elles ont des ceintures d'or, des jeux y sont célébrés selon les rites de Bacchus, elles font retentir l'air de leurs hurlements religieux. Le chœur bruyant des vierges bondit en cadence, et elles semblent, comme les biches légères, effleurer à peine la terre de leurs pieds. Le souffle des vents se joint aux efforts de la foule pour honorer le dieu ; il gonfle les manteaux de soie et les agite au milieu des airs. Mais il faut laisser tout cela aux joyeux Lydiens.

Aux lieux où coule le Xanthe, s'étend, en s'abaissant vers la mer, le rivage des Lyciens où les sommets du Taurus s'élèvent vers les frontières de la Pamphylie ; la même montagne reçoit des habitants le nom de Cragus. Aspendus dresse sa citadelle escarpée près des eaux poissonneuses de l'Eurymédon ; c'est là qu'un sanglier hideux est consumé sur les autels embrasés, en l'honneur de Vénus Dioné. Près de là s'élèvent Corycus et Pergé ; les hauts édifices de Phaselis brillent à travers les airs, et leurs feux scintillants rivalisent avec les rayons du soleil. Plus loin s'étendent les plaines de la Lycaonie : les habitants qui parcourent ces campagnes sont ardents, féroces, toujours altérés de sang et de carnage, et leurs cœurs se repaissent des fureurs de la guerre. Plus loin le Pisidien féroce laboure ses grasses campagnes. Là s'élèvent la ville de Termesse, et Lyrbé qui porte au milieu des nuages ses murailles fameuses, et le faîte de Selgé, la ville lacédémonienne.

La mer forme ici un vaste golfe, et pénètre dans les terres qu'elle ronge et presse de ses eaux en se rapprochant de l'Euxin. C'est le pays des Ciliciens farouches ; il s'étend vers le lever du jour. Deux fleuves, le Pyra-

Pyramus hic undas, hic volvit Pinarus æquor.
Cydnus item mediæ discernit mœnia Tarsi.
Pegasus hoc olim suspendit cespite sese,
Impressæque solo liquit vestigia calcis;
Esset ut insigni revoluta in sæcula semper
Nomen humo, clari post ultima Bellerophontis.
Hic cespes late producit Aleius arva,
Horrescitque comis nemorum, per inhospita cujus
Æquora secreto vitam protraxerat agro.
Lyrnessusque dehinc, hic Mallos et Anchialea,
Illustresque Soli post carmina vatis alumni [42].
Commagenorum propter diffunditur ora :
Et procul Hesperium curvatur limes in axem,
Donec piniferas Casii prorepat ad arces.
Hinc solers Asiam facili cape carmine totam.
Forma sit hujus enim talis tibi : quatuor illam
In latera effusam cordi dato ; longior autem
Sit modus his, rutili quæ spectant sideris ortum :
Tumque tene, primo quod carmine Musa loquuta,
Totam Asiam celsi præcingi vertice Tauri
Extima in Indorum : montis tamen accipe molem
Per latus id duci, quo dat Cynosura pruinas :
Solis ab occasu vastum decurrere Nilum :
Indicum ab Eois mare fervere, rursus ab Austro
Fluctibus immodicis Rubri salis æquora volvi.
Ora Syrûm curvi procumbens litoris acta
In Notum et Eoi confinia tenditur Euri.
Hæc Cœle [43] est Graio sub nomine : namque duobus
Ut conclusa jugis, vallis vice, multa cavatur.
Ab Zephyro Casius mons imminet : axe diei
Consurgentis item Libanus premit arduus arva.
Pars procul a pelago terras colit, inque recessu

mus et le Pinarus, sillonnent cette terre de leurs ondes. Le Cydnus divise par le milieu les murailles de Tarse. C'est là que Pégase s'élança autrefois dans les airs, et laissa sur le sol l'empreinte de son pied, afin de donner à cette terre un nom immortel après la mort du fameux Bellérophon. Le pays des Aléens déploie ici ses vastes campagnes, toutes hérissées de bois touffus : c'est dans ce pays inhospitalier que Bellérophon alla cacher sa triste existence. Plus loin, Lyrnessus, Mallos, Anchialée, et Soles, rendue fameuse par le poëte qu'elle a élevé. A côté s'étend le territoire de Commagène, qui va recourber ses campagnes vers l'occident, jusqu'au sommet du Casius surmonté de pins.

Maintenant que mes vers vous apprennent à saisir d'un seul coup d'œil l'ensemble de l'Asie. Voici quelle est sa forme : rappelez-vous qu'elle a quatre côtés; le plus long est celui qui regarde le lever brillant du jour; souvenez-vous aussi de ce que ma Muse a déjà dit, que la chaîne du Taurus embrasse toute l'Asie comme une ceinture jusqu'à l'extrémité des Indes ; mais apprenez que cette montagne suit surtout ce côté de l'Asie où Cynosure répand ses frimas; à l'occident coule le vaste Nil; à l'orient bouillonne la mer des Indes; vers l'Auster la mer Rouge roule ses flots gigantesques. La contrée des Syriens, recourbant son rivage, s'étend vers le Notus et aux limites de l'Eurus oriental. Les Grecs l'appellent *Cœle* : elle est comme encaissée entre deux chaînes de montagnes, et se creuse en une longue vallée. Le mont Casius la domine vers le Zéphyr; à l'orient, le Liban élevé commande à ses campagnes. Une partie de ses habitants cultive, loin de la mer, l'intérieur du pays. La contrée que battent les flots salés forme le pays des Phéniciens : ces peuples y sont venus en quittant la mer Rouge;

Gens agitat : salso quidquid pulsatur ab æstu,
Phœnicum regio est : hi Rubro a gurgite quondam
Mutavere domos, primique per æquora vecti
Lustravere salum ; primi docuere carinis
Ferre cavis orbis commercia ; sidera primi
Servavere polo. Populis Phœnicibus ergo
Urbs Iope, sterilisque dehinc habitatur Elais,
Gazaque proceris adsurgens undique muris.
Hic Tyrus est opulens, et Berytus optima, Byblos,
Sidoniique lares ; ubi labens agmine amœno
Cespitis irrigui Bostrenus jugera findit.
Nec minus hic Tripolis pingui sola porrigit agro ;
Orthosisque dehinc adtollitur : hic Marathus stat.
Litoris extremo caput altis turribus effert
Laodice, et glauci prælambitur æquoris unda.
Hic nemorosa virent Daphnæ loca, celsa cupressus
Erigitur[44], ramos innectit laurus odora,
Crine Dionæo myrtus diffunditur, altæ
Consurgunt pinus, et cœlum sibila pulsant
Robora, mollicomis tellus insternitur herbis.
Urbs mediis Apamea dehinc consistit in arvis,
Et qua Phœbeam procul incunabula lucem
Prima fovent, Emesus fastigia celsa renidet.
Nam diffusa solo latus explicat, ac subit auras
Turribus in cœlum nitentibus : incola claris
Cor studiis acuit, sed et amplius imbuit ordo :
Denique flammicomo devoti pectora Soli
Vitam agitant : Libanus frondosa cacumina turget,
Et tamen his celsi certant fastigia templi.
Hic scindit juxta tellurem glaucus Orontes,
Nec procul Antiochi vagus interlabitur urbem,
Præstringitque undis Apamenæ jugera glebæ.

ce sont les premiers qui, portés sur la plaine liquide, en ont parcouru les flots, les premiers qui ont appris à porter dans les flancs des navires le commerce du monde, les premiers qui ont observé les étoiles suspendues à la voûte des cieux. La Phénicie comprend la ville d'Iopé, la stérile Élaïs, et Gaza, entourée de tous côtés par de hautes murailles. L'opulente Tyr, la délicieuse Berytus, Byblos et Sidon, se trouvent dans ces campagnes, au milieu desquelles le Bostrenus prend son cours et qu'il vivifie de ses belles ondes.

C'est là que Tripolis étend son fertile territoire; plus loin sont Orthosis et Marathus. A l'extrémité de la côte, Laodicé élève sa couronne de tours, dont la mer azurée baigne le pied. C'est là que sont les bosquets verdoyants de Daphné; c'est là que le cyprès élance sa haute cime, que le laurier enlace ses rameaux parfumés, que le myrte étale son feuillage consacré à Dioné; le pin y dresse aussi sa tête, le chêne y bat les airs de ses rameaux sifflants; de hautes herbes y couvrent les prairies d'une ondoyante chevelure. Plus loin, la ville d'Apamée est située au milieu d'une plaine; du côté où les feux du jour sortent de leur berceau, Émèse élève son faîte étincelant : ses flancs se prolongent au loin sur la terre, tandis que ses édifices vont toucher les cieux. Les habitants de cette ville exercent leur intelligence par de sérieuses études, auxquelles les sénateurs se livrent encore avec plus d'ardeur. Enfin ils ont pour le soleil, le dieu à la chevelure d'or, un culte constant et dévoué. Près d'eux le Liban élève ses verdoyants sommets, et, malgré leur hauteur, le faîte d'un temple voisin rivalise avec eux. Non loin de là, l'Oronte aux eaux d'azur fend la terre de son courant; ses eaux vagabondes vont traverser la ville d'Antiochus, et raser les campagnes d'Apamène. Là s'étend

Fertilis hic cespes protenditur, arvaque amica
Sunt pecori, in fetus facilis Pomona resurgit,
Et fecunda Ceres campo flavescit aperto.
Si rursus tepidum via deflectatur in Austrum,
Curva sinus Arabi succedent æquora propter.
Namque Arabas Syriæque solum sinus iste fluento
Dividit, et tentis procul interfunditur undis :
Et tamen Eoos paullum inclinatur in axes
Usque in belligeri confinia flexus Elani[45].
Hinc tellus Arabum producit cespite campos,
Et latera ab gemino sale cingitur; adluit æstus
Persicus hanc, Arabumque sinus rigat æquore terram.
His sua flabra polo spirant ; nam Persicus Euro
Turgescit vento, Zephyro sinus æstuat alter.
Pars alia in primos quæ semet porrigit ortus,
Et Notus insurgit qua nubifer, æquore Rubri
Tangitur Oceani ; felici terra recumbit
Tota solo : tellus hic semper fragrat odoro
Cespite : prorumpit lacrymoso stipite myrrha[46],
Myrrha furor quondam Cinyreius ; hic ladani vim[47]
Vellera desudant, calami coma pullulat almi,
Gignit humus casiam, concrescunt tura per agros,
Longaque fecundis pinguescit odoribus ora.
Vera fides, illic femoris sub imagine partus
Disrupisse Jovem penetralia ; proderet ortus
Ut sacer ætheria fulgentem fronte Lyæum.
Nascenti Baccho risit pater, undique fulsit
Cœlicolûm sedes, convexaque pura tetendit
Festa dies : tellus effudit dives odores ;
Villorum subitis tumuit pecus incrementis :
Ver habuere suum nova gramina, flore frequenti
Pinxit terra sinus, ac Nymphis unda cucurrit

un territoire fertile, des pâturages aimés des troupeaux; Pomone chaque année y prodigue ses trésors, et la féconde Cérès jaunit ses vastes plaines.

Si l'on redescend vers le tiède Auster, on rencontre bientôt le golfe Arabique, fécond en orages. Ce golfe vient séparer par son courant l'Arabie de la Syrie, entre lesquelles il étend au loin ses ondes : cependant il s'incline un peu vers l'orient, et se tourne vers le pays des belliqueux Élanes. C'est là que la terre des Arabes, dont les flancs sont pressés par deux mers, étend ses vertes campagnes; d'un côté elle est baignée par le golfe Persique, de l'autre côté le golfe Arabique mouille ses rivages. Des vents différents soufflent sur ces deux mers : l'Eurus gonfle les flots du golfe Persique, le Zéphyr fait bouillonner l'autre mer. L'autre contrée, qui s'avance vers le lever du soleil, et du côté où s'élève le Notus chargé de nuages, est baignée par les eaux de la mer Rouge : tout ce pays est d'une grande fertilité; une végétation odorante y parfume les airs : l'arbre de Myrrha y répand ses larmes, Myrrha jadis l'amante de son père Cinyre; les toisons des brebis semblent suer le ladanum; la bienfaisante Cérès y fait naître d'abondantes moissons, la terre y produit la cannelle, l'encens y pousse en abondance, et ce vaste rivage s'enrichit des parfums d'un sol fertile. Une tradition certaine rapporte que dans ces lieux Jupiter entr'ouvrit sa cuisse pour donner le jour à Bacchus, qui s'élança le front brillant d'une joie divine. Son père lui sourit à sa naissance; la demeure des dieux resplendit de mille clartés, et ce jour d'allégresse fit descendre des cieux une plus pure lumière; la terre répandit ses parfums en abondance; les troupeaux se couvrirent tout à coup d'épaisses toisons : les prairies renouvelées eurent aussi leur printemps, les champs s'émaillèrent de mille fleurs, et les Nymphes firent courir des ondes plus abondantes; du fond des contrées les plus éloignées,

Largior : internis etiam procul undique ab oris
Ales amica Deo [48] largum congessit amomum.
Extemplo Liber subnectit nebride pectus,
Effusasque comas hedera ligat, inde virentes
Adtollit thyrsos, et blandi luminis igne
Os hilarat, totaque celer diffunditur æthra.
SED propter Libanum terram sulcant Nabatæi,
Chablasiique dehinc, Agreni rursus, et inde
Chatramis est tellus : Macæ vicina fluento
Persidis accedunt : Rutili contermina ponti
Minnæi Sabathæque tenent; super impiger ampla
Æquora desulcat glebæ ditis Catabanus.
PLURIMA præterea gens circumplectitur illic
Oram Arabum, muta sed degunt agmina fama,
Et numerus cunctis inglorius : inde Favoni
Qua plaga fecundis alit almos flatibus agros,
Barbara montivagos tellus extendit Erembos.
Ili vitam duris agitant in cautibus omnem,
Intectique artus erepunt ardua semper
Culmina saxorum : non ollis pabula in usum
Terra parit : glebas abrodunt more ferarum
Jejunas herbæ, nec amicas frugibus ullis.

HINC ultra Libani rursum fastigia celsi,
Lux Hyperionio qua se sustollit ab ortu,
Alterius Syriæ limes jacet usque Sinopen
Gurgitis adtiguam; mediis hic impigra in arvis
Cappadocum gens est : propter freta turgida rursus
Assyrii juxta sunt ostia Thermodontis,
Et festina citis evolvitur unda fluentis.
NEC procul, adtollit qua se facis ardor Eoæ,
Plurimus Euphratæ manat liquor : iste feroci
Fusus ab Armenia vastum caput exserit antro,

l'oiseau aimé du soleil amassa des trésors d'amome. Aussitôt Bacchus entoure sa poitrine d'une peau de chevreuil, il noue avec le lierre ses cheveux répandus sur ses épaules, il lève ses thyrses verdoyants, sa figure rayonne d'une joie séduisante, et rapide il s'élance au milieu des airs.

Les Nabathéens labourent les campagnes voisines du Liban; plus loin sont les Chablasiens, les Agrènes et ensuite la contrée de Chatrames; les Maces sont tout près du golfe Persique; les Minnéens et les Sabathéens occupent les contrées voisines de la mer Rouge; plus loin le Cataban infatigable cultive les vastes plaines d'une fertile contrée.

Un grand nombre de peuplades entourent encore les rivages des Arabes, mais sur elles la renommée est muette; c'est une foule obscure. Plus loin s'étend une contrée fécondée par le souffle bienfaisant du Zéphyr : c'est là qu'habitent les Érembes errants dans les montagnes; ils passent toute leur vie au milieu d'âpres rochers, et ils gravissent tout nus jusqu'aux sommets de leurs pics escarpés. Les sillons ne leur donnent point leur nourriture; ils broutent comme les bêtes sauvages la surface d'une terre avare même de gazon, et qui ne produit aucun fruit.

Au delà des sommets élevés du Liban, du côté où le soleil paraît pour accomplir sa course dans les cieux, la seconde Syrie prolonge ses campagnes jusqu'à Sinope, près de la mer. Là, dans l'intérieur des terres, habite la nation active des Cappadociens. Près de la mer orageuse se trouvent aussi les Assyriens à l'embouchure du Thermodon, qui roule ses ondes impétueuses et précipite son rapide courant.

Près de là, vers les lieux où l'Aurore élève son flambeau dans les airs, coule le vaste Euphrate : la source immense de ce fleuve sort d'une caverne située dans la

Inque Notum primæ protenditur agmine molis;
At, matutinos iterum conversus in axes,
Dividit inserto mediam Babylona fluento.
Inde Teredoniæ juga propter maxima rupis
Persidis in pontum sparso cadit effluus amni.
Hunc super, in septem quantum via carpitur ortus
Cespitis extenti spatiis, citus æquora Tigris
Prona rotans, et saxa jugis avulsa supernis,
Et totas late celeri trahit agmine silvas.
Quin et vasta palus medio distenditur agro;
Maximus hanc fluctu Tigris secat : intrat aperti
Terga lacus, stupet unda silens, tacitæque recumbunt
Æquora Thospitis; solidarum denique more
Riparum stagni facies incisa quiescit,
Invectumque sibi cohibens altrinsecus amnem
Stat disclusa palus. Sic Elidis incola pontum
Dissicit Alpheus : pelago sic inserit undas
Illæsum optatæ flumen ducens Arethusæ.
Ergo per et stagnum vehitur celer amnis apertum,
Hoc elapsus item vim proni gurgitis urget.
Non alium tantus rapit impetus; haud ita quisquam
Spumescit fluctus, neque tantos ulla fragores
Unda ciet. Medio quæ tellus funditur agro,
Hoc Interamnis[49] nomen tenet; ut situs illam
Flumine præcinctam gemino per aperta locavit.
Non qui lanatum longo pecus educat agro,
Aut qui cornigeri ductor gregis arva pererrat,
Gramina qui pastor simis petit apta capellis,
Quique cavo solers committit semina sulco,
Quem Pomona juvat, quem ramis æsculus altis
Inlicit, et pingui dependens subere glando;
Brachia Nysæi qui palmitis ordine justo

sauvage Arménie, et d'abord il s'avance vers le Notus; puis, se tournant vers l'est, il coule à travers Babylone, que ses eaux divisent par le milieu. Enfin, près des roches gigantesques de Térédon, il verse dans le golfe Persique ses ondes épandues.

A l'est, à sept jours de marche, le Tigre rapide roule ses eaux précipitées, et entraîne dans son vaste courant les rochers séparés des montagnes et des forêts tout entières. Un large marais s'étend au milieu des campagnes; le Tigre immense le coupe de ses flots : il pénètre avec force dans le lac Thospitis, dont les ondes immobiles restent silencieuses et comme étonnées de sa violence; enfin ce marais, ainsi séparé en deux parties par le fleuve, offre par son immobilité l'aspect de deux rives solides, et semble des deux côtés resserrer le fleuve comme dans un lit. Ainsi que l'Alphée, en Élide, vient fendre les eaux de la mer; ainsi qu'à travers les flots salés, il porte ses ondes restées pures vers Aréthuse, sa bien-aimée; de même ce fleuve impétueux s'élance au milieu de cette large nappe d'eau, et pousse devant lui toute la masse de ses ondes. Il n'existe point de fleuve dont le courant soit aussi fort, qui soulève autant de flots écumeux, et fasse entendre un aussi terrible fracas. La terre qui se trouve entre l'Euphrate et le Tigre s'appelle Interamnis, à cause de sa situation entre ces fleuves qui enferment ses plaines des deux côtés. Le berger qui élève dans de vastes prairies les brebis à la riche toison; celui qui parcourt les campagnes en conduisant ses bœufs aux cornes élevées; le pâtre qui recherche les gazons aimés des chèvres camuses; l'agriculteur habile qui confie ses semences aux sillons, qui se réjouit des présents de Pomone, et voit avec joie le chêne aux rameaux élevés, et les glands suspendus à ses branches trop chargées; le vigneron qui aligne les ceps de Nysa; le charpentier qui travaille sans relâche le frêne destiné aux construc-

Digerit, aut tectis si quis dolat impiger ornos,
Vel salis in fluctus qui cymbam navita texit,
Spreverit hos saltus : nihil indiga subtrahit ora :
Dives humo tellus, dives jacet arbore cespes.
Istius in Borean quidquid protenditur agri,
Armenii et vita duri sulcant Matieni.

Qua sunt flabra Noti, Babylon subducitur arce
Procera in nubes : hanc prima Semiramis urbem
Vallavit muris, quos non absumere flammae,
Non aries penetrare queat : stat maxima Beli
Aula quoque argento, domus Indo dente nitescit,
Aurum tecta operit, sola late contegit aurum.
Ipsa dehinc tellus, quae circumplectitur urbem,
Et procerarum fluctu vernat palmarum,
Et splendente procul beryllo [50] ferta renidet.
Hic tamen internis Ophietidis arcis [51] in arvis
Inter gemmiferas excrescit creber arenas.
Hinc Babylona super, geminae pro finibus Ursae,
Cissi Messabataeque et Chalonita vagantur.
At rursum Armeniae si quis pede pergat ab arce
Rupis, et Eoas gressum producat in oras,
Medica prolixos spectabit regna per agros.
Horum qui gelidi succedunt Plaustra Bootis,
Pinguia rura tenent : sunt illic Atropateni,
Sunt Geli et Mardi. Tepidum qui rursus ad Austrum
Oram habitant, Scythicae deducunt semina gentis.
Nam Medea ferox fuit ollis sanguinis auctor.
Haec quum Pandionis letum componeret aulae [52],
Attica qua pulchro tellus pinguescit Ilisso,
Proditur, inque fugam propere convertitur exsul.
Has post in terras pinu subit Æetine,
Inseditque locos : veteres accedere Colchos

tions; le navigateur qui sait construire un vaisseau capable de braver les flots de la mer ; tous admireront ces vastes forêts, cette contrée féconde en productions de tout genre, ces sillons riches en céréales, cette terre riche en arbres magnifiques. Toute la partie de ce pays qui s'étend vers Borée est habitée par les Arméniens et les durs Matiènes.

Du côté où souffle le Notus, Babylone élève sa citadelle au milieu des nuages : Sémiramis, la première, entoura cette ville de remparts que les flammes ne peuvent consumer, et que le bélier ne saurait renverser. On y voit l'immense palais de Bélus, tout brillant d'argent et décoré de l'ivoire des Indes ; l'or couvre les toits, l'or s'étend sur les planchers. Le territoire qui environne la ville est embelli par la verdure ondoyante des hauts palmiers, et l'on voit de loin le béryl resplendissant étinceler sur le sol. Cette pierre se rencontre souvent dans l'intérieur des terres à Ophiétis, au milieu d'un sable riche en pierres précieuses. Plus loin, au nord de Babylone, vers les contrées des deux Ourses, errent les Cisses, les Messabates et les Chalonites.

Si l'on quitte les rochers élevés de l'Arménie pour s'avancer vers les contrées de l'Aurore, on rencontrera les royaumes des Mèdes aux plaines étendues. Parmi ces peuples, ceux qui habitent vers le Chariot glacé du Bouvier, occupent de fertiles campagnes : là sont les Atropatènes, les Gèles et les Mardes. Ceux, au contraire, qui habitent les contrées échauffées par le souffle de l'Auster, descendent des races scythiques. C'est l'indomptable Médée qui est la mère de cette nation. Comme elle s'apprêtait à jeter le deuil dans le palais du fils de Pandion, aux lieux où le bel Ilissus fertilise les campagnes de l'Attique, son projet fut découvert, et elle fut forcée de fuir et de s'exiler aussitôt. La fille d'Æétès fut apportée par mer dans ces lieux, et s'y établit; elle n'osait retourner à Colchos, son

Nulla inerat menti fiducia; denique ab illa
Medorum suboli magicæ furor artis inhæret.
Pars gentis, rutilos Phœbi quæ spectat in ortus,
Saxa habitat, saxis excudit narcissiten [53] :
Qui propter dumos numerosaque rura vagantur,
In pecus intenti, crebro grege pascua tondent.

MEDICA se tantos effundit gleba per agros,
Caspia ut extento contingat cespite claustra.
Hæc Asiæ dixere fores, hiet ore quod illo
Porta quasi, et longas bivium discedat in oras.
Quippe nivosa poli qua cardine vertitur Arctos,
Panditur Hyrcanis hinc janua; janua Persis
Hinc patet, imbriferum qua vergit mundus in Austrum.

ECCE sub immenso portarum vertice Parthi
Rura tenent, curvi nequidquam vomeris usu
Sollicitanda sibi; non ollis cura laborque
Æquora terrarum gravibus componere rastris:
Exercent sævi se Martis semper in arma.
Sica comes lateri est, manus autem hastilia vibrat,
Demittunt pharetras humeris, et letifer arcus
Semper inest lævæ : neque per compendia diras
Producunt animas; non puppibus æquora sulcant:
Non proni gregibus pecoris freta vita juvatur.
Sed quatit alipedum sola semper cursus equorum,
Pulsaque terra gemit : discurrunt crebra per auras
Spicula, missilibus late subtexitur aer.

QUIN etiam post hos amor est si discere Persas
Consimilis, solersque trahit te cura per orbem;
Has quoque Musa tibi formabit carmine terras,
Quæ liquidos amnes via devehat, utque jugorum
Consurgat vertex, quibus oris arva recumbant

ancienne patrie. C'est d'elle enfin que la race des Mèdes tient son attachement indestructible pour les pratiques de la magie. Ceux des Mèdes qui habitent vers les contrées brillantes de l'orient, vivent dans des rochers d'où ils tirent le narcissite. Des peuplades de pasteurs errent dans de vastes plaines couvertes de broussailles, et de prairies que broutent leurs nombreux troupeaux.

La Médie est assez étendue pour aller toucher par ses extrémités aux gorges Caspiennes. On appelle ces gorges les portes de l'Asie, parce qu'elles présentent une ouverture assez semblable à celle d'une porte, et que de là partent deux chemins qui vont se perdre dans des contrées lointaines. Du côté où l'Ourse neigeuse s'élève dans le ciel, s'offre la porte d'Hyrcanie; la porte Persique se trouve dans la direction où le ciel s'incline vers l'Auster pluvieux.

Au pied des pics gigantesques des portes Caspiennes habitent les Parthes; c'est vainement qu'on voudrait par le labourage fertiliser leurs stériles campagnes : ces peuples se soucient peu de travailler à la culture des plaines à l'aide des hoyaux pesants; ils s'exercent sans cesse aux travaux du terrible Mars. Un poignard est attaché à leur côté, leur main brandit des javelots, un carquois est suspendu sur leur épaule, et l'arc meurtrier ne quitte point leur main gauche. Leurs âmes farouches ne peuvent se plier aux travaux du commerce; ils ne savent ni sillonner la mer de leurs vaisseaux, ni soutenir leur vie avec des troupeaux qui leur offriraient de continuelles ressources. Mais le galop des coursiers aux pieds ailés fait retentir toute la contrée qui semble en gémir, leurs flèches sifflent dans les airs, et leurs traits obscurcissent le ciel.

Maintenant si tu veux connaître aussi les Perses, si une curiosité savante t'entraîne dans tout l'univers, ma Muse peut te décrire aussi ces contrées, te dire la direction de ces fleuves rapides, la situation de ces montagnes à la cime escarpée, les limites qui renferment ce pays de bar-

Barbara, famosum qui Persam roboret usus.
Quippe Asianarum primi degunt regionum.
Vita opulens genti, gazas quoque terra ministrat
Omnibus, et largum populis producitur ævum.
Dives in his mos est jam longi tempore sæcli,
Ex quo Mæoniam bello trivere cruento.
Illudunt auro vestes, et cuncta teguntur
Auro membra viris, auro vestigia condunt:
Tantus Persarum dissolvit pectora luxus.
Ipsa autem tellus inclusa est montibus altis,
Undique in australem latus inclinatior axem,
Ac Borean longe, longe quoque Caspia claustra
Deserit, atque Noti placida perfunditur aura.
Istius at spatiis finem dat Persicus æstus,
Incoliturque solum populis tribus. Una sub Arcto
Pars agit, armigeris nimium contermina Medis:
Altera per mediæ telluris terga vagatur:
Porro ad flabra Noti, pelagus prope, tertia degit.
Plurima præterea percurrunt flumina terram
Persidis, et rigidas curvant labentia ripas.
Arva secat Cyrus, perrumpit et arva Choaspes,
Indica provolvens procul æquora: cujus ad undam
Incola flaventem studio sectatur achatem.
Nam quum brumali ceciderunt sidere nimbi,
Imbribus et cœlo fusis furit auctior amnis,
Hos lapides late flumen trahit: undique tellus
Circumjecta dehinc læti viret ubere campi.
Sed qua cæruleam sinus infert Persicus undam,
Gens Carmanorum late colit: hanc facis ortus
Urit Phœbeæ; tanto quoque funditur agro,
Ut simul et glauci contingat gurgitis æstum,
Et procul internæ perreptet jugera terræ.

bares, et les usages qui ont donné aux Perses leur force et leur célébrité. C'est le premier peuple des contrées asiatiques. Leur manière de vivre est somptueuse, la terre leur donne à tous des trésors, et ils passent leur vie au sein de l'opulence. Leurs habitudes de luxe datent des temps reculés, où ils écrasèrent la Méonie par des guerres sanglantes. Leurs habits sont brochés d'or, l'or les couvre tout entiers, c'est l'or qui enveloppe leurs pieds; tel est le luxe excessif qui amollit le cœur des Perses. Cette contrée est enfermée dans de hautes montagnes; elle penche un peu vers les régions australes, et s'éloignant des contrées boréales et des gorges Caspiennes, elle est exposée à la douce haleine du Notus. Le golfe Persique borne ce pays qui est habité par trois peuples. Le premier se trouve au nord et touche aux Mèdes belliqueux, le second erre dans le centre du pays, le troisième enfin est situé vers les contrées où souffle le Notus, près de la mer. Un grand nombre de fleuves parcourent le sol de la Perse, et font au milieu des plaines serpenter leurs rives escarpées. Le Cyrus traverse les campagnes; le Choaspe les coupe de son courant, qui va pousser devant lui les flots de la mer des Indes : les peuples qui habitent ses rives recherchent avec soin la blonde agate; car, lorsque les nuages de l'hiver, tombant du ciel en torrents de pluie, ont grossi le fleuve et augmenté son impétuosité, il entraîne avec lui un grand nombre de ces pierres précieuses. La terre voisine présente de toutes parts une riche et verdoyante végétation.

Du côté où le golfe Persique fait pénétrer au milieu des terres ses ondes azurées, la nation des Carmaniens habite de vastes campagnes. Le flambeau de Phébus les brûle à son lever : leur territoire est assez étendu pour pouvoir à la fois toucher aux flots de la mer verdâtre, et s'avancer au loin dans l'intérieur des terres.

Hos super et tellus tendit Gedrosia glebam
Oceani vicina fretis; at flumen ad Indum
Auroræque latus Scytha miti proximus Austro
Adcolit : australis certe Scytha dicitur ille :
Namque alii dura pulsantur desuper Arcto.
Indus Caucasiæ prorumpens rupis ab antro
Adversum pelago Rubri procul æquoris [54] amnem
Porrigit, inque Notum recto fluit agmine aquarum.
Ora dehinc Indo duo sunt, mediumque per agrum
Insula se vasto fundit tergo Patalene.
Innumeras idem dispescit flumine gentes,
Oritas, Aribasque et veloces Arachotas,
Et Satram infidum, vel qui per inhospita late
Discreti populis, discreti finibus agri
Arva agitant, uno sed nomine sunt Arieni.
Hi quanquam steriles decurrant semper arenas,
Munera nec carpant cerealia, nec nova prelo
Musta premant, fulvo tamen invenere corallo
Pandere vivendi commercia, quærere pulchræ
Sapphiri latebras et præduros adamantas.
CALLIOPE, Indorum populos et regna canamus.
Ultima terrarum tellus adspergitur Indi
Fluctibus oceani; primam coquit hanc radiis sol,
Sol Hyperionius, sol magni gratia mundi,
Astrorum genitor, lucis sator et vigor æthræ.
Sed genti Indorum tæter color : efflua semper
His coma liventes imitatur crine hyacinthos.
Pars subit abrupti sola cespitis, aurea ut illis
Terrarum in latebris excludant caute metalla :
Pars telas statuunt, et vestimenta laborant
Lintea : pars Indi procurat segmina dentis,
Atque ebur invigilat : multi, qua flumina nimbis

Plus loin la Gédrosie étend ses campagnes voisines des
eaux de l'Océan. Ce sont des Scythes qui habitent la
partie orientale voisine de l'Indus, en s'approchant du
tiède Auster : du moins on les appelle les Scythes méri-
dionaux ; car les autres sont battus par les vents qui soufflent de l'ouest. L'Indus, s'échappant d'une des cavités
de la roche Caucasique, étend au loin ses eaux vers la
mer Érythrée, et son courant se dirige tout droit vers le
Notus. L'Indus a deux embouchures, entre lesquelles
l'île de Patalène étend sa vaste surface. Ce fleuve nourrit
sur ses deux rives des peuplades innombrables, les Orites,
les Aribes, les rapides Arachotes, le Satre perfide, et,
dans des contrées inaccessibles, des nations séparées en
peuples et en territoires différents, mais qui toutes portent
le nom d'Ariènes. Ces peuples n'habitent que des sables
stériles ; ils ne savent pas récolter les dons de Cérès, ni
faire couler sous les efforts du pressoir les vins nouveaux ;
cependant ils ont trouvé le moyen d'assurer leur existence
par le commerce du corail, et en découvrant les lieux
où se cachent le brillant saphir et le dur diamant.

Calliope, chantons les peuples et les royaumes de
l'Inde. La dernière contrée du monde est baignée par
les flots de l'océan Indien : c'est elle qui est brûlée la
première par les rayons du soleil, cet ornement de l'immense univers, ce père des astres, qui répand la lumière et la vie dans les airs. Les peuples de l'Inde ont
le teint basané, et leur chevelure toujours flottante imite
la noire hyacinthe. Les uns creusent le sol d'une contrée sauvage pour tirer, au moyen de ces galeries souter-
raines, l'or de la roche qui le recèle ; les autres sur des mé-
tiers fabriquent des étoffes de lin ; d'autres vendent par
morceaux des dents d'éléphants et s'adonnent au commerce de l'ivoire ; quand les fleuves grossis par les pluies

Auget hiems, vastum ut late trahat agmen aquarum
Alveus, et celsas evincant aequora ripas,
Palantes obeunt beryllum, prona fluenta
Quem procul internis a finibus, aut adamanta
Detulerint : his glauca dehinc tornatur iaspis.
Nec minus et baccas alii prope marmora curvis
Excudunt conchis : pars rursum divite cura
Herbosi lapidis venas fodit ; hique rubore
Suffusas blando quaerunt campis amethystos.
Horum dives enim tellus est Indica semper,
Et tali scrupo cespes tumet : amnibus autem
Fertilis inriguis crebro praelambitur ora :
Extendunt celsi vaga late brachia luci,
Et vernat nemorum semper coma. Nunc tibi formam
Terrarum expediam, nunc carmine flumina fabor,
Nunc rigidos montes, nunc multae denique gentis
Absolvam populos. Latera agris undique in Indis
Quatuor esse tene : coeant tot et anguli ab omni
Parte sibi, oblique claudentes extima terrae,
Ce uspecies rhombo est.

ZEPHYRI de partibus, Indus
Gurgitis occursu fit certae terminus orae :
Axe Noti, Rubri late salis objacet unda :
Flumen item Ganges sit limes cespiti Eoo ;
Atque Lycaonia consurgit Caucasus Arcto.
Aequore qua fuso laticem provolvitur Indus,
Dardanidum gens est, ubi magnus sorbet Hydaspes
Delapsum summa saxorum mole Acesinen.
Tertius amnis item secat agri proxima Cophes[55] ;
In medioque Sabae sunt cespite : gens quoque Scodri
Propter agit ; populique dehinc velut ordine facto
Peucaleum longas exercent vomere terras.

d'hiver roulent une énorme masse d'eau et surmontent les hautes rives de leurs ondes triomphantes, un grand nombre d'Indiens errent sur leurs bords pour rechercher le béryl ou le diamant que le courant rapide a amené de l'intérieur du pays : ce peuple travaille aussi le jaspe verdâtre. Ceux-ci, sur les bords de la mer, arrachent les perles aux coquillages arrondis; ceux-là s'enrichissent à la recherche du corail, cette végétation de pierre; les autres cherchent dans les champs les améthystes aux teintes purpurines : car le sol de l'Inde les recèle en abondance, et ces pierres y remplissent le sein de la terre. Une foule de fraîches rivières arrose ce fertile pays. De hautes forêts jettent au milieu des airs leurs bras étendus et leur chevelure toujours verdoyante. Maintenant je vais dire quelle est la forme de cette contrée, énumérer ses fleuves, ses montagnes escarpées et ses peuples nombreux. L'Inde présente quatre côtés; et autant d'angles, venant se réunir, s'allongent obliquement pour fermer le monde, sous la forme d'un rhomboïde.

Du côté de l'occident, l'Indus jusqu'à son embouchure forme la limite naturelle de cette contrée; au midi s'étendent au loin les flots de la mer Rouge; le Gange borne le pays à l'orient, et le Caucase s'élève du côté de l'Ourse, fille de Lycaon. Dans la vallée de l'Indus, habitent les Dardanides, à l'endroit où le large Hydaspe reçoit l'Acésine, qui tombe du haut d'une masse de rochers. Un troisième fleuve, le Cophès, arrose les campagnes voisines; entre ces fleuves habitent les Sabes; à côté sont les Scodres; puis viennent, comme successivement, les Peucaliens, dont la charrue sillonne un vaste territoire; ensuite les Gargarides, adorateurs de Bacchus,

Gargaridæ rursum : gens hæc obnoxia Baccho,
Et glebam sulcant, et ritibus orgia ludunt.
Illic Hypanis lateque trahens vaga terga Cymander,
Magnus uterque modi dimittitur, Hemodique
Rupe procul fulvum provolvunt fluctibus aurum :
Nec minus in campos intrant Gangetidis oræ,
Quæ per flabra Noti fuso distenditur agro,
Usque in celsa jacens confinia Colidis arcis.
Colis et ipsa dehinc cetosi vergit in æquor
Oceani, tantoque jugo subit ætheris auras,
Arceat alituum subducta ut rupe volatum.
Sed circum Gangen regio est devota Lyæo,
Perpetuique sacri talis narratur origo.
INDORUM in populos fatalia Liber agebat
Prœlia : vipereo late Bellona flagello
Increpat, et magno tremuerunt regna pavore,
Insistente Deo. Venit ergo ad flumina Gangis,
Discursuque sacro præludit prœlia Liber.
Mænades extemplo maculosæ nebridis usum
Permutant clypeis, viridique hastilia thyrso
Succedunt ; solvunt properantes lintea Bacchæ
Vincula, viroso pectus vinxere dracone ;
Pro molli vitta prorepunt crine chelydri ;
Excitoque ferox persultat in agmine Mavors :
Dux aquilas in bella rapit, tremit Indica tellus
Pressa pede, et toto tonuerunt classica cœlo.
Ergo et Nysæos discit gens rite recessus,
Et stata sollicito deducunt orgia ritu.
Ipse dehinc diros ut Liber perculit Indos,
Hemodi victor conscendit verticis arces,
Effusamque solo gentem procul adspicit omnem :
Ima jugi exstantis vestigia gurgite canent.

qui labourent la terre, en célébrant selon les rites les orgies sacrées.

Là sont l'Hypanis et le Cymander, entraînant au loin ses eaux errantes; tous deux, sortis de l'Hemodus, ont un cours très-étendu, et roulent dans leurs flots des paillettes d'or à la couleur fauve. Ils entrent aussi dans les campagnes du Gange, qui se prolongent vers le midi jusqu'aux confins de la montagne de Colis. Colis elle-même s'avance dans les eaux de l'Océan fécond en monstres marins, et son front s'élève si haut dans le ciel, que le sommet de ses rochers s'oppose au vol des oiseaux. Tout le pays qui avoisine le Gange est consacré à Bacchus, et voici quelle est, dit-on, l'origine de ce culte éternel.

Bacchus faisait aux peuples de l'Inde une guerre sanglante; Bellone faisait siffler au loin son fouet de vipères, et les royaumes étaient dans l'épouvante, à la venue du dieu. Il arrive donc sur les bords du Gange, et prélude au combat par des cérémonies sacrées. Aussitôt les Ménades changent contre un bouclier la peau tachetée qui couvre leurs épaules; les lances remplacent le thyrse verdoyant; les Bacchantes se hâtent de dénouer leurs ceintures de lin, pour entourer leurs poitrines d'un dragon hideux; des couleuvres serpentent autour de leur chevelure en guise de bandelettes; et le farouche Mars bondit au milieu de cette troupe ardente. Le chef entraîne ses aigles au combat, l'Inde frémit sous son pied qui l'écrase, et les clairons font retentir le ciel. Les peuples se soumettent alors aux mystères du dieu de Nyssa, et célèbrent religieusement ses fêtes à des jours fixés. Après avoir soumis les Indiens rebelles, le dieu vainqueur monte sur le sommet de l'Hemodus : il embrasse du regard les nations répandues sur cette terre, tandis qu'à ses pieds la base de la montagne est blanchie par l'écume des flots. Enfin Bacchus, maître du vaste rivage

Oceani Eoi prætento denique Bacchus
Litore, et extrema terrarum victor in ora,
Ducit laurigeros post Indica bella triumphos,
Erigit et geminas telluris sine columnas,
Invisitque dehinc Ismeni fluminis undam.
Has tantum gentes commendat fama per orbem:
Vile aliæ vulgus, pecorum vice, terga pererrant
Cespitis abjecti : non his aut gloria forti
Parta manu est, aut clara decus peperere metalla
Terrarum venis : habitant ignota locorum
Semper inexpertes famæ, per inhospita degunt
Arva procul, nullis sunt dignæ denique Musis.
At tu, Phœbe pater, vos clari turba, Camenæ,
Nominis, Aonio famam inspirate labori.

de l'océan Oriental et de ces extrémités du monde, mène, vainqueur de l'Inde, un triomphe où s'agitent les palmes du laurier; il élève deux colonnes aux bornes de la terre, et va visiter les eaux du fleuve Ismenus.

Tels sont les peuples que la renommée signale dans l'univers; le reste n'est qu'une multitude sans importance, et, comme de vils troupeaux, ils parcourent des contrées méprisées des autres nations : ce ne sont pas eux dont le bras courageux a conquis la gloire, qui ont fondé leur grandeur sur la richesse des mines précieuses que recèle la terre; toujours inconnus à la renommée, ils habitent des lieux ignorés; ils vivent dans des pays inhospitaliers; ils ne sont pas dignes d'être chantés par les Muses. Mais toi, puissant Apollon, et vous, chœur illustre des Muses, donnez la gloire au travail du poëte.

NOTES

SUR LA DESCRIPTION DE L'UNIVERS.

1. — *Pelusiaci.... Canopi* (v. 24). Péluse et Canope sont aux deux extrémités opposées de la côte d'Égypte, à l'embouchure des deux branches les plus écartées du Nil. Mais le mot *Pelusiacus* n'a ici d'autre signification que celle d'Égyptien. Aviénus emploie encore *Pharius* dans le même sens.

2. — *Scissus Araxeo prius æquore* (v. 30). Le Tanaïs ne se détache pas de l'Araxe; c'est une erreur d'Aviénus. Au reste, il avait pour lui l'autorité d'Aristote, *Météor.* liv. 1, ch. 13.

3. — *Terga procelloso turgescit Caspia fluctu* (v. 85). On sait que la mer Caspienne fut généralement considérée dans l'antiquité comme un golfe de l'océan Glacial. Hérodote pourtant n'était pas tombé dans cette erreur; mais Strabon le critique vivement à ce sujet, et Hérodote, sur ce point comme sur beaucoup d'autres, resta convaincu d'ignorance et de crédulité.

4. — *Alba.... cautes* (v. 118). Leucopétra, en Calabre.

5. — *Est Aries* (v. 135). Κριοῦ μέτωπον.

6. — *Emathiamque super sulcat* (v. 146). Denys et Priscien parlent ici de la Dalmatie et non de l'Émathie.

7. — *Quod procul in Casiæ vergit* (v. 166). Le mont Casius est indiqué par Hérodote comme étant la dernière limite du Delta du côté de l'Asie.

8. — *Sudorisque mei patulo bibe carmina rictu* (v. 261). Il est impossible de présenter une image plus repoussante; nous avons été obligés de l'atténuer dans la traduction, sans la dissimuler tout à fait.

9. — *Cerne* (v. 328). Probablement Madagascar.

10. — *Cernere sit longe Pallenidis intima terræ* (v. 380). On conçoit à peine la faute que commet ici Aviénus : Pallène est une

presqu'île de la Thrace ; comment peut-on l'apercevoir de l'Égypte? Ce qui l'a induit en erreur, c'est le texte mal compris de Denys, qui parle ici d'Idothée, fille de Protée, née à Pallène en Thrace, Παλληνίδες Εἰδοθείης. Voici comment Wernsdorf croit justifier Avienus : *Impetu ingenii sæpe abreptus est Avienus, ut verba Dionysii minus consideraret, nec veram sententiam exquireret.*

11. — *Inque procellosos lembum convertere fluctus* (v. 383). On sait que les Égyptiens avaient d'abord la mer en horreur ; c'était pour eux le mauvais principe femelle, Nephthys, sœur de Typhon. Sésostris lutta le premier contre ce préjugé, et les relations des Égyptiens avec les Phéniciens et avec les Grecs le firent peu à peu disparaître. Le génie maritime de cette nation se développa surtout sous les Ptolémées.

12. — *Arva.... vicina Britannis* (v. 418). Cette erreur est aussi celle de Tacite, qui suppose l'Espagne assez rapprochée de la Bretagne : elle est plus facile à comprendre que celle qui est contenue dans les vers suivants. Comment peut-on considérer la Germanie comme voisine de l'Espagne ?

13. — *Padus* (v. 423). Avienus place ici le Pô dans la Gaule ; c'est de la Gaule Cisalpine qu'il veut parler. — *Patulos premit æquore campos* ; les inondations du Pô sont très-fréquentes : on a tâché de les prévenir en encaissant le lit du fleuve dans des digues très-élevées.

14. — *Liquidæ* (v. 426). Désolées, *liquentes in lacrymas.* W.

15. — *Dira* (v. 445). *Diri dicuntur ob vestes nigras.* Le mot *dirus* est ainsi la traduction de *Melanchlæni*, Μελάγχλαινοι.

16. — *Æquora.... Ardisci.* Ce passage a exercé les commentateurs. Qu'est-ce qu'Avienus entend par *æquora Ardisci?* Serait-ce, comme quelques-uns le supposent, l'*Ardiscus* d'Hérodote, Ἀρδίσκος? Mais Hérodote place ce fleuve au sud de l'Ister.

17. — *Lychnitis rutilæ flammas alit* (v. 469). *Lychnis*, sorte de marbre.

18. — *Lares lapsu prælambit alumno* (v. 495). *Alumno lapsu*, h. e. qui rigat, alit, fœcundat. W.

19. — *Piceni* (v. 500). Avienus confond ici le Picenum et le pays des Picentins. Le Picenum n'est pas au sud de la Campanie. Denys parle des Picentins, dont le territoire était en effet au sud de cette province.

20. — *Arces.... infidas.* (v. 505). Les Bruttiens étaient célèbres par leur perfidie. Ils avaient d'abord trahi les Lucaniens, avec lesquels ils avaient une origine commune, et dans la seconde guerre punique ils abandonnèrent le parti des Romains. Leur nom même dans la langue des Lucaniens signifiait *déserteurs*.

21. — *Flumina dira Tonantis* (v. 520). Le fleuve de sang qui détruisit Sibaris.

22. — *Amyclæi suboles prædura tyranni* (v. 524). *Prædura*, épithète singulière, quand elle s'applique à Tarente, ville connue pour sa mollesse : on ne peut pourtant supposer une autre leçon, si on fait attention au texte de Denys :

Ἥν ποτ' Ἀμυκλαίων ἐπολίσσατο καρτερὸς Ἄρης.

Aviénus, en donnant à Tarente l'épithète de *prædura*, a songé à son origine lacédémonienne, plutôt qu'aux mœurs de ses habitants. — *Amyclæi tyranni*. Phalante venu d'Amyclée.

23. — *Famosa Ceraunia* (v. 539). Horace, *Odes*, liv. 1, ode 3, v. 20 :

Infames scopulos Acroceraunia.

24. — *Harmoniæ* (v. 541). Harmonie, fille de Mars et de Vénus, femme de Cadmus ; ce fut elle qui apporta en Grèce les sciences et les arts.

25. — *Oricium... solum* (v. 551). L'Épire, comme traduit Priscien.

26. — *Sacer Alpheus* (v. 570). Tous les fleuves sont considérés comme des divinités.

27. — *Fertilis hæc herbis....* (v. 584). Aviénus est ici en contradiction avec tous les géographes, qui représentent l'Attique comme un pays pierreux et stérile.

28. — *Dodonæ vatis alumnus* (v. 590). On entend par là le mont Tomarus, sur lequel était bâti le temple de Dodone.

29. — *Inter turicremas hic Phœbum vidimus aras* (v. 604). Ces vers prouvent qu'Aviénus avait été en Grèce. On a pensé qu'il avait été proconsul d'Achaïe.

30. — *Ira Diones* (v. 650). On sait que Diomède avait blessé Vénus au siége de Troie.

31. — *Respicit occiduum* (v. 673). L'île de Carpathos n'est

pas à l'ouest de Calaurie. Au reste, cette faute se trouve dans Denys. Mais Priscien a su la corriger : *Ad radios vergit sed Carpathus.*

32. — *Cyclades accedunt Asiam* (v. 704). Les Cyclades sont en général plus voisines de l'Europe que de l'Asie. Que signifie cette expression vague, *accedunt Asiam?*

33. — *Scrupus quoque creber inhorret* (v. 786). Les sentiments exprimés dans ces vers ont fait supposer qu'Avienus était chrétien : l'ensemble de ses ouvrages dément cette supposition. Et d'ailleurs cette compassion pour un ennemi n'était pas un sentiment tellement étranger aux païens, surtout du temps d'Avienus, qu'on puisse en tirer une pareille conclusion.

34. — *In Nyssæum Platamona.* Contre-sens d'Avienus : d'un nom commun il a fait un nom propre. Πλαταμών, qui se trouve dans le texte de Denys, signifie une *plaine sur le bord de la mer.* Priscien ne s'y est pas trompé. *Nyssæos irrigat agros.*

35. — *Threicio de Marte satæ* (v. 857). Isocrate, dans son *Panathénaïque*, donne aux Amazones la même origine.

36. — *Parnessique jugi* (v. 914). Probablement le Paropamisus.

37. — *Vellera.... nemoralia* (v. 936). Imitation de Virgile, *Géorg.*, liv. II, v. 121 :

Velleraque ut foliis despectant tenuia Seres.

38. — *Ultima Epitrimos tellus habet* (v. 937). Avienus retombe ici dans la faute qu'il a déjà commise ; il prend ἐπίτριμος pour un nom de peuple.

39. — *Asopis Virgo* (v. 953). Sinope, fille d'Asopus, aimée de Jupiter et, selon d'autres, d'Apollon.

40. — *Chalcedon tumulus* (v. 972). Avienus a peut-être lu ici πρῶτα pour πρῶνα dans le texte de Denys. Au reste, il aurait pour lui l'autorité de Pline, liv. IX, ch. 20, qui parle d'un rocher situé près de Chalcédoine sur le Bosphore. « Est in Euripo Thracii Bospori, quo Propontis Euxino jungitur, in ipsis Europam Asiamque separantis freti angustiis, saxum miri candoris, a vado ad summa perlucens, juxta Chalcedonem in litore Asiæ. » Senk.

41. — *Tellus incurva* (v. 980). Un coude Ἀγκὼν βαιοτέρης Φρυγίης (Denys).

42. — *Illustresque Soli post carmina vatis alumni* (v. 1041)

Avienus veut ici parler d'Aratus, et, en général, il en fait l'éloge toutes les fois qu'il en trouve l'occasion. Cette admiration constante pour Aratus est une des raisons qu'on peut opposer à ceux qui veulent attribuer à un autre Avienus la traduction des *Phénomènes* et des *Pronostics*.

43. — *Cœle* (v. 1058). Κοίλη, creuse; Cœlésyrie.

44. — *Celsa cupressus Erigitur* (v. 1077). Ce n'est pas un simple détail d'imagination; le bois de Daphné était surtout célèbre par ses cyprès. Claudien :

> Tollebant geminæ capita inviolata cupressus
> Cespite vicino........
> .. ..Quales non divite ripa
> Lambit Apollinei nemoris nutritor Orontes.
> (*De Raptu Proserpinæ*, lib. III, v. 370.)

45. — *Elani* (v. 1103). C'est le peuple qui habite les bords du golfe Élanitique.

46. — *Prorumpit lacrymoso stipite myrrha* (v. 1113). Myrrha, fille de Cinyras, éprise d'un coupable amour pour son père, profita de son ivresse pour le rendre père d'Adonis. Après cet inceste, elle se sauva en Arabie, où les dieux la changèrent en myrrhe.

47. — *Ladani vim* (v. 1114). Pline, liv. xxvi, ch. 30 : « Ledon appellatur herba, ex qua *ladanum fit in Cypro, barbis caprarum adhærescens*. Pourquoi Wernsdorf, qui cite ce passage, semble-t-il incliner à entendre *vellera* dans le sens de *feuilles d'herbes?*

48. — *Ales amica Deo* (v. 1128). Cet oiseau est le phénix, consacré au Soleil. Pline (liv. xii, ch. 19) croyait que le cinnamome se tirait du nid du phénix. Stace a suivi cette tradition :

> ….…..Phasiæque exempta volucri
> Cinnama.
> (*Sylvarum* lib. II, sylv. vi, v. 87.)

49. — *Interamnis* (v. 1182). Traduction latine du mot *Mésopotamie*.

50. — *Beryllo* (v. 1205). Le béryl, pierre précieuse d'un vert bleuâtre.

51. — *Ophietidis arcis* (1206). Erreur d'Avienus. L'ophiétis

est la pierre qui contient le béryl selon Denys. Priscien, du reste, a fait le même contre-sens.

52. — *Pandionis.... aulæ* (v. 1218). Médée voulut faire périr Thésée encore enfant, et Thésée était petit-fils de Pandion, roi d'Athènes.

53. — *Narcissiten* (v. 1226). Le narcissite, pierre précieuse.

54. — *Rubri.... æquoris* (v. 1292). Traduction latine du mot *Erythræus*. La mer Rouge est toujours pour Aviénus la mer des Indes.

55. — *Cophes* (v. 1345). Aviénus paraît avoir voulu désigner l'Hydraote, l'une des cinq rivières qui arrosaient la Pentapotamie, aujourd'hui le Penjâb.

RUFI FESTI AVIENI

ORÆ MARITIMÆ

LIBER PRIMUS.

Quæsisse temet sæpe cogitans, Probe¹,
Animo atque sensu, Taurici Ponti situs
Capi ut valeret his probabili fide,
Quos distinerent spatia terrarum extima;
Subii libenter id laboris, ut tibi
Desideratum carmine hoc claresceret.
Fas non putavi quippe, prolixa die,
Non subjacere sensui formam tuo
Regionis ejus, quam vetustis paginis,
Et quam, per omnem spiritus nostri diem,
Secretiore lectione acceperam.
Alii invidere namque, quod dispendio
Tibi haud sit ullo, agrestis et duri reor.
His addo et illud, liberum temet loco
Mihi esse amore, sanguinisque vinculo.
Neque sat sit istud, ni sciam te litteras,
Hiantibusque faucibus rerum abdita
Hausisse semper, esse patuli pectoris,
Sensu capacem; talium jugem sitim
Tuo esse cordi, et esse te præ ceteris
Memorem intimati: cur inefficaciter

RUFUS FESTUS AVIENUS.

LES RÉGIONS MARITIMES

LIVRE PREMIER.

Je rappelais à mon cœur et à mon esprit, que tu m'as souvent demandé, Probus, comment les régions de la mer de Tauride peuvent être connues d'une manière presque certaine par les étrangers relégués aux extrémités de la terre; et dans cette pensée j'ai entrepris ce travail avec joie, afin que mon poëme t'éclairât sur ce que tu désires. J'ai cru qu'il ne m'était pas permis de rester plus longtemps sans te faire connaître la description de ce pays, à laquelle une lecture particulière des livres anciens et une étude de tous les jours de ma vie m'avaient initié; car refuser à autrui une grâce qui ne vous nuit en rien, c'est, à mon avis, de la grossièreté et de la dureté. J'ajoute que tu m'es cher comme me tenant lieu d'enfant et m'étant uni par le sang; motifs qui ne suffiraient pas, si je ne te connaissais pour t'être toujours largement abreuvé aux sources des lettres et des sciences, avec un cœur avide, avec une vaste intelligence; si je ne savais la soif continuelle qui dévore ton âme, et combien tu l'emportes sur tous à retenir ce qui t'est confié : pourquoi verserais-je inutilement les trésors de la science

Secreta rerum in non tenacem effunderem?
In non sequacem quis profunda obganniat?
Multa ergo, multa compulere me, Probe,
Efflagitatam rem tibi ut persolverem.
Quin et parentis credidi officium fore,
Desideratum si tibi locupletius
Profusiusque Musa promeret mea.
Dare expetitum quippe non parci viri est;
Augere porro muneris summam novis,
Mentis benignæ satque liberalis est.

INTERROGASTI, si tenes, Mæotici
Situs quis esset æquoris. Sallustium [2]
Noram id dedisse, dicta et ejus omnibus
Præjudicatæ auctoritatis ducier
Non abnuebam : ad ejus igitur inclytam
Descriptionem, qua locorum formulam
Imaginemque expressor efficax styli
Et veritatis pæne in obtutus dedit
Lepore linguæ, multa rerum junximus,
Ex plurimorum sumpta commentariis.
Hecatæus [3] istic quippe erit Milesius,
Hellanicusque Lesbius, Phileas quoque
Atheniensis, Caryandæus Scylax,
Pausimachus inde, prisca quem genuit Samos,
Quin et Damastes nobili natus Sige,
Rhodoque Bacorus ortus, Euctemon quoque
Popularis urbis Atticæ, Siculus Cleon,
Herodotus ipse Thurius, tum qui decus
Magnum loquendi est, Atticus Thucydides.
Hic porro habebis, pars mei cordis, Probe,
Quidquid per æquor insularum adtollitur :
Per æquor illud scilicet, quod post cava
Hiantis orbis, a freto Tartessio
Atlanticisque fluctibus, procul sitam

à un esprit qui ne les saurait contenir? pourquoi fatiguer par des vérités profondes des oreilles indifférentes? Ainsi bien des raisons, Probus, m'ont déterminé à satisfaire à tes instances. J'ai pensé, de plus, que je remplirais un devoir de père, si ma Muse te dispensait ses faveurs avec une richesse et une profusion qui dépassassent tes désirs. Donner ce qu'on demande est d'un homme qui n'est pas avare ; mais ajouter au présent une grâce imprévue, voilà qui part d'un esprit bienveillant et libéral.

Tu m'as demandé, s'il t'en souvient, où est située la région du Palus-Méotide. Je savais que Salluste avait traité cette question ; je reconnaissais qu'il avait pris pour guides tous les auteurs d'une autorité éprouvée : c'est pourquoi, à la description brillante dans laquelle ce peintre si expressif et si vrai a mis, pour ainsi dire, sous les yeux la forme et l'image des lieux par le charme de son style, nous avons joint une foule de documents empruntés aux ouvrages d'un grand nombre d'écrivains. Car on y trouvera Hécatée de Milet, Hellanicus de Lesbos, Philéas d'Athènes, Scylax de Caryandée, Pausimaque qu'enfanta l'antique Samos, Damastes issu de la noble Sigé, Bacorus né à Rhodes, Euctémon qui habita Athènes, Cléon de Sicile, Hérodote lui-même, colon de Thurium, enfin cette gloire de l'éloquence, l'Athénien Thucydide.

Probus, chère partie de mon cœur, tu verras ici toutes les îles qui s'élèvent au milieu de la mer : je veux dire cette mer qui part du détroit ouvert entre deux mondes, et qui, des eaux de Tartessus et des flots de l'Atlantique, fait rouler jusqu'au sein des mers lointaines notre Médi-

In usque glebam proruit nostrum mare;
Sinusque curvos, atque prominentia :
Ut se supino porrigat litus situ,
Ut longe in undas inserant sese juga,
Celsæque ut urbes adluantur æquore :
Quis ortus amnes maximos effuderit,
Ut prona ponti gurgitem intrent flumina,
Ut ipsa rursum sæpe cingant insulas,
Sinuentque late ut tuta portus brachia,
Ut explicentur stagna, et ut jaceant lacus,
Scruposum ut alti verticem montes levent,
Stringatque nemora ut unda cani gurgitis.
Laboris autem terminus nostri hic erit,
Scythicum ut profundum, et æquor Euxini sali,
Et si quæ in illo marmore insulæ tument,
Edisserantur : reliqua porro scripta sunt
Nobis in illo plenius volumine,
Quod de orbis oris partibusque fecimus.
Ut aperta vero tibimet intimatio
Sudoris hujus et laboris sit mei,
Narrationem opusculi paullo altius
Exordiemur : tu per intimum jecur
Prolata conde ; namque fulcit hæc fides
Petita longe, et eruta ex auctoribus.
Terræ patentis orbis effuse jacet,
Orbique rursus unda circumfunditur.
Sed qua profundum semet insinuat salum
Oceano ab usque, ut gurges hic nostri maris
Longe explicetur, est Atlanticus sinus.
Hic Gaddir urbs est, dicta Tartessus prius :
Hic sunt columnæ pertinacis Herculis,
Abyla atque Calpe (hæc læva dicti cespitis,
Libyæ propinqua est Abyla) : duro perstrepunt
Septemtrione, sed loco certæ tenent.
Et prominentis hic jugi surgit caput,

terranée. Je te montrerai les golfes arrondis, les promontoires; comment un rivage s'étale le long de la mer, et comment des collines s'avancent au loin dans le sein des eaux; comment des villes élevées sont baignées par les ondes; quelles sources enfantent les grandes rivières; par quelle pente les fleuves descendent à l'abîme des mers; comment ils embrassent quelquefois des îles; comment les môles jetés devant un port en protégent l'entrée; de quelle manière s'étendent les marais et dorment les lacs; quel est l'aspect des montagnes qui dressent leurs pics élevés: quelle bordure font aux bois les flots d'une claire fontaine. Notre travail se terminera par une description de la mer de Scythie, du Pont-Euxin, et des îles qui peuvent s'élever au milieu de cette mer; pour ce qui reste, nous l'avons traité plus complétement dans notre ouvrage sur les différentes contrées et parties du monde. Afin de te faire mieux goûter ce fruit de mes peines et de mes travaux, nous allons prendre d'un peu plus haut notre récit; toi, renferme ces leçons dans le plus profond de ton cœur, car je m'appuie sur une autorité bien ancienne, je fouille dans les vieux auteurs.

L'eau s'étend çà et là dans l'intérieur des terres, en même temps qu'elle enveloppe le monde. A l'endroit où la mer profonde sort de l'Océan pour venir en se déroulant former notre Méditerranée, se trouve la mer Atlantique. Là est la ville de Gaddir, autrefois appelée Tartessus; là sont les colonnes de l'infatigable Hercule, Abyla et Calpé, Calpé sur la rive gauche, Abyla voisine de la Libye; le rigoureux vent du nord mugit autour d'elles, mais elles se tiennent inébranlables. Là se dresse le sommet de cette haute montagne que l'antiquité a

(OEstrymnin [5] istud dixit ævum antiquius),
Molesque celsa saxei fastigii
Tota in tepentem maxime vergit Notum.
Sub hujus autem prominentis vertice
Sinus dehiscit incolis OEstrymnicus,
In quo insulæ sese exserunt OEstrymnides,
Laxe jacentes, et metallo divites
Stanni atque plumbi : multa vis hic gentis est.
Superbus animus, efficax solertia,
Negotiandi cura jugis omnibus :
Notisque cymbis turbidum late fretum.
Et belluosi gurgitem Oceani secant.
Non hi carinas quippe pinu texere,
Acereve norunt : non abiete, ut usus est,
Curvant faselos ; sed rei ad miraculum,
Navigia junctis semper aptant pellibus,
Corioque vastum sæpe percurrunt salum.
Ast hinc duobus in Sacram (sic insulam
Dixere prisci) solibus cursus rati est.
Hæc inter undas multa cespitem jacet,
Eamque late gens Hibernorum colit.
Propinqua rursus insula Albionum patet.
Tartessiisque in terminos OEstrymnidum
Negotiandi mos erat : Carthaginis
Etiam coloni, et vulgus, inter Herculis
Agitans columnas, hæc adibant æquora :
Quæ Himilco Pœnus [6] mensibus vix quatuor,
Ut ipse semet re probasse retulit
Enavigantem, posse transmitti adserit :
Sic nulla late flabra propellunt ratem,
Sic segnis humor æquoris pigri stupet.
Adjicit et illud, plurimum inter gurgites
Exstare fucum, et sæpe virgulti vice
Retinere puppim : dicit hic nihilominus,
Non in profundum terga demitti maris,

nommée OEstrymnis : la masse élevée de la pointe rocheuse incline surtout vers le tiède Notus. Au pied de ce promontoire, les habitants voient s'ouvrir le golfe OEstrymnique : les îles OEstrymnides y apparaissent, avec leurs vastes plaines, avec leurs riches mines d'étain et de plomb. Elles sont très-peuplées ; leurs habitants ont le cœur fier, l'habileté qui amène le succès, la passion innée du commerce. Leurs barques connues de la mer la troublent au loin. Ils sillonnent l'abîme de l'Océan fécond en monstres. Ils ne savent point construire des vaisseaux avec le pin et l'érable ; ils ne font point, suivant l'usage, des barques avec le sapin recourbé ; mais, chose singulière ! ils façonnent toujours leurs esquifs avec des peaux cousues ensemble, et c'est sur du cuir qu'ils parcourent souvent le vaste Océan.

De là à l'île Sacrée (c'est ainsi que les anciens l'ont appelée), il y a pour un vaisseau une navigation de deux jours. Cette île élève au milieu de l'eau sa vaste surface : la nation hibernienne l'habite sur une grande étendue. Près d'elle on rencontre l'île des Albions. C'était la coutume des Tartessiens de faire du commerce sur les limites des OEstrymnides : de même les colons de Carthage et la multitude répandue autour des colonnes d'Hercule visitaient ces mers. Le Carthaginois Himilcon, qui rapporte avoir fait lui-même l'expérience de cette navigation, affirme qu'on peut à peine les parcourir en quatre mois : ainsi nul souffle ne vient pousser le vaisseau, ainsi les eaux de cette mer paresseuse demeurent immobiles. Il ajoute que des algues nombreuses s'élèvent du fond des abîmes et souvent retiennent le vaisseau comme ferait une haie : toutefois, dit-il, la mer n'est qu'une surface sans profondeur ; à peine si une légère cou-

Parvoque aquarum vix supertexi solum :
Obire semper huc et huc ponti feras,
Navigia lenta et languide repentia
Internatare belluas : si quis dehinc
Ab insulis OEstrymnicis lembum audeat
Urgere in undas, axe qua Lycaonis
Rigescit æthra, cespitem Ligurum 7 subit
Cassum incolarum : namque Celtarum manu,
Crebrisque dudum prœliis vacuata sunt :
Liguresque pulsi, ut sæpe fors aliquos agit,
Venere in ista, quæ per horrentes tenent
Plerumque dumos : creber his scrupus locis,
Rigidæque rupes, atque montium minæ
Cœlo inseruntur : et fugax gens hæc quidem
Diu inter arcta cautium duxit diem,
Secreta ab undis; nam sali metuens erat
Priscum ob periclum : post quies et otium,
Securitate roborante audaciam,
Persuasit altis devehi cubilibus,
Atque in marinos jam locos descendere.
Post illa rursum, quæ supra fati sumus,
Magnus patescit æquoris fusi sinus
Ophiusam 8 ad usque : rursum ab hujus litore
Internum ad æquor, qua mare insinuare se
Dixi ante terris, quodque Sardum nuncupant 9,
Septem dierum tenditur pediti via.
Ophiusa porro tanta panditur latus,
Quantam jacere Pelopis audis insulam
Graiorum in agro : hæc dicta primo OEstrymnis est,
Locos et arva OEstrymnicis habitantibus;
Post multa serpens effugavit incolas,
Vacuamque glebam nominis fecit sui.

Procedit inde in gurgites Veneris jugum,
Circumlatratque pontus insulas duas

che d'eaux recouvre le sol : çà et là rôdent toujours des animaux marins; des monstres nagent au milieu des vaisseaux qui se traînent lentement et péniblement. Des îles OEstrymnides, si l'on ose pousser plus avant dans la mer, vers les climats où la fille de Lycaon glace les airs, on aborde au pays désolé d'une peuplade ligurienne : car il y a longtemps que des Celtes ont dépeuplé ce pays par de fréquents combats. Des Liguriens, chassés de leur patrie par des circonstances qu'amène souvent la fortune, vinrent en ces lieux presque partout hérissés de ronces : c'est un sol pierreux, on y voit des roches escarpées, des monts menaçants qui vont toucher le ciel. Longtemps la tribu fugitive vécut dans les fentes des rochers, loin des eaux; elle craignait la mer, qui lui rappelait d'anciens dangers; puis, son audace croissant avec la sécurité, les loisirs du repos l'amenèrent à sortir de ses hautes demeures pour descendre vers le rivage.

Revenons au détroit dont nous avons déjà parlé. Au delà de ce détroit, la mer développe un vaste golfe jusqu'à l'île Ophiuse; et des rivages de l'île, si l'on retourne vers cette partie de la mer Intérieure qu'on appelle Sardienne, à l'endroit où j'ai dit que l'Océan pénètre dans les terres, on compte sept jours de marche. Ophiuse offre un déploiement de côtes égal à l'étendue qu'on donne à l'île de Pélops dans le pays des Grecs. On l'appelait d'abord OEstrymnis, car son territoire et ses champs étaient habités par les OEstrymniens; mais la multitude des serpents chassa les habitants et donna son nom à cette terre abandonnée.

Plus loin le cap de Vénus s'avance sur la mer; les flots mugissent autour de deux îles que leur petitesse rend in-

160 Tenue ob locorum inhospitas : arvi jugum
Rursum tumescit prominens in asperum
Septemtrionem : cursus autem hinc classibus
Usque in columnas efficacis Herculis
Quinque est dierum : post Pelagia est insula,
Herbarum abundans, atque Saturno sacra :
Sed vis in illa tanta naturalis est,
Ut si quis hanc innavigando accesserit,
Mox excitetur propter insulam mare,
Quatiatur ipsa, et omne subsiliat solum
170 Alte intremiscens, cetero ad stagni vicem
Pelago silente : prominens surgit dehinc
Ophiusæ in oras, atque ab usque arvi jugo
In hæc locorum bidui cursus patet.
At, qui dehiscit inde prolixe sinus,
Non totus uno facile navigabilis
Vento recedit : namque medium accesseris
Zephyro vehente, reliqua deposcunt Notum.
Et rursus inde si petat quisquam pede
Tartessiorum litus, exsuperet viam
180 Vix luce quarta[10]; si quis ad nostrum mare
Malacæque portum semitam tetenderit,
In quinque soles est iter : tum Cepresicum
Jugum intumescit : subjacet porro insula
Achale vocata ab incolis : ægre est fides
Narrationi præ rei miraculo ;
Sed quam frequens auctoritas sat fulciat.
Aiunt in hujus insulæ confiniis
Nunquam esse formam gurgiti reliquo parem
(Splendorem ubique quippe inesse fluctibus
190 Vitri ad nitorem, et per profundum marmoris
Cyaneam in undis esse certum imaginem est).
Confundi at illic æquor immundo a luto,
Memorant vetusti ; semper atque sordibus
Ut fæculentos gurgites hærescere.

habitables; puis cette contrée jette un nouveau cap vers l'âpre Septentrion. De là aux colonnes du puissant Hercule la navigation pour les vaisseaux est de cinq jours. On trouve ensuite l'île Pélagie, féconde en plantes et consacrée à Saturne : dans cette île, la nature est si violente, que si un navigateur s'approche de ses bords, il voit autour d'elle la mer déchaînée; l'île elle-même est ébranlée, et le sol, profondément agité, tremble, tandis que le reste de la mer garde le silence d'un lac. Cette côte se prolonge encore vers les rivages d'Ophiuse : du cap qu'il forme, à ces rivages, la navigation est de deux jours.

Le golfe, dont on trouve ensuite la vaste courbe, présente un trajet difficile aux marins, si le même vent souffle dans toute son étendue : vous arrivez au milieu poussé par le Zéphyr; pour le reste de la navigation, vous avez besoin du Notus. Si de là on gagne à pied la contrée des Tartessiens, c'est à peine si l'on achèvera la route en quatre jours; si l'on se dirige vers notre mer et le port de Malaca, la marche sera de cinq soleils. On voit ensuite s'élever le cap Cepresique : au-dessous s'étend une île nommée Achale par les habitants. Il est difficile de croire au récit qu'on fait sur elle, tant il tient du prodige; pourtant de nombreuses autorités le confirment. On dit que sur les bords de cette île la mer n'est jamais aussi belle que partout ailleurs : partout, en effet, les flots brillent de l'éclat du cristal, et, à travers la profondeur des eaux, nous apparaît clairement une image azurée; mais là, au rapport des anciens, une boue immonde trouble la mer et en épaissit les flots immobiles.

Cempsi atque Saefes arduos colles habent
Ophiusae in agro : propter hos pernix Ligus
Draganumque proles sub nivoso maxime
Septemtrione collocaverant larem.
Paetanion autem est insula ad Zephyrum latens,
Patulusque portus : inde Cempsis adjacent
Populi Cynetum : tum Cyneticum jugum,
Qua sideralis lucis inclinatio est,
Alte tumescens ditis Europae extimum,
In belluosi vergit Oceani salum.
Ana amnis illic per Cynetas effluit,
Sulcatque glebam : panditur rursus sinus,
Cavusque cespes in meridiem patet.
Memorato ab Ana gemina sese flumina
Scindunt repente, perque praedicti sinus
Crassum liquorem (quippe pinguescit luto
Omne hic profundum) lenta trudunt agmina.
Hic insularum semet alte subrigit
Vertex duarum : nominis minor indiga est,
Aliam vocavit mos tenax Agonida.
Inhorret inde rupibus cautes Sacra,
Saturni et ipsa ; fervet illisum mare,
Litusque late saxeum distenditur.
Hirtae hic capellae, et multus incolis caper
Dumosa semper intererrant cespitum :
Castrorum in usum et nauticis velamina,
Productiores et graves setas alunt.
Hinc dictum ad amnem solis unius via est,
Genti et Cynetum hic terminus. Tartessius
Ager his adhaeret, adluitque cespitem
Tartessus amnis : inde tenditur jugum
Zephyro sacratum : denique arcis summitas
Zephyris vocata : celsa sed fastigia
Jugo eriguntur verticis; multus tumor
Conscendit auras, et supersidens quasi

Dans le pays d'Ophiuse, les Cempses et les Sæfes occupent la partie montagneuse ; auprès d'eux l'agile Ligurien et la race des Draganes avaient établi leurs foyers sous le neigeux septentrion. A l'occident se cache l'île Pætanion, avec un vaste port. A la suite des Cempses sont placés les peuples des Cynètes ; puis le mont Cynétique, tourné vers les rayons du soleil couchant, borne orgueilleuse de l'opulente Europe, s'allonge sur l'Océan peuplé de monstres. Le fleuve Ana coule à travers le pays des Cynètes, où il se creuse un lit profond. Plus loin s'étend un nouveau golfe : la côte décrit un arc dont la partie creuse regarde le midi. L'Ana se fend alors en deux branches, et à travers les eaux épaisses du golfe (toute la mer en cet endroit est chargée de vase) il traîne péniblement ses ondes.

Là s'élèvent au milieu des airs les sommets de deux îles : la plus petite n'a pas de nom ; l'autre a toujour porté celui d'Agonis. Puis le mont Sacré élève son front hérissé de rochers : il est dédié à Saturne. La mer, en bouillonnant, se brise sur une plage vaste et rocailleuse. Là, des chèvres au long poil, des boucs nombreux, qui appartiennent aux habitants, errent sans cesse parmi les buissons de la contrée : ces animaux fournissent, pour les tentes des camps et les voiles des vaisseaux, une soie forte et épaisse. De ce lieu au fleuve précédent il n'y a qu'un jour de distance : là est la frontière des Cynètes. Auprès de ces peuples se trouve le territoire de Tartesse, qu'arrose le fleuve Tartessus ; de là on gagne le mont consacré au Zéphyr : le sommet de cette montagne porte le nom de Zephyris ; pourtant, de hauts pics se dressent sur sa croupe élevée ; sa masse énorme domine les airs, et une vapeur, qui a comme établi sur elle un

Caligo semper nubilum condit caput.
Regio omnis inde maxime herboso solo est,
Nebulosa juge his incolis convexa sunt,
Coactus aer atque crassior dies,
Noctisque more ros frequens : nulla, ut solet,
Flabra inferuntur, nullus æthram discutit
Venti superne spiritus ; pigra incubat
Caligo terras, et solum late madet.
Zephyridos arcem si quis excedat rate,
Et inferatur gurgiti nostri maris,
Flabris vehetur protinus Favonii.
Jugum inde rursus, et sacrum infernæ Deæ [11]
Divesque fanum, penetral abstrusi cavi,
Adytumque cæcum : multa propter est palus
Erebea dicta : quin et Herbi civitas
Stetisse fertur his locis prisca die ;
Quæ, prœliorum absumpta tempestatibus,
Famam atque nomen sola liquit cespiti.
At Iberus inde manat amnis, et locos
Fecundat unda : plurimi ex ipso ferunt
Dictos Iberos ; non ab illo flumine,
Quod inquietos Vasconas præclabitur.
Nam quidquid amni gentis hujus adjacet
Occiduum ad axem, Iberiam cognominant.
Pars porro Eoa continet Tartessios
Et Cilbicenos.
                    Cartare post insula est,
Eamque pridem, influxa et est satis fides,
Tenuere Cempsi : proximorum postea
Pulsi duello, varia quæsitum loca
Se protulere. Cassius inde mons tumet :
Et Graia ab ipso lingua cassiterum [12] prius
Stannum vocavit, inde fani est prominens,
Et, quæ vetustum Græciæ nomen tenet,
Gerontis arx est eminus : namque ex ea

siége éternel, dérobe sa tête nuageuse. Tout le pays aux environs est couvert d'herbes touffues; des brouillards cachent aux habitants la voûte du ciel; l'air est épais, le jour sans transparence; la nuit donne ordinairement une abondante rosée; jamais le souffle des vents n'y vient, comme partout ailleurs, éclaircir le ciel en dissipant les nuages; une lourde brume s'étend sur la terre, et le sol est plein de marécages. Si un navigateur part de la montagne Zephyris pour entrer dans notre mer, il sera poussé par le vent d'occident.

On voit plus loin s'élever une montagne, avec un temple magnifique, consacré à la déesse des enfers, sanctuaire creusé dans le roc, grotte d'une obscurité profonde. A côté se trouve un vaste marais, qu'on appelle Érèbe; on ajoute que la ville d'Herbus s'élevait autrefois dans ces lieux: emportée dans les tempêtes de la guerre, elle a seulement laissé à la contrée son souvenir et son nom. De là coule le fleuve Iberus, dont l'eau fertilise les campagnes. La plupart rapportent que les Ibères doivent leur nom à ce fleuve, et non pas à cet Iberus qui coule au milieu des Vascons turbulents; car toutes les terres de cette nation qui bornent le fleuve du côté de l'occident, sont appelées Ibérie. La partie orientale renferme les Tartessiens et les Cilbicènes.

On trouve ensuite l'île de Cartare, qui, suivant une opinion assez répandue, fut occupée par les Cempses. Chassés plus tard par la guerre que leur firent leurs voisins, ces peuples allèrent chercher différentes demeures. Puis s'élève le mont Cassius: c'est à cause de lui que la langue grecque a donné autrefois à l'étain le nom de *cassiterus*. On aperçoit ensuite un temple qui s'avance sur la mer, et l'éminence de Géronte, nommée

Geryona [13] quondam nuncupatum accepimus.
Hic ora late sunt sinus Tartessii;
Dictoque ab amni in hæc locorum puppibus
Via est diei : Gaddir hic est oppidum :
Nam Punicorum lingua conseptum locum
Gaddir vocabat : ipsa Tartessus prius
Cognominata est; multa et opulens civitas
Ævo vetusto, nunc egena, nunc brevis,
Nunc destituta, nunc ruinarum agger est.
Nos hoc locorum, præter Herculaneam
Solennitatem, vidimus miri nihil.
At vis in illis tanta, vel tantum decus
Ætate prisca sub fide rerum fuit,
Rex ut superbus, omniumque præpotens,
Quos gens habebat forte tum Maurusia,
Octaviano principi acceptissimus,
Et litterarum semper in studio Juba [14],
Interfluoque separatus æquore,
Illustriorem semet urbis istius
Duumviratu [15] crederet : sed insulam
Tartessus amnis, ex Ligustico lacu
Per aperta fusus, undique adlapsu ligat.
Neque iste tractu simplici provolvitur,
Unusve sulcat subjacentem cespitem :
Tria ora quippe parte Eoi luminis
Infert in agros; ore bis gemino quoque
Meridianas civitates adluit.
At mons paludem incumbit Argentarius,
Sic a vetustis dictus ex specie sui :
Stanno iste namque latera plurimo nitet,
Magisque in auras eminus lucem evomit,
Quum sol ab igni celsa perculerit juga.
Idem amnis autem fluctibus stanni gravis
Ramenta volvit, invehitque mœnibus
Dives metallum : qua dehinc ab æquore.

ainsi par l'ancienne Grèce; on la voit de loin : c'est d'elle, dit-on, que Géryon a reçu autrefois son nom. Là s'étendent les côtes du golfe Tartessien; du fleuve Tartessus à cet endroit le chemin pour les vaisseaux est d'une journée. Là est la ville de Gaddir, nom que les Carthaginois donnaient dans leur langue aux lieux fermés de murs. Elle fut d'abord appelée Tartessus : c'était jadis une grande et riche cité; maintenant elle est pauvre, humble, dépouillée; maintenant c'est un monceau de ruines. Pour nous, excepté le culte d'Hercule, nous n'avons rien vu de remarquable en cet endroit. Mais tant de puissance, tant de gloire s'attachait autrefois à cette ville dans l'opinion du monde, qu'un roi superbe, puissant entre tous, qui régnait sur la nation more, un roi chéri d'Octave, Juba, toujours si zélé pour les lettres, de l'autre côté de la mer, s'estimait honoré d'être duumvir de Gaddir : c'est une île que le fleuve Tartessus, se répandant au large hors du marais Ligustique, embrasse de toutes parts dans son cours. Ce fleuve ne roule pas un simple courant d'eau, il ne se creuse pas un seul lit; mais du côté de l'aurore il s'élance à travers les champs par trois canaux, et par quatre autres il baigne les cités du midi. Au-dessus des marais s'allonge le mont Argentarius, ainsi nommé par les anciens à cause de son éclat : l'étain resplendit sur ses flancs; il fait surtout jaillir la lumière dans les airs, quand le soleil de ses rayons frappe sa tête élevée. Le fleuve Tartessus roule des flots chargés de parcelles d'étain, et apporte aux villes ce riche métal. En s'éloignant de la plaine des eaux salées, on trouve dans l'intérieur des terres une vaste contrée qu'habite la nation des Etmanéens. De là, en venant vers les champs des

Salsi fluenti vasta per medium soli
Regio recedit, gens Etmaneum accolit.
Atque inde rursus usque Cempsorum sata
Ileates agro se feraci porrigunt:
Maritima vero Cilbiceni possident.
Gerontis arcem et prominens fani, ut supra
Sumus eloquuti, distinet medium salum;
Interque celsa cautium cedit sinus.
Jugum ad secundum flumen amplum evolvitur:
Tartessiorum mons dehinc adtollitur
Silvis opacus: hinc Erythea est insula
Diffusa glebam, et juris olim Punici:
Habuere primo quippe eam Carthaginis
Priscae coloni: interfluoque scinditur
Ad continentem quinque per stadia modo
Erythea ab arce: qua dici occasus est,
Veneri marinae consecrata est insula,
Templumque in illa Veneris et penetral cavum,
Oraculumque: monte ab illo, quem tibi
Horrere silvis dixeram, in Veneris jugum
Litus recline et molle arenarum jacet,
In quas Besilus atque Cilbus flumina
Urgent fluentum: post in occiduum diem
Sacrum superbas erigit cautes jugum.
Locum hunc vocavit Herma quondam Graecia.
Est Herma porro cespitum munitio,
Interfluum quae altrinsecus munit lacum:
Aliique rursus Herculis dicunt Viam:
Stravisse quippe maria fertur Hercules,
Iter ut pateret facile captivo gregi.
Porro illud Herma jure sub Libyci soli
Fuisse pridem, plurimi auctores ferunt.
Nec respuendus testis est Dionysius [6],
Libyae esse finem qui docet Tartessium.
Europae in agro, quod vocari ab incolis

Cempses, on trouve les Iléates, qui s'étendent dans une campagne fertile ; les parties maritimes sont occupées par les Cilbicènes. L'éminence de Géronte et le promontoire du temple sont, comme nous l'avons dit plus haut, séparés par la mer : le golfe se glisse entre les deux rocs escarpés ; près du second roule un grand courant d'eau. Plus loin s'élève le mont des Tartessiens, ombragé de forêts ; ensuite on trouve l'île Érythée, avec ses vastes campagnes, autrefois sous la domination punique : car elle fut d'abord occupée par des colons de l'ancienne Carthage. Du côté du continent, un bras de mer de cinq stades sépare Érythée de l'éminence de Géronte ; du côté du couchant, l'île est consacrée à Vénus marine : elle renferme un temple de Vénus, avec un sanctuaire creusé dans le roc, et un oracle. Depuis ce mont, que j'ai dit être hérissé de forêts, jusqu'au promontoire de Vénus, le rivage étend en pente douce un lit de sable fin : les fleuves Besilus et Cilbus y pressent leurs flots. Puis le promontoire Sacré dresse vers le couchant ses rochers superbes. Ce lieu fut appelé Herma par l'ancienne Grèce. Or, Herma est un rempart de rochers qui garnissent les deux côtés d'un lac situé au milieu d'eux. D'autres, au contraire, appellent le lieu Chemin d'Hercule : car on raconte qu'Hercule avait comblé la mer, pour ouvrir une voie facile au troupeau qu'il avait pris. Cet Herma dépendit autrefois de la terre de Libye, au rapport d'un grand nombre d'auteurs ; et il ne faut pas rejeter l'autorité de Denys, qui enseigne que la Libye se termine à Tartessus. Sur le territoire de l'Europe, ce mont que j'ai désigné comme ayant reçu des habitants le nom de Sacré, s'élève en s'avançant dans les ondes. Entre ces deux points se glisse un bras de

Sacrum indicavi, prominens subducitur.
Locos utrosque interfluit tenue fretum.
Quod Herma porro et Herculis dictum est Via,
Amphipolis urbis incola Euctemon ait,
Non plus habere longitudinis modo,
Quam porriguntur centum et octo millia,
540 Et distineri [utrosque] millibus tribus.
Hic Herculanæ stant columnæ, quas modum
Utriusque haberi continentis legimus.
Sunt paria porro saxa prominentia
Abyla atque Calpe. Calpe in Hispano solo,
Maurusiorum est Abyla : namque Abylam vocant
Gens Punicorum, mons quod altus barbaro est,
Id est Latino; dici ut auctor Plautus est[17] :
Calpeque rursum in Græcia species cavi
Teretisque usu nuncupatur urcei.
550 Atheniensis dicit Euctemon[18] item
Non esse saxa, aut vertices adsurgere
Parte ex utraque : cespitem Libyci soli
Europæ et oram memorat insulas duas
Interjacere; nuncupari has Herculis
Ait columnas; stadia triginta refert
Has distinere; horrere silvis undique,
Inhospitasque semper esse nauticis.
Inesse quippe dicit ollis Herculis
Et templa et aras : invehi advenas rate,
560 Deo litare, abire festino pede :
Nefas putatum demorari in insulis.
Circum atque juxta plurimo [tractu jacens]
Manare tradit tenue prolixe mare.
Navigia onusta adire non valent locos
Breve ob fluentum, et pingue litoris lutum.
Sed si voluntas forte quem subegerit
Adire fanum, properat ad Lunæ insulam,
Agere carinam, eximere classi pondera,

mer. A cet Herma, appelé aussi Voie d'Hercule, Euctémon, habitant d'Amphipolis, n'accorde pas plus de huit mille cent pas de longueur, et dit que trois mille pas le séparent du mont Sacré. Là se trouvent les colonnes d'Hercule, limite des deux continents, suivant ce que nous avons lu. Ce sont deux rochers égaux qui s'élèvent, Abyla et Calpé : Calpé est sur le sol espagnol, Abyla sur celui des Mores. Les Carthaginois appellent Abyla tout ce qu'on appelle élevé (*altus*) en langue barbare, c'est-à-dire en langue latine, comme dit Plaute. Pour Calpé, on donne ce nom, en Grèce, à une espèce de vase creux et arrondi. Le même Euctémon, Athénien, nie que ce soient des rochers, et que leurs sommets se dressent de chaque côté du détroit; il rapporte qu'entre la terre de Libye et la côte d'Europe se trouvent deux îles; qu'elles portent le nom de colonnes d'Hercule; qu'une distance de trente stades les sépare; que de toutes parts elles sont hérissées de forêts et ont toujours été inhospitalières pour les matelots. Il ajoute qu'elles renferment des temples et des autels dédiés à Hercule, que les étrangers y abordent en canot, sacrifient au dieu, et s'éloignent d'un pied rapide : on regarde comme un sacrilége de s'arrêter dans ces îles. Autour d'elles, et à une assez grande distance, il rapporte que la mer traîne lentement des eaux peu profondes. Les vaisseaux chargés ne peuvent pénétrer dans ces parages, à cause de la petite quantité d'eau et de la vase épaisse du rivage. Mais celui qui désire visiter le temple, doit se hâter de conduire son navire à l'île de la Lune, et de l'y décharger; monté alors sur ce léger esquif, il pourra s'y rendre en effleurant la mer. Quant à l'étendue des flots qui bouillonnent entre les colonnes, elle est à peine de sept stades, au dire de Damastes. Scylax de

Levique cymba sic superferri salo.
Sed ad columnas quidquid interfunditur
Undæ æstuantis, stadia septem vix ait
Damastes esse. Caryandæus Scylax
Medium fluentum inter columnas adserit
Tantum patere, quantus æstus Bosporo est [19].
Ultra has columnas, propter Europæ latus,
Vicos et urbes incolæ Carthaginis
Tenuere quondam: mos at ollis hic erat,
Ut planiore texerent fundo rates,
Quo cymba tergum fusior brevius maris
Prælaberetur: porro in occiduam plagam
Ab his columnis gurgitem esse interminum,
Late patere pelagus, extendi salum,
Himilco tradit: nullus hæc adiit freta;
Nullus carinas æquor illud intulit,
Desint quod alto flabra propellentia,
Nullusque puppim spiritus cœli juvet:
Dehinc quod æthram quodam amictu vestiat
Caligo, semper nebula condat gurgitem,
Et crassiore nubilum perstet die.
OCEANUS isto est, orbis effusi procul
Circumlatrator, iste pontus maximus.
Hic gurges oras ambiens, hic intimi
Salis irrigator, hic parens nostri maris.
Plerosque quippe extrinsecus curvat sinus,
Nostrumque in orbem vis profundi illabitur.
Sed nos loquemur maximos tibi quatuor.
PRIMA hujus ergo in cespitem insinuatio est
Hesperius æstus, atque Atlanticum salum;
Hyrcana rursus unda, Caspium mare [20];
Salum Indicorum, terga fluctus Persici;
Arabsque gurges sub tepente jam Noto.
Hunc usus olim dixit Oceanum vetus,
Alterque dixit mos Atlanticum mare.

Caryandée soutient que le milieu du détroit offre la largeur du Bosphore. Au delà de ces colonnes, du côté de l'Europe, les Carthaginois occupèrent autrefois des bourgs et des villes ; mais là ils avaient coutume de construire des vaisseaux à fond plat, pour que l'esquif, offrant une carène plus large, pût glisser sur la mer la moins profonde. De ces colonnes en allant vers l'occident on trouve un abîme sans fin ; la mer s'étend au loin, les flots se prolongent : ainsi le rapporte Himilcon. Nul n'a conduit ses vaisseaux vers cette mer ; car on y manque de vents qui poussent le navire, aucun souffle du ciel ne vient en seconder le mouvement; de plus l'air est couvert comme d'un manteau de brouillards, une brume éternelle enveloppe la mer, le jour est continuellement obscurci par des nuages.

Tel est l'Océan qui mugit autour de la vaste étendue du monde ; c'est la plus grande des mers, c'est l'abîme qui embrasse les rivages, c'est le réservoir de la mer intérieure, c'est le père de notre Méditerranée : car la force de la mer creuse la plupart des golfes extérieurs et pénètre dans notre terre. Je vais te parler des quatre plus grands golfes.

Le premier de ces golfes qui empiètent sur la terre, c'est celui du couchant, autrement dit mer Atlantique; le second, celui d'Hyrcanie ou mer Caspienne ; puis la mer des Indes, ou golfe Persique ; enfin le golfe Arabique, sous la tiède haleine du Notus. Le premier doit à une ancienne coutume le nom d'Océan, et à une autre

Longo explicatur gurges hujus ambitu,
Produciturque latere prolixe vago.
Plerumque porro tenue tenditur salum,
Ut vix arenas subjacentes occulat.
Exsuperat autem gurgitem fucus frequens,
Atque impeditur æstus hic uligine :
Vis belluarum pelagus omne internatat,
Multusque terror ex feris habitat freta.
Hæc olim Himilco Pœnus Oceano super
Spectasse semet et probasse retulit :
Hæc nos, ab imis Punicorum annalibus
Prolata longo tempore, edidimus tibi.

Nunc jam recursus ad priora sit stylo.
Igitur columnæ, ut dixeram, Libystidi
Europæ in agro adversa surgit altera.
Hic Chrysus amnis intrat altum gurgitem :
Ultra citraque quatuor gentes colunt.
Nam sunt feroces hoc Libyphœnices [21] loco;
Sunt Massieni; regna Cilbicena sunt
Feracis agri, et divites Tartessii,
Qui porriguntur in Calacticum sinum.
Hos propter autem mox jugum Barbetium est,
Malachæque flumen, urbe cum cognomine,
Menace priore quæ vocata est sæculo.
Tartessiorum juris illic insula
Antistat urbem, Noctilucæ ab incolis
Sacrata pridem : in insula stagnum quoque
Tutusque portus : oppidum Menace super.
Qua esse ab undis regio dicta subtrahit,
Sisurus alto mons tumet cacumine.
Adsurgit inde vasta cautes, et mare
Intrat profundum : pinus hanc quondam frequens
Ex se vocari sub sono Graio [22] dedit :
Fanumque ad usque Veneris et Veneris jugum

celui de mer Atlantique. Son abîme se déploie en un long contour et s'étend à l'infini. Souvent la nappe d'eau est si mince, qu'à peine elle cache les sables qu'elle recouvre. Au-dessus des ondes flottent des algues nombreuses, et là le bouillonnement des flots est arrêté par la vase. Une foule de monstres nagent dans toute l'étendue de la mer ; le grand effroi qu'ils inspirent remplit ces parages. Le Carthaginois Himilcon a rapporté qu'il les vit autrefois sur l'Océan, et qu'il les connut par expérience. Ces détails, transmis à travers les siècles par les annales puniques les plus anciennes, nous te les transmettons à notre tour.

Et maintenant, revenons sur le sujet précédent. Comme je l'avais dit, en face de la colonne africaine s'élève une autre colonne sur la terre d'Europe. Là le fleuve Chrysus entre dans l'abîme profond. Au-delà et en deçà habitent quatre nations : car dans ce lieu on trouve les farouches Libyphéniciens, les Massiènes, les royaumes des Cilbicènes, dont le territoire est si fertile, et les riches Tartessiens, qui s'étendent vers le golfe Galactique. Auprès d'eux on rencontre bientôt le mont Barbetium, et le fleuve Malacha, avec une ville du même nom, qui fut autrefois appelée Menacé. Là une île de la dépendance des Tartessiens s'élève en face de la ville ; depuis longtemps elle a été consacrée par les habitants à la déesse qui éclaire la nuit ; dans cette île on trouve un étang et un port commode ; la ville de Menacé est au-dessus. Du côté où le pays s'éloigne de la mer, le mont Sisurus dresse sa tête altière. Plus loin s'élève un immense rocher dont la base pénètre au fond de la mer : le pin qui y poussait en abondance lui a donné le nom qu'il porte dans la langue grecque. Jusqu'au temple de Vénus et au pro-

Litus recumbit : porro in isto litore
Stetere crebræ civitates antea,
440 Phœnixque multus habuit hos pridem locos.
Inhospitales nunc arenas porrigit
Deserta tellus, orba cultorum sola
Squalent jacentque. Veneris ab dicto jugo
Spectatur Herma cespitis Libyci procul,
Quod ante dixi : litus hic rursum patet,
Vacuum incolarum nunc, et abjecti soli.
Porro ante et urbes hic stetere plurimæ,
Populique multi concelebrarunt locos.
Nam patulus inde portus [oppidum prope]
450 Se Massienum curvat alto ab æquore,
Sinuque in imo surgit altis mœnibus
Urbs Massiena : post jugum Traete eminet,
Brevisque juxta Strongyle stat insula.
Dehinc in hujus insulæ confiniis
Immensa tergum latera diffundit palus.
Theodorus illic (nec stupori sit tibi,
Quod in feroci barbaroque sat loco
Cognomen hujus Græciæ accipis sono)
Prorepit amnis : ista Phœnices prius
460 Loca incolebant : rursus hinc se litoris
Fundunt arenæ, et litus hoc tres insulæ
Cinxere late : hic terminus quondam stetit
Tartessiorum ; hic Herna civitas fuit.
Gymnetes istos gens locos insederant ;
Nunc destitutus, et diu incolis carens
Sibi sonorus Alebus amnis effluit.
Post hæc per undas insula est Gymnesia,
Populo incolarum quæ vetus nomen dedit,
Usque ad Sicani præfluentis alveum.
470 Pityusæ et inde proferunt sese insulæ,
Balearium ac late insularum dorsa sunt.
Et contra Iberi in usque Pyrenæ jugum

montoire de Vénus le rivage s'affaisse : sur ce rivage existaient jadis des villes nombreuses ; une foule de Phéniciens habita autrefois ces lieux. Maintenant la terre déserte n'offre que des sables inhospitaliers ; privé de culture, le sol est aride et languissant. De ce mont de Vénus on aperçoit dans le lointain cet Herma du territoire libyen, dont j'ai déjà parlé. Là s'étend une côte aujourd'hui dépeuplée, une contrée misérable. Mais autrefois beaucoup de villes y florissaient, et de nombreuses nations habitèrent ce territoire. Un vaste port, auprès de la ville de Massiène, reçoit dans ses bras la haute mer, et au fond de ce golfe s'élève, avec ses hautes murailles, la ville de Massiène. Ensuite s'avance le cap Traète, et auprès de lui la petite île de Strongyle. Puis sur les confins de cette île un marais étend sa surface immense. Là le fleuve Théodore (ne t'étonne pas d'entendre dans un lieu assez barbare et sauvage résonner ce nom grec) se traîne lentement : des Phéniciens habitaient d'abord ces lieux. Puis de nouveau le rivage n'offre plus qu'une vaste étendue de sables ; trois îles lui font une large ceinture : là était autrefois placée la frontière des Tartessiens ; là fut la cité d'Herna. La nation des Gymnètes s'était établie dans cette contrée ; aujourd'hui le fleuve Alebus, nu, privé depuis longtemps de ses riverains, coule en murmurant pour lui seul.

Ensuite, au milieu des eaux, on trouve l'île Gymnesia, qui autrefois a donné son nom aux populations qui s'étendent jusqu'au cours du Sicanus. Puis se montrent les îles Pityuses, et la vaste étendue des îles Baléares. En face d'elles les Ibères ont porté leur domination jusqu'aux monts Pyrénées, occupant un vaste pays sur les

Jus protulere, propter interius mare
Late lacuti: prima eorum civitas
Idera surgit: litus extendit dehinc
Steriles arenas: Hemeroscopium quoque
Habitata pridem hic civitas; nunc jam solum
Vacuum incolarum languido stagno madet.
Adtollit inde se Sicana civitas,
480 Propinquo ab amni sic vocata Ibericis.
Neque longe ab hujus fluminis divortio
Præstringit amnis Tyrius oppidum Tyrin.
At qua recedit ab salo tellus procul,
Dumosa late terga regio porrigit.
Bebryces²³ illic, gens agrestis et ferox,
Pecorum frequentes inter errabant greges.
Hi lacte semet atque pingui caseo
Prædure alentes proferebant spiritum
Vicem ad ferarum: post Caprasiæ jugum
490 Procedit alte, ac nuda litorum jacent
Ad usque cassæ Chersonesi terminos.
Palus per illa Naccararum extenditur;
Hoc nomen isti nam paludi mos dedit:
Stagnique medio parva surgit insula
Ferax olivi, et hinc Minervæ stat sacra.
FUERE propter civitates plurimæ:
Quippe hic Hylactes, Hystra, Sarna, et nobiles
Tyrichæ stetere: nomen oppido vetus,
Gazæ incolarum maxime memorabiles
500 Per orbis oras: namque præter cespitis
Fecunditatem, qua pecus, qua palmitem,
Qua dona flavæ Cereris educat solum,
Peregrina Ibero subvehuntur flumine.
Juxta superbum mons Sacer caput exserit,
Oleumque flumen proxuma agrorum secans
Geminos jugorum vertices interfluit.
Mox quippe Sellus (nomen hoc monti est vetus)

bords de la mer Intérieure : la première de leurs villes est Idera ; plus loin la côte étend des sables stériles. Là est aussi Hemeroscopium, ville jadis peuplée ; maintenant le sol, privé d'habitants, est couvert par l'eau dormante d'un marais. Puis s'élève la ville de Sicana ; ainsi nommée par les Ibères à cause du fleuve voisin. Un peu après s'être séparé du Sicanus, le fleuve Tyrius embrasse la ville de Tyris. Du côté où le pays s'éloigne de la mer, le sol présente une vaste étendue de broussailles. Là les Bébryces, nation agreste et sauvage, erraient au milieu de leurs nombreux troupeaux. Du lait, des fromages épais, formaient leur grossière nourriture ; ils vivaient à la manière des bêtes sauvages. Puis s'avance le promontoire de Caprasie, et une plage nue s'étend jusqu'aux frontières de la solitaire Chersonèse. Çà et là le marais Naccarare couvre cette plage ; car c'est ainsi qu'on a coutume de désigner ce marais ; et de son sein sort une petite île féconde en oliviers, aussi est-elle consacrée à Minerve.

Près de là furent de nombreuses cités : dans ces contrées, en effet, s'élevaient Hylactes, Hystra, Sarna et la fameuse Tyriché. Le nom de cette dernière ville est ancien ; les trésors de ses habitants étaient célèbres par tout le monde : car, outre la fertilité du territoire, qui produit des troupeaux, des vignes et les présents de la blonde Cérès, les denrées étrangères remontent le fleuve Ibère. Près de là le mont Sacré lève sa tête superbe, et le fleuve Oleum, coupant les champs voisins, coule entre deux cimes de promontoires. Bientôt le mont Sillus (c'est un nom que ce mont porte depuis longtemps) se dresse au mi-

Ad usque celsa nubium subducitur.
Adstabat istum civitas Lebedontia
510 Priore sæclo, nunc ager vacuus lare
Lustra et ferarum sustinet cubilia.
Post hæc arenæ plurimo tractu jacent,
Per quas Salauris oppidum quondam stetit,
In queis et olim prisca Callipolis fuit,
Callipolis illa [quæ per altam] moenium
Proceritatem et celsa per fastigia
Subibat auras, quæ laris vasti ambitu
Latere ex utroque piscium semper
Stagnum premebat : inde Tarraco oppidum
520 Et Barcinonum amœna sedes ditium.
Nam pandit illic tuta portus brachia,
Uvetque semper dulcibus tellus aquis.
Post Indigetes asperi se proferunt :
Gens ista dura, gens ferox venatibus,
Lustrisque inhærens : tum jugum Celebandicum
In usque salsam dorsa porrigit Thetim.
Hic adstitisse civitatem Cypselam [24],
Jam fama tantum est : nulla nam vestigia
Prioris urbis asperum servat solum.
530 Dehiscit illic maximo portus sinu,
Cavumque late cespitem inrepit salum ;
Post quæ recumbit litus Indigeticum
Pyrenæ ad usque prominentis verticem.
Post litus illud, quod jacere diximus
Tractu supino, se Malodes exserit
Mons, inter undas [qua] tument sco[puli duo]
Geminusque ver[tex celsa nubium petit.]
Hos inter autem portus effuse jacet,
Nullisque flabris æquor est obnoxium :
540 Sic omne late, prælocatis rupibus,
Latus ambiere cautium cacumina,

lieu des nuages. Adossée contre lui, la ville de Lébédontie florissait autrefois; maintenant la campagne déserte ne présente que des antres et des repaires de bêtes sauvages.

On aperçoit plus loin une longue étendue de côtes sablonneuses, où s'élevaient jadis la ville de Salauris et l'ancienne Callipolis, cette Callipolis qui, de ses hautes murailles et de ses édifices élevés, touchait le ciel, et qui, dans le vaste contour de ses habitations, embrassait de deux côtés à la fois un étang toujours abondant en poissons. Viennent ensuite Tarragone, et le charmant séjour des Barcinons opulents. Là un port ouvre aux vaisseaux un asile assuré, et la terre est toujours arrosée par des sources d'eau douce. Puis se montrent les durs Indigètes, nation farouche, nation de fiers chasseurs, et qui ne sort pas de ses forêts. Ensuite le cap Célébandique étend ses flancs jusque dans les eaux salées de Thétis.

Là fut la ville de Cypsela. Elle n'existe plus que dans le souvenir des hommes ; cette terre sauvage ne conserve aucun vestige de cette ancienne ville. Là s'ouvre un havre au vaste sein, et la mer pénètre dans la courbe profonde de la plage ; puis la côte Indigétique s'étend jusqu'au haut promontoire formé par les Pyrénées.

A la suite de cette plage, que nous avons dit se prolonger le long de la mer, le mont Malodes s'élève au milieu des eaux, qu'il domine de ses deux rochers, et son double sommet va se cacher dans la région des nuages. Entre les deux rocs dort un vaste port, dont nul souffle ne tourmente la surface. C'est qu'il est entouré par les roches avancées dont la haute montagne lui forme une large enceinte : au milieu de ces rocs la mer se cache im-

Interque saxa immobilis gurges latet,
Quiescit æquor, pelagus inclusum stupet.
STAGNUM inde Tonon montium in radicibus,
Tononiæque adtollitur rupis jugum,
Per quæ sonorus volvit æquor spumeum
Anystus amnis, et salum fluctu secat.
Hæc propter undas atque salsa sunt freta :
At quidquid agri cedit alto a gurgite,
§ 50 Ceretes omne, et Acroceretes prius
Habuere duri : nunc pari sub nomine
Gens est Iberum, Sordus inde denique
Populus agebat inter avios locos ;
Ac pertinentes usque ad interius mare
Inter ferarum lustra duceba[nt diem]
Qua pinifero stat Pyrene vertice,
Et arva late et gurgitem ponti premit.
IN Sordiceni cespitis confinio
Quondam Pyrene, civitas ditis laris,
§ 60 Stetisse fertur : hicque Massiliæ incolæ
Negotiorum sæpe versabant vices.
Sed in Pyrenen ab columnis Herculis
Atlanticoque gurgite et confinio
Zephyridis oræ cursus est celeri rati
Septem dierum : post Pyrenæum jugum
Jacent arenæ litoris Cynetici,
Easque late sulcat amnis Roschinus.
Hoc Sordicenæ, ut diximus, glebæ solum est.
Stagnum hic palusque quippe diffuse patet,
§ 70 Et incolæ istam Sordicen cognominant ;
Præterque vasti gurgitis crepulas aquas
(Nam propter amplum marginis laxæ ambitum,
Ventis tumescit sæpe percellentibus) ;
Stagno hoc ab ipso Sordus amnis effluit
Ru . . . . effluentis ostiis

mobile, les eaux qu'elle y renferme restent calmes et comme endormies.

On trouve ensuite le marais Tonon, au pied d'une chaîne de montagnes ; puis se dresse le sommet du mont Tononien, à travers lequel le fleuve Anystus roule avec bruit ses eaux écumantes, qui vont diviser la mer. Voilà ce qui se trouve sur le bord des eaux et dans les parages maritimes. Quant au territoire qui s'écarte de la grande mer, les Cérètes, et auparavant les durs Acrocérètes, l'ont possédé tout entier ; maintenant toute la nation se confond sous le nom d'Ibères. Le peuple des Sordes y vivait aussi dans des lieux inaccessibles. Répandus vers la mer Intérieure, ils habitaient au milieu des retraites des bêtes sauvages, du côté où les monts Pyrénées montrent leur sommet chargé de pins et dominent au loin les terres et la mer.

Sur les confins du territoire des Sordes était autrefois, dit-on, l'opulente cité de Pyrène : là les habitants de Massilie venaient souvent faire leurs échanges de commerce. Des colonnes d'Hercule, de la mer Atlantique et des rivages de Zéphyris jusqu'à Pyrène, la navigation, pour un vaisseau rapide, est de sept jours. Après les monts Pyrénées s'étendent les sables du rivage Cynétique, largement sillonnés par le fleuve Roschinus. Cette terre, comme nous l'avons dit, dépend des Sordes. Un lac marécageux s'étend çà et là, et les habitants le nomment Sordicé. Au delà des eaux bruissantes de ce lac, que sa vaste étendue expose à la fureur des vents, et du sein même de ces eaux, coule le fleuve Sordus. . . . . par les bouches du fleuve. . . . .

. . . .

. . . . se courbe en détours sinueux ; la mer creuse la côte ; l'eau se répand au loin et sa vaste masse couvre

Sinuatur alto, et propria per dispendia
Cespes cavatur, repit unda longior,
Molesque multa gurgitis distenditur.
Treis namque in illo maximæ stant insulæ,
580 Saxisque duris pelagus interfunditur.
Nec longe ab isto cespitis rupti sinus
Alter dehiscit, insulasque quatuor
(At priscus usus dixit has omnes triplas)
Ambit profundo : gens Elesycum prius
Loca hæc tenebat, atque Narbo civitas [25]
Erat ferocis maximum regni caput.
Hic salsum in æquor amnis Attagus ruit :
Heliceque rursus hic palus juxta : dehinc
Besaram stetisse fama casca tradidit.
590 At nuncce Ledus, nunc et Orobis flumina
Vacuos per agros et ruinarum aggeres
Amœnitatis indices priscæ meant.
Nec longe ab istis Thyrius alto evolvitur
. . . . Cinorus agmen . . . . .
. . . .
Nunquam excitentur fluctuum volumina,
Sternatque semper gurgitem Alcyonæ quies [26].
Vertex at hujus cautis e regione se
Illi eminenti porrigit, quod Candidum
Dixi vocari. Blasco propter insula [27] est,
600 Teretique forma cespes editur salo.
In continenti et inter adsurgentium
Capita jugorum, rursum arenosi soli
Terga explicantur; seque fundunt litora
Orba incolarum. Setius inde mons tumet
Procerus arcem et pinifer [28] : Setii jugum
Radice fusa in usque Taphrum pertinet :
Taphron paludem namque gentici vocant
Rhodani propinquam flumini : hujus alveo
Ibera tellus atque Ligyes asperi

LES RÉGIONS MARITIMES. 139

une grande étendue. Trois îles considérables s'élèvent de son sein, et leurs durs rochers sont baignés par des bras de mer.

Non loin de ce golfe qui creuse ainsi le rivage, s'en ouvre un autre, et quatre îles (une ancienne tradition n'en indique que trois) sortent du milieu de la mer. La nation des Élésyces occupait autrefois ces lieux, et la ville de Narbonne était la capitale considérable de ces peuples indomptés. Là le fleuve Attagus se décharge dans la mer; on trouve auprès le marais Hélicé. A partir de là était Besara, suivant le dire d'une ancienne tradition. Maintenant les fleuves Ledus et Orobis se glissent à travers des champs dévastés et des monceaux de ruines, indices d'une prospérité passée. Non loin d'eux le Thyrius roule d'une hauteur. . . . .
. . . . Le Cinorus s'avance. . . . .
. . . .
Jamais la mer n'y soulève ses vastes flots, et toujours sur elle pèse un calme d'Alcyon.

Le sommet de cette roche s'élève en face, regardant ce promontoire, que j'ai dit s'appeler le cap Blanc. A côté, se trouve l'île Blasco, qui montre hors de l'eau son rivage arrondi. Sur le continent et entre les têtes de caps qui s'élèvent auprès, se déploie encore une plage sablonneuse; on voit s'étendre des rivages sans habitants. Puis le mont Setius se dresse avec son haut sommet garni de pins : le mont Setius prolonge sa base jusqu'à Taphros : les gens du pays appellent Taphros un marais voisin du fleuve du Rhône : c'est le lit de ce fleuve qui sépare la terre ibérienne des rudes Ligyens. Là se trouve la ville de Polygium, petite et pauvre.

610 Intersecantur : hic sat angusti laris
Tenuisque censu civitas Polygium est.
Tum Mansa vicus, oppidumque Naustalo,
Et urbs . . . . hæsice gen sale
. . . .
Ejusque in æquor Classius amnis influit.
At Cimenice regio descendit procul
Salso ab fluento, fusa multo cespite,
Et opaca silvis : nominis porro auctor est
Mons dorsa celsus : cujus imos aggeres
Stringit fluento Rhodanus, atque scrupeam
620 Molem imminentis intererrat æquore.
Ligures ad undam semel Interni maris,
Setiena ab arce et rupe saxosi jugi,
Procul extulere. Sed quasi exposcit locus,
Rhodani ut fluentum plenius tibi edisseram.
Styli immorantis patere tractatum, Probe :
Quippe amnis ortum, gurgitis lapsum vagi,
Quas iste gentes lambat unda fluminis,
Quantoque manet incolis compendio,
Et ostiorum fabimur divortia.
630 Nivosum in auras erigunt Alpes jugum
A solis ortu, et arva Gallici soli
Intersecantur scrupeo fastigio,
Et anhela semper flabra tempestatibus.
Effusus ille, et ore semel exigens
Hiantis antri, vi truci sulcat sola [29],
Aquarum in ortu et fronte prima naviger.
At rupis illud erigentis se latus,
Quod edit amnem, gentici cognominant
Solis Columnam ; tanto enim fastigio
640 In usque celsa nubium subducitur,
Meridianus sol ut opposita jugi
Conspicuus haud sit, quum relaturus diem
Septemtrionum accesserit confinia.

Puis le bourg de Mansa, et la ville de Naustalo, et la
ville..... d'où le fleuve Classius se jette dans la mer.

. . . .

Mais la contrée de Ciménicé s'étend loin de la mer,
avec son vaste territoire et ses forêts touffues : une
montagne élevée lui a donné son nom : le Rhône en
baigne les mamelons inférieurs, et, au milieu de cette
masse de rochers qui le dominent, il erre dans la campagne.

Les Ligures se sont étendus sur le bord de la mer Intérieure, loin du mont Setius et de ses roches escarpées.
Mais il est nécessaire que je te donne plus de détails sur
le fleuve du Rhône. Souffre que je m'arrête sur ce sujet,
Probus : nous dirons la naissance du fleuve, son cours
vagabond, quelles nations il baigne de ses flots, quel
grand avantage son cours procure aux habitants, et ses
différentes embouchures.

Du côté de l'orient, les Alpes dressent dans les airs
leurs pics neigeux ; les campagnes de la Gaule sont cou-
pées par cette chaîne de montagnes, et les vents y soufflent toujours la tempête. Le fleuve, sortant de la bouche béante d'une caverne, et se répandant à travers la
campagne, y creuse son lit par la violence de son courant ; il est navigable à sa naissance et dès son apparition.
Le flanc de la haute montagne qui donne naissance au
fleuve est appelé par les naturels Colonne du Soleil ; sa tête
monte si haut dans la région des nuages, qu'elle cache
aux regards le soleil à son midi, quand il s'approche des
limites du septentrion pour y porter le jour. Car tu sais
que telle était l'opinion des Épicuriens, que le soleil ne

Scis nam fuisse ejusmodi sententiam
Epicureorum; non cum occasu premi,
Nullos subire gurgites, nunquam occuli,
Sed obire mundum, obliqua cœli currere,
Animare terras, alere lucis pabulo
Convexa cuncta; et invicem regionibus
650 Cer*tis* negari candidam Phœbi facem;
Resi[stere alto nam jugum cacumine,
Quod ab occidente quando sese ad extimos
Septemtriones porrigit, mundi duo
Latera atque solis dividit meta vias.]
Meridianam quum secuerit orbitam,
Quum lumen axi Atlantico inclinaverit,
Ut in supremos ignem Hyperboreos agat,
Achæmenioque semet ortui ferat,
Discreta in æthræ flectitur curvo ambitu,
660 Metamque transit; quumque nostro obtutui
Jubar negarit, tetra nox cœlo ruit,
Cæcæque nostra protinus tenebræ tegunt:
Dies at illos clara tunc illuminat,
Septemtrione qui superposito rigent:
Quum rursus umbra nostri Arctoos habet,
Genus omne nostrum splendidum ducit diem.
Meat amnis autem a fonte per Tylangios,
Per Daliternos, per Chabilcorum sata,
Cemenicum et agrum (dura sat vocabula,
670 Auremque primam cuncta vulnerantia;
Sed non silenda tibimet ob studium tuum
Nostramque curam), panditur porro in decem
Flexus recursu gurgitum, stagnum grave
Plerique tradunt: inserit semet dehinc
Vastam in paludem [30], quam vetus mos Græciæ
Vocitavit Accion, atque præcipites aquas
Stagni per æquor egerit: rursum effluns
Arctansque sese fluminum ad formam, dehinc

plonge pas sous l'horizon, qu'il ne s'enfonce dans aucune mer, qu'il ne se cache jamais, mais qu'il fait le tour du monde, suit une course oblique dans le ciel, donne la vie à la terre, nourrit de sa lumière bienfaisante l'immensité des cieux; que Phébus refuse tour à tour à certaines régions son ardent flambeau : une montagne s'y oppose avec son haut sommet qui, se prolongeant depuis l'occident jusqu'à l'extrême septentrion, divise en deux parties l'étendue du monde et la route du soleil. Lorsque le soleil a dépassé son midi, qu'il a incliné sa lumière vers l'Atlantique, afin de porter ses feux chez les Hyperboréens les plus reculés, et de reparaître pour les contrées de la Perse, il se dirige, suivant la courbe du cercle, vers cette autre partie de l'espace, il dépasse la limite du mont, et quand il a dérobé son éclat à notre vue, une sombre nuit descend du ciel, d'épaisses ténèbres couvrent aussitôt nos climats; mais alors un jour brillant éclaire ceux qui habitent au-dessus de nous le rigoureux septentrion. Quand de nouveau l'ombre des nuits enveloppe l'Ourse, toute notre race jouit d'une lumière éclatante.

De sa source le fleuve coule à travers les Tylangiens, les Daliternes, les champs des Chabilques et le territoire céménique (mots assez durs et qui d'abord blessent l'oreille, mais que je ne dois pas te taire, à cause de ton ardeur pour l'étude et de mon zèle); puis il décrit, par des retours sur lui-même, dix sinuosités : plusieurs rapportent qu'alors c'est un étang immobile. De là il entre dans un vaste lac, que les Grecs ont coutume de nommer Accion, et il pousse ses flots impétueux à travers le lac tranquille; il en sort ensuite, se resserre en un lit à la manière des autres fleuves, puis il roule vers les abîmes

Atlanticos in gurgites[31], nostrum in mare
Et occidentem contuens, evolvitur,
Patulasque arenas quinque sulcat ostiis.
ARELATUS illic civitas adtollitur,
Theline vocata sub priore sæculo,
Graio incolente. Multa nos Rhodano super
Narrare longo res subegerunt stylo.
At nunquam in illud animus inclinabitur,
Europam ut isto flumine et Libyam adseram
Disterminari[32]; Phileus[33] hoc quanquam vetus
Putasse dicat incolas : despectui
Derisuique inscitia hæc sit barbara,
Et compete[nte denotetur nomine.]
Cursus carinæ biduo et binoctio est :
Gens hinc Veragri, Bergineque civitas,
Salyes atroces, oppidum Mastramelæ
Priscum paludis, terga celsum prominens,
Quod incolentes Citharistium vocant :
Massilia et ipsa est; cujus urbis hic situs :
Pro fonte litus præjacet; tenuis via
Patet inter undas; latera gurges adluit,
Stagnum ambit urbem, et unda lambit oppidum
Laremque fusa : civitas pæne insula est :
Sic æquor omne cespiti infudit manus,
Labos et olim conditorum diligens
Formam locorum et arva naturalia
Evicit arte : si qua prisca te juvat
Hæc in novella nominum deducere.

[Cetera desiderantur.]

Atlantiques, regardant à la fois notre mer et l'occident, et creuse la vaste grève de cinq embouchures.

Là s'élève la cité d'Arelate, appelée Théline à une époque plus ancienne, quand les Grecs l'habitaient. Bien des motifs nous ont engagé à écrire longuement sur le Rhône. Mais jamais mon esprit ne se pliera à affirmer que ce fleuve sert de séparation à l'Europe et à la Libye, quoique l'ancien Philée dise que telle était l'opinion des habitants : cette ignorance barbare ne peut qu'exciter nos mépris et nos rires ; il faut lui donner le nom qu'elle mérite. Après une navigation de deux jours et de deux nuits, on trouve les Véragres, la ville de Bergine, les Salyes féroces, l'ancienne ville du marais Mastramèle, un promontoire à la croupe élevée, que les habitants appellent Citharistium, et Massilie elle-même, dont voici la position : devant un lac s'étend le rivage de la mer ; un chemin étroit s'ouvre entre les eaux ; la mer en baigne les flancs, le lac entoure la ville, et les eaux se répandent même dans les rues et dans les maisons : la cité est presque une île. Ainsi la main des hommes a fait pénétrer la mer dans les terres, le travail assidu des anciens fondateurs a triomphé à force d'art de la forme des lieux et de la nature du territoire. S'il te plaît de changer les anciens noms en nouveaux . . . .

[Le reste manque.]

NOTES

SUR LES RÉGIONS MARITIMES.

1. — *Probe* (v. 1). Quelques commentateurs ont cru que ce Probus était un des principaux personnages de l'empire; mais aucune preuve ne vient confirmer cette opinion. Probus est simplement présenté par Aviénus comme un jeune homme auquel il est étroitement attaché par les liens du sang et ceux de l'affection, recommandable surtout par son amour pour la science.

2. — *Sallustium* (v. 33). Il est probable que l'ouvrage dans lequel Salluste avait donné une description du Palus Méotide était autre que son grand ouvrage sur l'histoire romaine.

3. — *Hecateus istic, etc.* (v. 42 et suiv.). La plupart des écrivains dont Aviénus fait ici l'énumération sont bien connus : Hécatée de Milet est souvent cité par Hérodote; Philéas se trouve mentionné dans Étienne de Byzance; Scylax de Caryandée, rappelé par Strabon (liv. xiv), a laissé un périple qui a été imprimé plusieurs fois; Damastes est cité par Strabon, Denys d'Halycarnasse, Valère Maxime, Pline, Plutarque, Suidas; le nom de Cléon de Sicile se rencontre dans Étienne de Byzance.

4. — *Scythicum ut profundum, et æquor Euxini sali* (v. 69). Cette espèce de programme donné par Aviénus nous prouve que nous avons perdu une grande partie de l'*Ora maritima*. Le livre qui nous reste est employé presque tout entier à la description de l'Espagne; de là au Pont-Euxin, que de pays ont dû être parcourus et décrits!

5. — *Æstrymnin* (v. 91). Des commentateurs se perdent en conjectures sur ce qu'Aviénus entend désigner par cette île *Æstrymnis*. Nous ne déciderons pas si c'est ou non une des Cassitérides.

6. — *Himilco Pœnus* (v. 117). Ce voyage d'Himilcon dans les régions septentrionales de l'Atlantique est moins célèbre que le voyage d'Hannon dans les régions méridionales de la même mer,

le long de la côte occidentale d'Afrique. C'est Hannon, dont le périple est si estimé de Montesquieu.

7. — *Cespitem Ligurum* (v. 132). On ne sait trop où placer ces Liguriens, à moins que ce ne soit sur les côtes de la Gaule septentrionale.

8. — *Ophiusam* (v. 148). Il ne faut pas confondre cette Ophiuse d'Avienus avec celle dont parle Strabon (liv. III); il paraîtrait que notre auteur a voulu désigner par là une partie assez considérable du continent située sur le golfe de Sucron.

9. — *Quodque Sardum nuncupant* (v. 150). Cette partie de la mer Intérieure qu'Avienus appelle Sardienne était située sur les côtes de la Mauritanie, non loin des colonnes d'Hercule.

10. — *Vix luce quarta* (v. 180). Il y a ici une difficulté dans l'évaluation des distances qui paraît inexplicable. Avienus n'aurait-il pas compilé deux auteurs d'opinions différentes, sans s'occuper de les mettre d'accord?

11. — *Infernæ Deæ* (v. 241). Cette déesse des enfers est-elle Proserpine? est-elle Hécate? Strabon (liv. III) place dans ces parages un promontoire de Diane avec un temple consacré à cette divinité. Il est possible qu'Avienus ait eu en vue le même temple.

12. — *Cassiterum* (v. 260). Étymologie sans valeur.

13. — *Geryona* (v. 264). Étymologie aussi bizarre et aussi peu probable que la précédente. Toutes deux rappellent celles de Varron.

14. — *Juba* (v. 280). Il est question de ce Juba qui vivait du temps d'Auguste, et qui mourut dans la dixième année du règne de Tibère. C'est le fils du Juba qui embrassa le parti de Pompée et qui après sa défaite se tua avec Petreius. Il fut élevé à Rome, reçut d'Auguste une partie de la Mauritanie, et fit plusieurs ouvrages, dont le principal était intitulé Συγγράμματα περὶ Λιβύης. Il paraît que ce dernier, consacré à la description géographique de l'Afrique, avait été composé surtout d'après des livres carthaginois.

15. — *Duumviratu* (v. 283). Les *duumvirs* étaient les premiers magistrats de la curie municipale.

16. — *Dionysius* (v. 331). Denys le Périégète.

17. — *Dici ut auctor Plautus est* (v. 347). Plaute, en effet, se sert plusieurs fois de l'expression *vertit barbare* dans les prologues de ses comédies.

18. — *Atheniensis Euctemon* (v. 350). Avienus donne à Euctémon indifféremment le nom d'Athénien ou d'habitant d'Amphipolis, parce que cette ville était une colonie d'Athènes.

19. — *Tantum patere, quantus œstus Bosporo est* (v. 374). Cette assertion contredit le passage de sa *Description* dans lequel Avienus affirme que le Bosphore est le moins large de tous les détroits.

20. — *Caspium mare* (v. 399). C'est l'erreur que nous avons déjà signalée. On croyait, malgré l'autorité d'Hérodote, que la mer Caspienne était un golfe de l'océan Glacial.

21. — *Libyphœnices* (v. 421). Il y avait des Libyphéniciens plus connus que ceux d'Espagne; c'étaient ceux des environs de Carthage, où la population tyrienne s'était mêlée à la population africaine.

22. — *Sub sono Graio* (v. 436). Ce nom grec était probablement Πιτυεύς ou Πιτυών.

23. — *Bebryces* (v. 485). Ces Bébryces ne sont pas ceux dont le roi fut vaincu par Pollux au combat du ceste. Amycus régnait en Mysie. Il y avait encore d'autres Bébryces en Gaule. *Voir* la note 25.

24. — *Cypselam* (v. 527). On peut conjecturer, d'après la position et d'après la ressemblance nominale, que *Cypsela* est la même ville que *Iccsalis*.

25. — *Narbo civitas* (v. 585). Suivant Tzetzès, scoliaste de Lycophron, les habitants de Narbonne portaient aussi le nom de Bébryces. Anvers, 1305, Ἕτεροι Βέβρυκες ἔθνος Γαλατῶν, οἳ καλεῦνται Ναρβωννήσιοι.

26. — *Alcyone quies* (v. 596). L'alcyon profite du calme de la mer pour établir son nid sur les eaux.

27. — *Blasco.... insula* (v. 599). Entre le Rhône et les Pyrénées, à deux mille pas d'Agde, est un mont que les habitants nomment Brescon, et en face, dans la mer, une île nommée également Brescon. L'île Brescon ne serait-elle pas l'île Blasco, et le mont Brescon, ce cap blanc dont il est question dans le vers précédent?

28. — *Setius inde mons tum et Procerus arcem et pinifer*, etc. (v. 604). On croit que ce mont est le même que celui qui porte aujourd'hui le nom de cap de Cette. Il est vrai que le cap de Cette est dégarni d'arbres; mais en 1622, le dernier des Montmorency fit abattre, pour former un camp, les pins qui le couronnaient.

29. — *Vi truci sulcat sola* (v. 635). L'impétuosité du Rhône a toujours été célèbre. Claudien, *Consulat de Mallius*, v. 53 :

Lentus Arar, Rhodanusque ferox......

30. — *Vastam in paludem* (v. 672). Avienus veut probablement parler du lac Léman.

31. — *Atlanticos in gurgites* (v. 676). Il n'était permis qu'aux anciens géographes de la Grèce, et aux poëtes tels qu'Apollonius de Rhodes, de croire que le Rhône avait des embouchures sur l'Océan. C'est le tort d'Avienus, d'avoir suivi plutôt ces anciens géographes, que Strabon et tous ceux qui avaient éclairci la matière.

32. — *Europam ut isto flumine et Libyam adseram Disterminari* (v. 684). N'y aurait-il pas de la puérilité à relever une erreur aussi grossière ?

33. — *Phileus* (v. 685). Le texte est probablement altéré ; il semble qu'il faille *Phileas*, ce géographe cité plus haut et dont parle Étienne de Byzance.

RUFI FESTI AVIÈNI
PHÆNOMENA ARATEA.

Carminis inceptor¹ mihi Jupiter; auspice terras
Linquo Jove; excelsam reserat dux Jupiter æthram;
Imus in astra Jovis monitu; Jovis omine coelum,
Et Jovis imperio mortalibus æthera pando.

Hic statio, hic sedes primi patris; iste paterni
Principium motus, vis fulminis iste corusci,
Vita elementorum, mundi calor, ætheris ignis,
Astrorumque vigor, perpes substantia lucis,
Et numerus celsi modulaminis²; hic tener aer,
Materiæque gravis concretio; succus ab alto
Corporibus coelo; cunctarum alimonia rerum;
Flos et flamma animæ, qui discurrente meatu
Molis primigenæ penetralia dura resolvens
Implevit largo venas operatus amore,
Ordinis ut proprii foedus daret; iste calorem,
Quo digesta capax solidaret semina mundus,
Inseruit. Rite hunc primum, medium, atque supremum
Vox secreta canit sibi; nam permixtus utrimque,
Et fultus sese geminum latus, unus et idem est
Actor agendorum, propriique patrator amoris,
Et mundi vere pastor sacer. Hic chaos altum

RUFUS FESTUS AVIENUS.

LES PHÉNOMÈNES D'ARATUS.

C'est par Jupiter qu'il faut commencer ce poëme ; c'est sous les auspices de Jupiter que je quitte la terre ; c'est lui qui nous ouvre les profondeurs du ciel ; nous allons aux astres par le conseil de Jupiter ; inspiré par lui, soumis à ses ordres, j'arrache pour les mortels le voile qui leur couvrait les cieux.

L'éther est le séjour, le sanctuaire du Créateur premier ; c'est lui qui est le principe du mouvement générateur, lui qui est l'essence de la foudre éclatante, la vie des éléments, la chaleur du monde, le feu éthéré, la force des astres, la substance éternelle de la lumière, l'harmonie du céleste concert ; lui qui est l'air subtil et la matière pesamment entassée, le suc versé du haut du ciel dans les corps, l'aliment de toutes choses, la fleur et la flamme de la vie ; lui qui, dans sa course vagabonde, amollissant les dures entrailles du chaos, a fait activement circuler dans ses veines un vaste amour, afin de lui donner l'harmonie d'un ordre durable ; c'est lui qui a répandu la chaleur, pour que le monde la reçût et rangeât les germes suivant une règle fixe. Une voix intérieure nous dit qu'il est à bon droit le commencement, le milieu et la fin ; car, s'étendant du commencement à la fin des choses, s'appuyant sur ces deux extrémités, il est le seul et toujours

Lumine perrumpit ; tenebrarum hic vincula primus
Solvit, et ipse parens rerum fluitantia fixit.
Hic dispersa locis statuit primordia justis.
Hic digestorum speciem dedit; iste colorem
Imposuit rebus, sexuque immixtus utroque,
Atque ævi pariter gemini, simul omnia lustrans
Sufficit alterno res semine. Rerum opifex hic,
Hic altor rerum, rex mundi, celsa potestas
Ætheris atque Erebi ; rapida inclinatio cœli ;
Insociabilium discretio justa Deorum ;
Cujus et extremum tellus opus; ignea cujus
Lumina sunt late, sol, et soror ; ille diei
Tendat ut infusi rutilum jubar ; altera noctis
Ut face flammanti tenebrosos rumpat amictus.
Nec desit genitis pater ullo in tempore rebus.
Istius ille anni pulcher chorus, alta ut hebescat
Terra gelu, ver ut blandis adrideat arvis,
Pulverulenta siti tellurem et torreat æstas,
Et gravis autumni redeat fetura parentis.
Hoc duce per tumidi ferimur freta gurgitis ; isto
Præceptore solum gravibus versamus aratris ;
Iste modum statuit signis ; hic rebus honorem
Infundit ; tenebris hic interlabitur æthræ,
Viscera et æthereos animans genitabilis artus.

DENIQUE ne longum marcentia corda jacerent,
Mundanique ortus mens immemor, omnia sensim
Vilia conciperet, neque se subduceret unquam
Fontis in æterni primordia, quo velut amnis,
Quem festina citis urget Natura fluentis,

le même mobile de tout ce qui se peut faire, le créateur de l'éternel amour, et véritablement le pasteur sacré de l'univers. C'est lui qui le premier a brisé les chaînes des ténèbres, et, de sa propre puissance, a fixé les choses flottantes. C'est lui qui a établi dans le lieu qui leur convient les principes dispersés. C'est lui qui a disposé les espèces par ordre, qui a donné la couleur aux objets; lui qui, fondu dans les deux sexes, jouissant également des deux vies, fécondant tout à la fois, produit tour à tour par les deux semences. C'est lui l'artisan des choses, lui le nourricier des choses, le roi du monde, le souverain pouvoir du ciel et de l'Érèbe, le mouvement rapide du ciel qui s'incline, la limite nécessaire entre les dieux d'attributs incompatibles; c'est lui qui a fait enfin la terre; lui qui a fait ces flambeaux dont le feu brille au loin, le soleil et sa sœur, l'un pour répandre la lumière éclatante dont le jour est inondé, l'autre pour déchirer de sa torche enflammée les voiles sombres de la nuit. Et le créateur en aucun temps ne manque à ce qu'il a créé. A lui appartient ce beau chœur des saisons, qui fait que tour à tour la terre est engourdie profondément par la gelée, le printemps sourit dans les campagnes charmantes, l'été poudreux embrase la terre altérée, l'automne fécond revient chargé de fruits. C'est lui qui nous guide à travers les flots de la mer soulevée; c'est d'après ses leçons que nous retournons le sol avec les charrues pesantes; c'est lui qui établit une règle pour les astres; c'est lui qui répand la beauté dans les choses; c'est lui qui se glisse à travers les ténèbres de l'espace, animant toutes les parties de l'air de sa force génératrice.

Enfin, de peur que les cœurs ne languissent dans un long abattement, et que l'esprit, oubliant la naissance du monde, ne conçût peu à peu toutes les choses d'une manière grossière, et ne pût s'élever jusqu'aux origines de cette source éternelle qui, semblable à un fleuve que la nature empressée pousse en rapides courants, s'écoule

Lapsu continuo ruiturae in corpora nostra
Prorumpunt animae, ser' nqae per aethera nectunt.
Hic primum Cnidii radiu senis [3] intulit astris,
Mortalemque loqui docuit convexa Deorum :
Cur Hyperionios Nepa circumflecteret ignes?
Autumni reditu cur sub gelido Capricorno
Bruma pruinosi juga tristia solveret anni?
Cur spatium lucis madidae cum tempore noctis
Libra celerque Aries dimenso pondere Olympi
Æquarent? Qua parte polus sublimior alto
Cardine caeruleas Thetidis non tangeret undas?
Quis polus umbrifero lateat declivis in axe,
Et vaga palanti cur signa errore ferantur?
Quae rursum ingenio numerisque Solensibus [4] idem
Jupiter efferri melius dedit incola Tauri,
Musa ut Cecropios superaret et Aonas agros.
Me quoque nunc similis stimulat furor, edere versu
Tempora, quum duris versare ligonibus arva
Conveniat; quum velivolo dare carbasa ponto;
Et quum viticomo crinem tondere Lyaeo.
O mihi nota adyti jam [5] numina Parnassei!
O, per multa operum mea semper cura, Camoenae!
Jam placet in superum visus sustollere coelum,
Atque oculis reserare viam per sidera; major,
Major agit mentem solito Deus, ampla patescit
Cirrha mihi, et totis se Helicon inspirat ab antris.

ARCTOS.

Omnia quae flammis pingunt radiantibus aethram,
Nox agit, et verso ceu fixa trahuntur Olympo.
At non cuncta tamen signorum in lege putanda;

avec les âmes prêtes à s'élancer dans nos corps et disposées en chaîne à travers l'espace; c'est lui qui a d'abord porté jusqu'aux astres le compas du vieillard de Cnide et a enseigné un mortel à parler de la sphère divine. Vous vous demandez pourquoi le Cancer arrête la marche du soleil? pourquoi à la fin de l'automne, sous le Capricorne glacé, le solstice d'hiver détache le joug de l'année blanche de frimas? pourquoi la Balance et le Bélier rapide, mesurant le poids de l'Olympe, partagent également le temps de la lumière brillante avec celui de la nuit? dans quelle partie le pôle plus élevé que la hauteur de l'axe ne touche pas les eaux azurées de Thétis? quel pôle va en s'inclinant se cacher dans l'ombre de l'axe? et pourquoi des astres errants sont emportés dans une course vagabonde? Voilà ce que ce même Jupiter, hôte du Taurus, a donné au génie et à la poésie de Soli de traiter d'un essor supérieur, au point que cette Muse a vaincu les gloires de l'Attique et de l'Aonie. Moi aussi les fureurs d'Apollon me pressent aujourd'hui de dire en vers quel temps est convenable pour travailler les champs avec les durs hoyaux, pour livrer à la mer les voiles d'un navire, pour tailler la vigne, dont Bacchus aime à ceindre son front. O divinités de l'antre du Parnasse, déjà connues de moi! O Muses, mon souci éternel au milieu d'une foule de travaux! Déjà je veux porter ma vue dans les hauteurs du ciel, ouvrir à mes yeux une route à travers les astres; plus grand, plus grand que jamais, le Dieu agite mon esprit, la vaste Cirrha s'ouvre à moi, et l'Hélicon mugit dans ses cavernes profondes.

L'ARCTUS.

Tous les corps qui sillonnent le ciel de flammes rayonnantes sont poussés par la nuit, et tournent comme attachés à l'Olympe qui les entraîne. Tous pourtant ne doi-

Nam numeris et honore carent; micat omnibus ignis,
Et rutilo cunctis flagrat coma flammea crine;
Sed quia non certa formarum luce notantur
Omnia sideribus, cassum fit cetera volgus.
Mobilis en etiam mundi se machina versat,
Ponderis et proprii trahit inclinatio coelum;
Sed non axis item curvi vertigine fertur
Ætheris, ut stylus instabili convolvitur orbi,
Ipse manens tenuisque procul sacra viscera coeli
Perforat, et mediæ molem terræ tenet; illum
Non prolixa dies, non incumbentis Olympi
Cursus agit, motatve loco labor, ut semel hærens
Constitit, et ferri se circum cuncta remisit.

TERMINUS extremo dispar polus. Oceano pars
Sublime erigitur, subit altera mersa sub undas
Pars Erebum, et nigri jacet hæc ut conscia Ditis:
Hic Notus; horriferis aquilonibus illa rigescunt,
Ac teres in gemina stridit vertigine cardo.
Alter in obtutum facilis latet; alter et alto
Deprimitur barathro. Sed qua sublimior axis
Tethyos undosæ linquit cetosa fluenta,
Contemplare sacras ut mundus subjicit Arctos.
Sic astrum dici Cnidius dedit; Ausone easdem
Voce feras Ursasque et Plaustra vocare solemus:
Fabula namque, ursas[6]; species dat, plaustra videri.
Has pater omnipotens nemorosi in valle Lycei
Adsuetas duris quondam venatibus, æthræ
Intulit, et rapto genitricis flore sacravit.
Vel, ceu fama dehinc docet altera, Creta ubi fluctu
Tunditur insanis late circumsona Cauris,

vent pas être comptés parmi les astres, comme ne jouissant pas d'un signe distinctif qui les classe; tous sont brillants de feux, tous étincellent du rouge éclat d'une chevelure enflammée; mais comme ils n'ont pas tous une forme particulière de lumière qui les distingue, ceux qui en sont privés font une multitude sans nom. La machine même du ciel est mobile et tourne entraînée par son propre poids; mais l'axe n'est pas emporté par le tournoiement de la voûte céleste, comme une aiguille qui suit la rotation d'une sphère : il reste immobile; de sa longue pointe il perce les entrailles sacrées du ciel, et il soutient la masse du centre de la terre; ni la longueur, ni le mouvement du ciel qui s'incline, ni la fatigue ne peuvent l'entraîner ni même l'ébranler, depuis le moment où il s'est fixé fortement, laissant tout se mouvoir autour de lui.

Il est terminé à ses deux extrémités par les pôles opposés. L'un s'élève au-dessus de l'Océan; l'autre, plongé sous les flots, va gagner l'Érèbe, où il demeure comme en présence du noir Pluton : celui-ci est vers le Notus, celui-là est engourdi par les affreux aquilons, et l'axe arrondi crie sur son double pivot. L'un s'offre facilement aux regards, l'autre est enfoncé dans le profond abîme. Mais à l'endroit où l'axe plus élevé laisse les eaux de Téthys avec ses monstres marins, voyez dans le ciel la situation des Arctus sacrés. C'est le nom que l'astronome de Cnide leur a donné; en langue ausonienne nous les appelons d'ordinaire *Ursæ* (Ourses) et *Plaustra* (Chariots) : ourses, d'après la fable; chariots, d'après la figure sous laquelle ils apparaissent. Ces ourses, accoutumées jadis aux chasses pénibles dans la vallée du Lycée couvert de bois, le puissant Jupiter les transporta au ciel et les consacra, après qu'il eut ravi la virginité de leur mère. Ou bien, comme l'enseigne une autre tradition, là où la Crète battue par les flots résonne au loin sous le furieux vent du

Jupiter has idem rerum memor indultarum,
Et custoditæ referens pia dona salutis,
Quum puer agrestes inter Curetas, et inter
Dictææ longum latuit crepitacula rupis,
Scandere flammigerum victor permisit Olympum,
Nescia signa salis, nocturnique inscia casus,
Hospita et insanis aquilonibus : haud tamen ollis
Ora vel adverso sunt obvia pectora motu :
Versa Lycaoniis sed suspectatur in ursis
Forma super, pariterque polo vestigia librant,
In spinam et flammis ardentia dorsa jacentes.
Sic Jovis altrices teretem prope cardinis axem,
In caput, inque humeros Helice Cynosuraque versæ
Præscia venturis dant semper signa procellis.
Namque Helice Graios, Tyrios Cynosura per altum
Parva regit ; non ulla facem succenderit umquam
Stella prior, neque flammigeros eduxerit ortus
Ante alia, immerso quum jam Titanius orbe
Imbuerit tremulo Tartessia terga rubore,
Cressia quam flammas inter primordia noctis
Major agat, vultusque sacros ostendat Olympo.
Illa licet parvo jaceat Temone per æthram,
Verior in fidem 7 tamen est currentibus æquor.
Cardine nam certo convertitur ; huic, mora longos
Pigra tenet gyros, quæ, ceu remorata, parumper
Flectitur, ac tardo cohibet cunctamina lapsu ;
Sed quia Sidoniis dux est Cynosura carinis [8],
Rectior undoso cursus sulcatur in æstu.

DRACO.

Inter utramque dehinc præclari nominis Arcton,
Ceu circumflexo sinuantur flumina lapsu,

Caurus, Jupiter, se souvenant des soins qu'il avait reçus et du pieux bienfait qui lui avait conservé la vie, alors qu'il se cacha enfant chez les Curètes sauvages et au milieu des cymbales de la roche Dictéenne, permit aux ourses, après sa victoire, de monter dans l'Olympe enflammé; astres qui jamais n'ont touché la mer, qui jamais n'ont subi les ténèbres du coucher, et qui sont les hôtes des aquilons furieux. Cependant elles ne vont pas à la rencontre l'une de l'autre en se présentant la tête ou la poitrine; mais les ourses, filles de Lycaon, apparaissent en haut comme deux figures opposées, tenant leurs pieds à égale distance du pôle, et s'appuyant sur leurs épines dorsales étincelantes de feux. Ainsi, près de l'axe arrondi du pôle, les nourrices de Jupiter, Hélicé et Cynosure, opposées par la tête et par les épaules, annoncent continuellement les tempêtes à venir. Hélicé guide les Grecs, et Cynosure, la plus petite, guide les Tyriens à travers la mer; quand le soleil, laissant l'univers dans l'ombre, jette sa tremblante rougeur sur les plaines de Tartessus, aucune étoile n'allume son flambeau et ne se lève resplendissante de lumière, avant que la grande Ourse ne lance ses rayons au milieu du crépuscule et ne montre à l'Olympe sa face sacrée. Quoique Cynosure n'étende dans le ciel que le petit Chariot, elle offre un présage plus assuré à ceux qui courent la mer. Elle tourne sur un pivot fixe ; au lieu que l'autre décrit lentement de longs cercles, et, comme retenue, elle dévie un moment, retardée dans son cours paresseux; mais parce que Cynosure sert de guide aux vaisseaux tyriens, ils sillonnent d'une course plus droite les flots de la mer.

LE DRAGON.

Entre les deux Arctus, dont le nom est si connu, le Dragon, semblable au cours sinueux d'un fleuve, dé-

Squameus agmen agens *Draco* volvitur, atque obit ambas
Spirarum curvis anfractibus. Hunc quoque ubi artus
Longius effusum spatiosa volumina tendunt,
Compta Lycaoniis includunt Plaustra choreis.
Qua caput est Helices, fundunt sese ultima monstri
Agmina, et hac cœli vix cauda in parte quiescit.
Altera qua spiræ sinus est, sublime reponit
Verticis, et curvo ceu circumclusa Dracone,
In dorsum alterius dorso jacet Anguis; ab ore
Vertitur, ac longe postremam lapsus in Arcton,
Rursum majoris repetit confinia signi.
Nec quæ stella caput flammarum insignit honore,
Sola micat, solave rubent incendia crista;
Sed setosa duplex adolet duo tempora fulgor,
Et duo sub geminis oculi fulgoribus ardent.
Unicus ignis item mento æstuat, ipsæque forma
Verticis in nutum veluti curvata parumper,
Qua per dimensos demittitur ordo meatus,
Flectitur, atque Helices caudam spectare videtur,
Cujus in extremum spatio propiore per æthram,
Sibila protenti succedunt ora Draconis.
Quin super illa etiam summæ confinia caudæ
Stella subit, dextri quæ temporis igne coruscans,
Æmula vicinis accendit lumina flammis;
Ad declive caput vertexque obliquior astris,
Hac in parte sacri procumbere cernitur axis;
Qua pater Oceanus rutili reparator Eoi,
Occasus ortusque salo moderante coercet,
Et gemina alternæ miscet divortia metæ.

ENGONASIS.⁸

Inde pruinoso si lumen ab usque Dracone
In convexa feras, oculosque in proxima mundi

roule dans sa marche son corps couvert d'écailles, et entoure les deux constellations de ses replis onduleux. Et réciproquement, dans les endroits où, s'allongeant le plus, il étend ses vastes anneaux, les Chariots l'enferment dans les rangs des étoiles Lycaoniennes. Vers la tête d'Hélicé se répandent les derniers replis du monstre, dont la queue peut à peine être contenue dans cette partie du ciel. L'autre Ourse, à l'endroit où le Dragon roule sa spirale, incline le sommet de la tête, et, comme enveloppée dans cette courbe, elle oppose son dos au dos du Serpent ; lui, se repliant à partir de la tête, et glissant vers la dernière des Arctus, regagne de nouveau les limites de la plus grande constellation. L'étoile qui décore son front de l'éclat de sa flamme ne brille pas seule, le feu n'embrase pas seulement sa crête ; mais une double lumière brille à ses tempes soyeuses, et ses yeux s'allument d'un double éclair. Sa gueule aussi produit la flamme ; la figure du monstre se tourne, comme courbée par un mouvement de tête passager, du côté où le groupe des constellations est lancé dans l'espace ; elle semble regarder la queue d'Hélicé, vers l'extrémité de laquelle, à un intervalle de ciel très-rapproché, le Dragon allonge sa gueule sifflante. Aux dernières limites de cette queue se place une étoile qui resplendit sur la tempe droite du Serpent, et allume ses yeux d'un éclair pareil aux feux voisins. Cette tête inclinée, ce front qui est de biais avec les astres, paraît s'appuyer sur cette partie de l'axe sacré où l'Océan, qui répare les feux du soleil rougissant, en règle les couchers et les levers par le frein de la mer, et joint les deux points les plus éloignés de sa course.

L'AGENOUILLÉ.

Si du Dragon glacé vous portez vos regards dans le ciel, et que vous tourniez vos yeux à côté, vers la région

Declines, qua parte globo tumet altior ortus,
Illa laboranti similis succedet imago
Protinus, expertem quam quondam dixit Aratus
Nominis, et cujus latuit quoque causa laboris;
Panyasi sed nota tamen, cui longior ætas
Eruit excussis arcana exordia rebus.
Nam dura indomiti memorat sub lege tyranni
Amphitryoniaden primævo in flore juventæ,
Qua cedunt medii longe secreta diei,
Hesperidum venisse locos, atque aurea mala,
Inscia quæ lenti semper custodia somni
Servabat, carpsisse manu; postquam ille novercæ
Insaturatæ odiis serpens victoris ab ictu,
Spirarumque sinus et fortia vincula laxans,
Occubuit, sic membra genu subnixa sinistro
Sustentasse ferunt, sic insedisse labore
Devictum, fama est; ac tum Tirynthius æthra
Inclytus et solio fultus sublime paterno est.
Jupiter hanc speciem, miseratus acerba laborum,
Reddidit, et talem cerni permisit Olympo.
En manus ipsa Dei violenta in verbera pendens
Erigitur, dextræque dehinc impressio plantæ
Tempora deculcat maculosi prona Draconis.

CORONA.

Poplite succidui qua sideris ampla fatiscunt
Terga dehinc, mersumque jacet sublime humerorum,
Aspice ceu rutilis vibret lux Gnosia flammis:
Hæc quondam Bacchi monumentum fulget amoris;
Hæc Ariadnæi capitis testatur honorem.
Trina ter illustrant hanc lumina; parsque Coronæ
Serpentem vicina subit, qua sibila in Arcton

où le Serpent gonfle le plus haut ses anneaux, cette constellation de l'Agenouillé se présentera à la suite, sous l'image d'un homme qui fait effort. Aratus a dit autrefois qu'elle n'avait point de nom, et qu'il ignorait la cause de l'effort; mais Panyasis l'a connue : une vie plus longue lui en a révélé les principes mystérieux. Il rapporte que, sous la dure loi d'un tyran indompté, le fils d'Amphitryon, dans la fleur de la première jeunesse, vint dans ces lieux impénétrables aux rayons du midi, au jardin des Hespérides, et qu'il cueillit de sa main les pommes d'or confiées à la garde imprévoyante d'un lourd sommeil. Après que le serpent envoyé par une marâtre insatiable dans sa haine, frappé d'un coup vainqueur, et relâchant les fortes étreintes de ses replis sinueux, eut succombé, on dit qu'Hercule l'écrasa ainsi de son genou gauche, on dit qu'il se posa ainsi sur le monstre abattu; et depuis, le héros de Tirynthe a reçu une place glorieuse au ciel, appuyé sur le trône sublime de son père. Jupiter, touché des durs travaux qu'il avait essuyés, a donné cette forme à sa constellation; il a voulu qu'on vît sous cet aspect son fils dans l'Olympe. Voici la main même du dieu qui s'élève, suspendue pour frapper violemment, et son pied droit qui presse, écrase le front abattu du Dragon livide.

LA COURONNE.

A l'endroit où se courbe le vaste dos de l'astre agenouillé, et où le sommet de ses épaules se noie dans l'étendue, voyez comme la constellation de Gnosse darde des flammes ardentes : elle brille, antique monument de l'amour de Bacchus; elle témoigne de l'ornement qui décorait la tête d'Ariadne. Neuf flambeaux la distinguent; une partie de la Couronne se trouve sous le Serpent, là où le Dragon, inclinant sa gueule vers l'Arc-

Ora Draco inclinans stridet flabris Aquilonis;
Post tergum Nixi pars volvitur, ac velut hærens
Rursum defessi reseratur nuntia signi.

OPHIUCHUS.

Istius extremo sub vertice, vertice quippe
Sideris Innixi, clarum nosces Ophiuchum.
Triccæi[11] sidus stat nominis, et cui pingui
Thure Epidaureæ fumant altaria sedis.
In Styga decursis Parcarum ab origine fusis
Merserat Hippolytum sors ultima; jamque, per imas
Cocyti tenebras et stagna nigrantia Ditis,
Portitor ille Charon Thesidæ fata vehebat.
Hic immaturi sed enim miseratus acerbum
Leti supplicium, Neptunique aspera jussa,
Algentes artus Erebo procul intimo ab usque
Suscitat, atque animæ rursum tepefacta calore
Viscera mundanas revocat medicator in oras.
Non tulit Omnipotens, ortu cuiquam generato
Deucalioneo[12] fas esse, novissima fata
Vincere, et incassum decurrere pensa Sororum;
Moxque trisulca polo jaculatus fulmina celso,
Et super aeriæ vibrans incendia flammæ,
Morte repertorem medicinæ audacis in umbras
Dejicit; at gnati reparans solatia Phœbo,
Asperaque exstincti miseratus fata nepotis,
Surgere nocturno jubet inter sidera motu.
Hic ergo insignes ardens venas Ophiuchus,
Hic rigidos artus formæ Anguitenentis honore
Arduus, hic tantos humeris vibrantibus ignes
Evomit, ut pleno quum Luna nitescit in orbe,
Menstruaque ingenti jam tempora dividit ortu,

tus, siffle avec les Aquilons; l'autre partie se déroule derrière le dos de l'Agenouillé ; elle semble s'y attacher, et proclame de nouveau la gloire de ses travaux.

LE SERPENTAIRE.

A l'extrême sommet de cette constellation, c'est-à-dire de l'Agenouillé, vous verrez le brillant Serpentaire. L'astre porte le nom du dieu de Tricca, en l'honneur duquel l'encens, sur les autels du temple d'Épidaure, dégage son épaisse fumée. D'après le mouvement imprimé par la fatalité aux fuseaux des Parques, la mort avait plongé Hippolyte dans le Styx; et déjà, à travers les ténèbres profondes du Cocyte et les sombres marais de Pluton, le nocher Charon portait les destins du fils de Thésée. Esculape, déplorant le dur supplice d'une mort prématurée et les ordres cruels de Neptune, retire du plus profond de l'Érèbe les membres glacés d'Hippolyte, et, réchauffant ses entrailles au souffle d'une respiration renaissante, le rappelle par son art aux rivages du monde. Le Tout-Puissant ne souffrit pas qu'un homme osât renouveler le prodige de Deucalion, vaincre la mort, et frapper d'impuissance les fuseaux tournants des Sœurs. Bientôt du ciel élevé il lance le triple trait de sa foudre, il darde l'incendie du feu céleste, et précipite dans les ombres de la mort l'auteur de cette cure audacieuse. Mais, consolant Phébus de la mort de son fils, et touché lui-même de l'amère destinée de son petit-fils, il le place au milieu des astres, pour qu'il s'élève la nuit dans le ciel.

Là le Serpentaire, avec ses veines brûlantes, avec ses membres fièrement tendus dans la position d'un homme qui tient un serpent, fait jaillir de ses épaules étincelantes des rayons si vifs que, lorsque la lune brille en son plein et marque le milieu des mois par l'ampleur de son disque, la lumière ne pâlit pas sur ses épaules devenues

Nequaquam lentis obscurior ex humeris lux
Marceat; at manibus non compar flamma rubescit:
Nam suffusa levi resplendent ultima luce;
Sed cerni sunt prompta tamen, postremaque parco
Igne micant. Ille angue manum consertus utramque
Erigitur, serpensque dehinc elabitur ambas
Flexilis, et medium cingit spiris Ophiuchum;
Quem super hærentem plantarum mole duarum
Scorpios in geminas effusus viscera parteis,
Adflictusque oculos, maculosaque pectora pressus,
Sustinet. Attiguas evolvitur Anguis in auras,
Agmine non æquo, neque tanta volumina compar.
Nam qua dextra manus sinuoso adfigitur Angui,
Parcius ab domino terga explicat, altera porro
Plurimus, ac multo per lævum pondere lapsus
Funditur, et rutilo qua lux sedet ignea mento,
Usque Ariadnææ sese vicina coronæ
Lubricus inclinat. Post spiram brachia quondam
Formidata truci suspexeris Orioni:
Heic concessa etenim curvis minitatio Chelis.
Huc falcata Chii repserunt cornua monstri [13],
Sidereæ nimium facis indiga; namque hebes ollis
Ignis, et obtuso marcent incendia crine.

BOOTES.

Callisto rutilat stellis, quibus usque ferina
Prona sit effigie, quo cardine torquet et axem
Semper inocciduis adtollens lampada flammis
Arctophylax, sive, ut veteres cecinere, Bootes,
Famosa Arcadici testans commenta tyranni.
Et licet instanti similis, similisque minanti
Terga Helices juxta premat arduus, haud tamen unquam

plus sombres. Mais ses mains ne rougissent pas d'une flamme égale ; une lueur légère se répand seulement à leur extrémité ; toutefois elles sont faciles à voir, et dardent encore quelques feux. Le dieu élève ses deux mains serrées autour du serpent, et le reptile, échappant à l'étreinte qui le presse, glisse et entoure de ses replis le Serpentaire par le milieu du corps. Celui-ci se tient debout, les deux pieds appuyés sur le Scorpion, qui, étendant son corps en deux parties, les yeux écrasés, la poitrine meurtrie, lui sert de support. Le serpent se déroule dans l'étendue voisine, mais en replis inégaux, et non plus en si larges anneaux. A l'endroit où la main droite serre le Serpent sinueux, il ne déploie loin de son maître que de courtes ondulations ; à la main gauche, il est plus étendu, il laisse tomber le poids de son corps, et à l'endroit où une lueur de feu rougit sa gueule, il s'incline jusque vers la couronne d'Ariadne. Derrière ces replis, vous apercevrez les bras du Scorpion, jadis redoutés du fier Orion : là encore la menace a été accordée à ses Pinces recourbées. Les cornes du monstre de Chio viennent ramper là en forme de faux ; elles ne jouissent pas de l'éclat ordinaire des astres, elles n'ont qu'une lumière sans force, et leurs feux pâles, que des rayons émoussés.

LE BOUVIER.

Calisto est brillante d'étoiles qui lui donnent l'aspect d'un animal renversé, et autour desquelles, comme pivot, tourne avec son flambeau, dont les flammes ne s'éteignent jamais, le Gardien des Arctus, ou, suivant les anciens poëtes, le Bouvier, rappelant les histoires tristement célèbres du tyran d'Arcadie. Et quoique, pareil à un homme qui presse et qui menace, il se penche avec ardeur à la suite d'Hélicé, cependant il ne lui

In picturatæ plaustrum procurrere matris
Fas datur, antiqui quoniam contagio in illo
Criminis, et veterum prohibetur culpa malorum.
Nec minus in membris lux olli maxima vibrat
Omnibus, ardet apex capiti, micat ignea late
Dextera flammam, humeri flammam movet.... instar
Inter utrumque femur, qua se confinia lucis
Diducunt pedibus, major qua luminis aura
Verberat, et rutilo sidus magis æstuat astro.
Nam locus Arcturo sacer,.... adscribitur, illic
Aurea qua summos [14] adstringunt cingula amictus,
Ebria flammanti consurgit stella rubore.

VIRGO.

Qua protenduntur vestigia summa Bootis,
Quaque per immensum circumflagrantibus astris.
Circulus obliquo late jacet Astriger orbe,
Contemplare sacros subjectæ Virginis artus.
Quam, te, quam memorem? Sive est genitor tibi summus
Jupiter, ex Themide in terras demissa parente;
Seu patris Astræi clarum es genus, aurea cujus
Sidera sunt proles [15], et qui pro munere morum
Inculpabilium nomen dedit omnibus astris;
Aut Pelusiaci magis es Dea litoris Isis,
Digna Poli, consors et cura latrantis Anubis [16];
Seu tu diva Ceres; sic nam tibi flagrat arista,
Et ceu Siriaco torretur spica calore
Protentata manu; seu tu pernicibus alis,
Nec sat certa gradum, viduataque vertice summo
Fluxa polo vertis vestigia, lubrica ut ævum
Sors agat, et subitis obrepat mobile fatum
Temporibus; precor, in terras procul æthere ab alto

est jamais permis de s'avancer sur le char de sa mère étincelante : il en est repoussé à cause de son ancien crime et d'une faute qui a causé tant de maux. Une lumière éclatante n'en brille pas moins sur tous ses membres, une flamme couronne sa tête, sa main flamboyante lance au loin des feux, ses épaules.... entre les deux cuisses, à l'endroit où la lumière se divise pour former les pieds, où l'éclat des rayons frappe plus vivement, et où la constellation brille d'un rouge plus ardent. Car un lieu sacré est assigné à l'Arcture.... là où une ceinture d'or étreint la partie supérieure du manteau, l'étoile se lève enivrée d'une rougeur de flamme.

LA VIERGE.

A l'endroit où se prolongent les derniers pas du Bouvier, et où, parmi les astres qui brillent dans l'immensité, une zone étoilée étend son cercle oblique, contemplez les membres sacrés de la Vierge qui vient à la suite. Comment, ô toi, comment te célébrer ? Soit qu'ayant pour père le grand Jupiter, et pour mère Thémis, tu sois descendue sur la terre ; ou que tu sois l'illustre fille d'Astrée, dont les étoiles d'or sont les rejetons, et qui, en récompense de ses mœurs pures, a donné son nom à tous les astres ; ou bien que tu sois Isis, la déesse du rivage Pélusiaque, digne des honneurs du ciel, compagne et souci d'Anubis aboyant ; ou la divine Cérès, car une gerbe brille en ta main, dont les épis sont brûlés par l'ardeur du Sirius ; ou bien que, portée sur des ailes rapides, le pied chancelant, la tête privée de lumière, tu glisses dans le ciel, comme la fortune volage qui préside au siècle, et comme le mobile destin qui surprend par de soudaines vicissitudes ; je t'en prie, abaisse loin des hauteurs du ciel tes yeux sur la terre ; je te le demande, vénérable déesse, ouvre à mes hymnes une oreille favorable. Toi,

Flecte oculos, placidamque meis venerabilis, oro,
Pande sacris aurem. Tu quum sincera priorum
Vita hominum nullis ageret sub legibus ævum,
Aureaque innocuos servarent sæcula mores
Sponte sua, nec criminibus via prompta pateret,
Inter confusos populorum libera cœtus
Versabare libens, nullique obnoxia culpæ
Corda inhibens, medias casto res more tenebas.
Nullus telluri limes datus, indice nullo
Culta secabantur, neque jam discretio campum
Metiri in dominos monstraverat : omnia rerum
Usurpantis erant; promiscua rura per agros :
Præstiterat cunctis communia cuncta videri.
Denique quum placidas crebro Dea viseret urbes,
" Tectaque justa virum passim succederet, illa
Ferventis late pelagi natura, salumque
Fluctibus instabile, et glauci vada turgida ponti,
Qua senior cano nutrit sub gurgite Nereus
Delphinos virides, et physeteras anhelos,
Ignorata suo seclusaque fine jacebant.
Nulla fides undis; tumido commercia fluctu
Nulla petebantur : neque longis navita terris
Insinuare ratem consueverat, exsul ut oris
Omnibus externas veheret per inhospita gazas
Æquora, et insano penderet sæpe profundo.
Omnia sed cunctis nasci dabat aurea terris
Justitia, et nullo discreverat aere regna.
At postquam argento deformis viluit ætas,
Rarius in terras os inclinabat honestum
Jam Dea, vix summos adlabens denique monteis,
Quum cedente die Phœbus sub nocte propinqua
Occiduus pronos urgeret in æquora currus,

lorsque les premiers hommes vivaient libres, purs de tout vice et de toute loi, que les générations de l'âge d'or conservaient d'elles-mêmes des mœurs innocentes, et que les crimes étaient inconnus, tu allais, franche et joyeuse, parmi la multitude des peuples, et, gouvernant des cœurs exempts de toute faute, tu maintenais le monde dans son innocence primitive. Point de bornes données aux terres; rien n'indiquait la séparation des champs, on ne savait pas encore partager un terrain entre plusieurs maîtres; tout appartenait au premier occupant, les campagnes restaient indivises; la Vierge avait appris à tous à mettre tout en commun. Enfin, alors que la déesse visitait fréquemment les villes paisibles, et qu'elle entrait çà et là sous les toits des hommes justes, cet élément de la mer qui bouillonne au loin, ces flots mobiles, ces vagues soulevées du sombre Océan, où le vieux Nérée nourrit sous le gouffre écumant les verts dauphins et les souffleurs haletants, tout cela dormait, ignorant son but, et en restant écarté. On ne se confiait pas à la mer; on ne tentait pas le commerce sur les flots bouillonnants; nul marin n'engageait son vaisseau vers de lointains pays, afin de porter, exilé de tous les rivages, des richesses étrangères à travers les mers inhospitalières, et d'être souvent suspendu sur l'abîme furieux. La Justice dorée permettait à toutes les terres de tout produire, et n'avait point dispensé aux royaumes des climats différents.

Mais quand cet âge dégénéré devint le siècle d'argent, la déesse abaissait déjà plus rarement son beau visage vers la terre, effleurant à peine la cime des montagnes; à l'heure où le jour finissait, où Phébus aux approches de la nuit descendait et précipitait son char dans les mers, elle se présentait aux yeux des peuples empressés;

Usurpandam oculis sese dabat adcurrentum :
Non ut fessa virum repararet gaudia vultu,
Sed crepula ut late vomeret convicia voce :
« Parcite, vile genus, lacrymis, aiebat, obortis !
Causa querelarum vestrum est scelus, aurea quondam
Judice me vestri vixerunt sæcla parentes.
Degener in vobis animus; solertia vobis
Pervigil; arte nova vitam traducere mos est.
Omne ævum studiis excuditis. Hinc quoque rursum,
Proh pudor atque dolor! nascetur vilior ætas;
Et lacerata genas ibit Bellona per urbes.
Saucia, ut infidas agitent certamina mentes. »
Hæc ubi permœsto rauco congesserat ore,
Alite procursu sese in convexa ferebat
Protinus, atque oculos fugiens exosa sequentum
Linquebat cœtus hominum. Ruit hæc quoque rursum
Vivendi series, ac successere pudendo
Ærea sæcla habitu : fraus ilicet, et furor ardens,
Atque cruentus amor chalybis, segnisque libido,
Et malesuada lucri rabies subit; omnia terror
Degener, ac mœstæ facies formidinis implet.
Secreti indomitus vada gurgitis ultima versat
Tiphys¹?; Agenoreo color hinc mentirier ostro
Incipit, Assyriumque bibunt nova vellera succum,
Ebria ut externo splendescat lana veneno.
Sic justa in populos mox Virginis inculpatæ
Exarsere odia, et cœlum pernicibus intrat
Diva alis, spatiumque sibi subvecta per auras,
Unde procul terras summa vix cerneret æthra,
Propter anhela libens late capit astra Bootis.
Istius extremis humerorum partibus urget
Stella facem, qualique rubent incendia flamma,

non pour ranimer par son aspect la joie éteinte dans leur cœur, mais pour jeter ces reproches d'une voix au loin retentissante : « Race avilie, disait-elle, cessez de faire couler mes larmes. La cause de mes plaintes, c'est votre crime. Autrefois vos pères ont, sous mes auspices, vécu dans un siècle d'or. Mais votre cœur s'est corrompu ; chez vous l'artifice veille ; vous vous habituez à des mœurs nouvelles ; vous vous forgez toute une vie de passions. Et même, ô honte ! ô douleur ! un siècle plus mauvais doit encore naître, et Bellone, les joues déchirées, ira par les villes soulever dans les âmes la défiance et l'ardeur des combats. » Après leur avoir adressé ces plaintes d'une voix triste et rauque, elle retournait aussitôt dans les cieux d'un vol rapide ; et, fuyant avec dégoût les regards qui la suivaient, elle laissait la foule des hommes. A son tour cet ordre de choses s'est aussi écroulé, et les siècles d'airain sont venus à la suite avec leurs mœurs honteuses : avec eux la fraude, la fureur ardente et la sanglante passion des armes, et la débauche énervée, et la rage du gain, cette mauvaise conseillère ; partout une basse terreur, qui couvre le visages d'un triste effroi. L'indompté Tiphys tourmente les plus lointains parages de l'abîme des mers, puis les couleurs commencent à se déguiser sous la pourpre menteuse des Tyriens, et les toisons nouvelles boivent la teinture d'Assyrie, la laine brille saturée d'un poison étranger. Ainsi une juste haine a enflammé contre les peuples la Vierge sans tache, et la déesse entre au ciel sur ses ailes rapides ; portée à travers les airs, elle se choisit près de l'astre haletant du Bouvier un espace d'où elle puisse du haut de l'empyrée jeter au loin ses regards sur la terre.

A l'extrémité des épaules du Bouvier une étoile montre son flambeau ; et de même que l'on voit briller d'un rouge

Quæ subjecta procul caudam majoris ad Ursæ
Vertice brumalis circumvolvuntur Olympi :
Talis utrique modo simul et fulgore micat lux
Plurima; quippe procul clare fax ardet in Arcton.
Nec contemplandi labor anxius; omnia primis
Obvia ceu vibrant obtutibus; unus ab ore
Quæ sunt prima fere vestigia, præminet ignis;
Altera, qua pedibus regio est clunalibus, ardet
Stella itidem, genibusque dehinc se tertia promit,
Æmula qua rutilæ flagrant confinia caudæ.
Non tamen his species, non sunt cognomina certa,
Sed permixta simul vulgi vice convolvuntur.

GEMINI.

Illa quidem supero conserta relabitur axe,
Inscia piscosi semper salis. Ipsius autem
Subjectos capiti Geminos tibi cernere fas est,
Spartanam, Geminos, sobolem, prolemque Tonantis
Egregiam, et patrio post reddita numina cœlo.
Nam Lacedæmoniis Mars quum caluisset Aphidnis [18],
Castora Cecropii tulit inclementia belli.
At frater, lucemque et fata superstitis ævi
Exosus, sortem lacrymis efflagitat æquam :
Protinus alternæ germanos tempore vitæ [19]
Jupiter adtollit, cœlique in celsa receptans
Æternæ flagrare facis jubet ignibus ambo.

CANCER.

Alvo Helices Cancer subvolvitur : astraque Cancro
Juno novercales ut semper proderet iras,
Præstitit. Hic etenim, Lernæi gurgitis Hydram
Ureret Alcides quum flammiger, ausus in ipsum

éclatant les astres qui, placés près de la queue de la grande Ourse, tournent avec le ciel du solstice d'hiver, de même brillent plusieurs étoiles dont chacune a sa lumière et son cours particulier : leur foyer resplendit près de l'Arctus. Il n'est pas difficile de les voir ; elles présentent comme d'elles-mêmes leurs rayons aux premiers regards : une d'abord se trouve non loin de la tête, presque à l'endroit où sont les pieds de devant ; une autre brûle dans la région où sont les pieds de derrière, et une troisième s'élève des genoux, à l'endroit où étincellent les deux flammes placées près de la queue flamboyante. Toutefois elles n'ont ni forme ni dénomination particulières ; elles roulent confondues avec la multitude des astres.

DES GÉMEAUX.

La dernière constellation attachée aux régions supérieures du ciel, remonte sans avoir jamais connu la mer poissonneuse. Au-dessous de sa tête, vous pouvez voir les Gémeaux, rejetons de Sparte, race illustre du dieu tonnant, divinités rendues au ciel, leur patrie. Mars ayant porté sa fureur aux champs lacédémoniens d'Aphidna, la guerre cruelle d'Athènes fit périr Castor. Mais son frère, ne pouvant supporter la lumière et la douleur de lui survivre, implore avec larmes le même sort : bientôt Jupiter enlève les deux frères aux alternatives de leur vie nouvelle, et, les recevant au haut des cieux, il les fait briller d'un éternel flambeau.

LE CANCER.

Sous le ventre d'Hélicé se roule le Cancer ; Junon a donné une constellation au Cancer, pour qu'il témoignât éternellement de ses fureurs de marâtre. Celui-ci, en effet, quand Hercule de sa torche brûlait l'Hydre du marais

Repere victorem ; qua duro concava dorso
Tegmina curvantur, geminus micat ardor in auras:
Hos dixere Asinos ortos Thesprotide terra,
Et sidus, Lenæe, tuum. Disterminat aer
Crassior hos. Itidem qualis præsepibus esse
Forma solet, dispar Chelarum flamma coruscat.
Namque tribus stellis adoletur dextera Cancro ;
Læva duas pigro succendit fomite flammas.

LEO.

Qua postrema pedum rutilant vestigia in Arcto,
Maxima flammigeri mundus trahit ora Leonis.
Membra dehinc, longi qua sese semita cœli
Plurima protendit, torrentur fomite acuto
Singula, et assiduis ardet Leo viscera flammis.
Hic Hyperionii flagrat via solis, et isto
Se duce cærulei referunt momenta caloris.
Tunc succisa Ceres strati cum mergite culmi
Construitur, flavos tondentur semina crines
Omnia, et advectas late coquit area messes.
Tunc et Threicii repetunt animosa Aquilones [20]
Flabra polo; tunc Oceanum stata flamina cœli
Propellunt pelagus; longis hoc tempore in anni
Otia sunt remis; pontus vehit ipse carinas.

AURIGA.

Aurigatorem par sit quoque cura videre;
Namque tuas aures implebit fabula solers
Cretæi pecoris. Hæc lac memoratur alumno
Infudisse Jovi Capra, nutrix dicta Tonantis:
Stelligero subvecta polo est. Ille impiger autem
Pulcher Erichthonius currus et quatuor olim

de Lerne, osa ramper contre le vainqueur. De la cuirasse arrondie qui couvre son dos, une double flamme jaillit dans les airs : ces flammes sont dites les Anes de Thesprotie, et forment ton astre, ô Bacchus. Elles sont séparées par un air nébuleux. Semblables aux Crèches, les pinces du Cancer brillent d'un éclat inégal ; la droite est embrasée par trois étoiles, et à la gauche deux flammes seulement laissent tomber des rayons engourdis.

LE LION.

A l'extrémité ardente des pieds de l'Arctus, le ciel entraîne la gueule immense du Lion flamboyant. Tous ses membres, dans la vaste étendue du cours céleste, sont embrasés d'un feu vif ; des flammes continuelles brûlent les entrailles du Lion. Là le chemin du soleil est en feu ; et sous cette constellation se marquent les moments d'une chaleur que ne tempère aucun nuage. Alors les blés coupés sont entassés en gerbes qui jonchent la terre ; alors vont tomber les barbes des blonds épis, et l'aire broie partout les moissons qu'on lui apporte. Alors les Aquilons de la Thrace redemandent au pôle leur souffle vigoureux ; alors des vents périodiques descendent du ciel sur l'Océan ; à cette époque de l'année les rames jouissent d'un long repos ; la mer porte d'elle-même les navires.

LE COCHER.

Considérez aussi le Cocher. Vos oreilles entendront la fable ingénieuse de la Chèvre de Crète. On rapporte que cette chèvre allaita Jupiter enfant, et on l'appelle la nourrice du dieu tonnant : elle a été placée au pôle étoilé. Quant au Cocher infatigable, c'est le bel Erichthonius, qui autrefois attela quatre chevaux à un char ; il se tient penché à la gauche des Gémeaux, et, allongeant son

Junxit equos, pronus qui non procul in Geminorum
Læva jacet, fusoque super se corpore tendit
Plurimus, adque Helices caput inclinatur ab ore.
Ille quidem in spatium membra explicat; at Capra lævo
Fixa humero clare sustollitur; ipsius autem
Fine manus parvas Hœdorum suspice flammas.
Qui postquam Oceano sese expediere sonoro,
Sæva procellosis immittunt flabra fluentis,
Ut spumosa truci pulsentur litora fluctu,
Et vaga cæruleas involvant æquora puppes.

TAURUS.

Nec minus Aurigæ qua'sunt vestigia curvi,
Cornigeri late tenduntur pectora Tauri.
Illic setosam pecoris perquirere frontem
Esto memor: flexo jacet illic crure, minaces
In terram figens oculos; tum cetera signa
Flammarum similem procul inter sidera formam
Ostentare valent: gemino sic cornua ductu
Erigit ætherii vigor ignis, et ignis utrimque
Sic camuris ardet protractibus; haud tibi signis
Perquirenda aliis pecoris frons æquore surget
Oceano; proprio Taurum deprenderis ore:
Cornua sic vera sub imagine curva dehiscunt:
Sic mediam creber pecori frontem asperat ignis:
Sic Hyades Tauri toto procul ore coruscant.
At Boream lævo qua Taurus acumine pulsat,
Desuper Aurigæ dexter pes imminet astro.
Una pedem Aurigæ dextrum, cornuque sinistrum
Stella tenet pecoris; simul in convexa feruntur:
Sed prior occidui Taurus subit æquoris undas.

corps, il s'étend immense, incliné vers la tête d'Hélicé, du côté de la face. Cependant il déploie ses membres dans l'espace; sur son épaule gauche il porte la Chèvre, qui s'élève brillante; à l'extrémité de sa main, voyez les faibles feux des Chevreaux. A peine sont-ils sortis de l'Océan bruyant, qu'ils déchaînent des vents terribles sur les mers orageuses : les rives blanches d'écume sont frappées par la vague en furie; et les flots vagabonds enveloppent les sombres vaisseaux.

LE TAUREAU.

Cependant, à l'endroit où sont les pieds du Cocher incliné, s'étend la large poitrine du Taureau armé de cornes. C'est là qu'il faut chercher le front soyeux de l'animal; il est là, le jarret ployé, attachant sur la terre des regards menaçants; et de même que les autres signes du zodiaque peuvent montrer de loin, parmi les astres, leur forme flamboyante, de même ses cornes jaillissent en deux vigoureux traits de flamme, et le feu s'allume de deux côtés à leurs pointes recourbées. Le front du Taureau, sur lequel vous chercheriez en vain d'autres signes, s'élève des plaines de l'Océan; vous le reconnaîtrez à sa figure particulière : ainsi les cornes s'ouvrent en courbe de même que chez un vrai Taureau, ainsi une double flamme brille en aigrette au milieu de son front; ainsi les Hyades forment tout autour de son mufle un cortége éclatant. Du côté où le Taureau repousse le Borée de ses cornes, le pied droit du Cocher domine et menace cet astre. Une même étoile lie le pied droit du Cocher et la corne gauche du quadrupède; ils sont emportés ensemble dans le ciel; mais le Taureau entre le premier dans les eaux de la mer d'Occident.

CEPHEUS.

Nec mea Musa senem tacitum Cephea relinquet:
Iasidem quoque summa poli Cephea revolvunt;
Illum quin etiam rutilæ pater intulit æthræ,
Donavitque polo. Tergum Cynosuridos Ursæ
Post habitat, geminasque manus a pectore tendit.
At diducta pedes tantum hinc mensura seniles
Dividit, extremo quantum pede distat ab Ursa:
Non eget hujus enim sedes sacra luminis hilum.

CASSIEPEIA.

Rursum declivi si visum tramite vergas,
Prima tibi ut flexi linquatur spira Draconis,
Infortunatam spectabis Cassiepeiam.
Sed nec multa tamen, quum cœlum lumine toto
Luna replet, tetram ut superet fax aurea noctem,
Occurret genitrix oculis quærentibus. Absunt
Lucida mœrenti; tenuis rubet ignis, et ægræ
Lux hebes est matri : vix qualem Caria quondam
Noverat intrantem per claustra tenacia clavem.
Formatur stellis distantibus; inque humeros vix
Tenditur angustos; natæ fera fata retundunt.

ANDROMEDA.

Namque subest, teretisque poli simul orbe rotatur
Andromeda, ingenti quæ semper luce coruscans
Sponte oculos in membra rapit; face denique vertex
Ardet anhelanti, geminamque per aera fundunt
Lucem humeri, et summis lux æstuat ignea plantis.
Ignea quin etiam per cœlum cingula flagrant
Andromedæ, et toto vibrant in corpore flammæ.

CÉPHÉE.

Ma Muse ne laissera pas de côté Céphée, ce vieillard taciturne ; Céphée, fils de la Nymphe Iasis, roule aussi dans les hauteurs des cieux ; lui aussi a été placé par son père dans la sphère étoilée, et a reçu les honneurs du ciel. Il se tient derrière l'Ourse Cynosure, et étend ses deux mains en avant de la poitrine. La distance qui sépare les pieds du vieillard est la même que celle qui le sépare de l'extrémité du pied de l'Ourse ; sa lumière se projette jusque sur les reins sacrés de cette constellation.

CASSIÉPÉE.

Si vous ramenez votre vue de la pente du chemin céleste, de manière à laisser de côté les premiers replis du Dragon tortueux, vous verrez la malheureuse Cassiépée. Trop faible pour que son flambeau d'or, au moment où la pleine lune répand toute sa lumière dans le ciel, puisse vaincre les ombres de la nuit, telle se présente cette mère aux yeux qui la cherchent. Désolée, elle n'a point d'éclat ; une légère lueur rougeâtre, une lumière sans force est le partage de l'affligée : ce n'est point ainsi que la Carie l'avait connue autrefois, alors qu'elle était la clef qui ouvrait les plus solides barrières. Cette constellation est formée d'étoiles espacées ; elle étend à peine ses bras comprimés ; les tristes destins de sa fille l'accablent.

ANDROMÈDE.

Au-dessous se trouve Andromède, qui tourne avec le ciel arrondi ; la vaste lumière dont elle brille toujours attire involontairement les yeux sur ses membres ; une torche ardente s'agite sur sa tête, ses bras étendent à travers l'air une double clarté, et des flammes tremblent à l'extrémité de ses pieds. Bien plus, l'écharpe en feu d'Andromède flamboie dans l'espace, et tout son corps

Sed tamen hic etiam vivax est poena dolenti;
Nam diducta ulnas magna distendit in æthra,
Vinculaque in coelo retinet quoque; tenuia quippe
Brachia contortis adstringunt vincula nodis.

EQUUS.

Rursus odorato qua vertex crine tumescit,
Andromedæ capiti succingitur indiga pleni
Alvus Equi, summo qua fax in vertice vibrat
Virginis, inque auras cornu vice surgit acuti.
Ipsa sub abscisso late micat aurea ventre
Cornipedis; simul hunc lux indiscreta renectit;
Communique rubent duo semper sidera flamma.
Treis latus atque armos aliæ pecoris pinxere,
Et spatio disjuncta pari fax æmula flagrat.
Plurimus ignis inest, vasto globus æstuat orbe.
Sed non et capiti similis rubor, ipsaque cervix,
Quamvis procero surgat juba maxima collo,
Languida marcenti vix est spectabilis igne.
Ultima quæ mento sese explicat, haud minor illa
Quatuor est primis, quæ formam lumine claro
Cornipedis simulant. Non hic Equus integer artus,
Non quadrupes coelo sustollitur; at tenus alvo
Erigitur media; nam cetera pone negantur,
Et quatit ætherias primis modo cruribus auras.
Namque hunc Aonio quondam memorant Helicone,
Inclyta post Lyciæ redeuntem bella Chimæræ,
Mystica qua rupes doctis obmurmurat antris,
Herbarum carpsisse comas, et gramine odoro
Explevisse famem; sed quum sitis arida fauces
Ureret, ac nullo manaret gurges hiatu,
Illisisse pedem, cornuque excita repente

est radieux. Et pourtant là encore une douleur éternelle la tourmente; forcée d'écarter ses bras dans l'étendue, elle conserve des fers jusqu'au ciel; ses faibles bras subissent l'étreinte de chaînes aux nœuds serrés.

LE CHEVAL.

A l'endroit où la chevelure parfumée d'Andromède forme une touffe sur le sommet de sa tête, là où brille un flambeau sur le front de la jeune fille, le Cheval la couronne de ses flancs creux, et se dresse en l'air comme une corne aiguë. Elle répand au loin un éclat doré sous le ventre divisé du Cheval, dont les différentes parties se rejoignent par une ligne de lumière; les deux constellations rayonnent d'une flamme commune. Trois étoiles dessinent les flancs et les épaules de l'animal, et, séparé par un égal intervalle, il brille d'un pareil éclat. Le feu s'y montre en abondance, et étincelle dans un cercle flamboyant. Mais la tête n'offre pas une splendeur pareille, et le cou lui-même, quoiqu'il s'élève surmonté d'une immense crinière, laisse voir à peine les rayons mourants d'un feu qui s'éteint. La dernière étoile, étendue sur la mâchoire inférieure, ne le cède pas aux quatre premières, dont la clarté vive figure le Cheval. Toutefois ce n'est pas avec tous ses membres, ce n'est pas avec ses quatre pieds que ce Cheval se dresse dans le ciel; il s'élève à partir du milieu du ventre; les membres de derrière font défaut, et les pieds de devant frappent seuls le vague de l'air. On rapporte qu'étant sur l'Hélicon Aonien, au retour de la guerre fameuse entreprise contre la Chimère de Lycie, là où la roche mystérieuse fait murmurer ses doctes antres, il brouta les têtes des plantes, et le gazon odoriférant apaisa sa faim; mais comme une soif brûlante desséchait son gosier, et que nulle source ne s'élançait de ce sol aride, il le frappa de son pied, et sous son

Lympha camœnalem fudit procul Hippocrenen.
Aones hoc latici posuerunt nomen equino
Pastores. Strepit hæc placido inter saxa susurro,
Atque Helicone cadens sese sitientibus herbis
Inserit, Ascræas donec vaga gurgite valles
Vivificet. Rigat hac animas et Thespia pubes
Semper, et in latices inhiat gens fontis alumni.
Ast Equus alterno redit inter sidera motu,
Oceanique salo caput exserit. Haud tibi magni
Cura laboris erit cœlo spectare sereno
Cornipedem; micat ille procul flagrantibus astris,
Et perfusa recens educit pectora ponto.

ARIES.

Tunc celer ille Aries, longi qui limitis orbe
Æthera percurrens, nunquam Cynosuridos Ursæ
Segnior ablapsu convertitur; haud procul astro
Visus Equi, magno celsum secat aera motu.
Parcior hic rutilæ semper facis, indigus ignis
Spectatur justi. Nam quanti luminis astra
Esse solent, aciem quibus aurea Luna retundit,
Marcida Lanigeri tantum se forma sub auras
Exserit; in tenui quamquam primordia Phœben
Orbe habeant, nullumque decus Dea proferat ore.
Sed licet hunc oculis frustra sectere per æthram,
(Nam semper propriis caret ignibus) en tibi propter
Andromedæ claro rutilantia cingula in astro
Suspectanda patent. Vocat ingens Balteus ultro
Quærentem; non longa Aries statione remotus,
In convexa redit; parvo se tramite subter
Distinet, et medio cœlum citus ordine currit,

sabot jaillit soudain l'Hippocrène, répandant une eau chère aux Muses. Les bergers aoniens ont donné ce nom à la fontaine du Cheval. Elle glisse avec un paisible murmure entre les cailloux, et, tombant de l'Hélicon, elle s'engage dans les herbes altérées, jusqu'à ce qu'elle anime de son cours vagabond les vallées d'Ascra. La jeunesse thespienne abreuve continuellement son intelligence à ses eaux, et la nation cherche d'une bouche avide la docte source. Mais le Cheval, par un retour périodique, revient au milieu des astres, et montre sa tête hors de l'Océan. Il ne vous sera pas difficile de le voir par un temps serein; il étincelle au loin d'étoiles embrasées, et présente son poitrail encore humide des eaux de la mer.

LE BÉLIER.

Vient ensuite ce rapide Bélier, qui, décrivant dans l'espace un cercle d'une vaste circonférence, suit sans jamais être en retard le mouvement de l'Ourse Cynosure; apparaissant non loin du signe du Cheval, il coupe le ciel de son cours immense. Toujours ménager des feux de son flambeau, on le voit manquer de la clarté nécessaire. Ce que les astres ont de lumière, quand la lune émousse leurs rayons de sa splendeur dorée, voilà seulement la faible lueur que le Bélier montre dans les airs, et cela lorsque Phébé naissante n'a qu'un mince croissant, et que la déesse offre un visage sans éclat. Mais, quoique les yeux le suivent difficilement dans le ciel (car il manque de feux qui lui soient propres), à ses côtés l'écharpe d'Andromède, qui brille en constellation lumineuse, frappe les regards. L'immense zodiaque appelle le Bélier qui le cherche; celui-ci, après une courte absence, remonte à la voûte des cieux; il ne fournit qu'une petite carrière en descendant sous les flots, au lieu que, dans sa course rapide à travers le ciel, il le coupe par le milieu;

Ultima Chelarum qua brachia, quaque corusco
Circulus axe means rutilum secat Oriona.

DELTOTON.

Est etiam Graio quod semper nomine nostri
Deltoton memorant. Simile est latus; istud utrimque
Porrigitur; summum signo caput angulus arctat,
Et geminum suprema jugum vicinia mordet.
Tertia, quæ stantes[21] sustentat linea ductus,
Parcior, haud simili sese sub limite tendit,
Et contracta modum gemina face flammigerarum
Stellarum superat. Quin et qua subter in astro
Lanati marcent pecoris, pluvioque tepescunt
Jam vicina Noto, minor istic linea luce
Et fulgore facis prævertitur; at locus olli
Post tergum Andromedæ: sic se tulit ordo dicatus.

PISCES.

Hinc si vicino flectaris lumina visu,
Inque Notum sensim Boreali ab cardine ductus,
Inclinere oculos, proles tibi Dercia, Pisces
Surgent Bambycii[22]; sedes data quippe duobus
Piscibus, ingenti qua celsam circulus æthram
Orbe secat; tendit qua pennæ extrema sinistræ
Ales Equus; mundo qua pectora Laniger alto
Urget, et adverso surgentem corpore Taurum
Respicit: hic medio signantur sidere Pisces.
Quorum alius rigida consurgit in aera forma
Celsior, et Boream propior subit, alter aquarum,
Troicus haurit aquas, funditque ubi Ephebus ab urna,
Pone avidus, jacet in notialia nubila pronus.

à l'endroit où un cercle, tournant sur son axe enflammé, partage l'extrémité des Pinces du Scorpion et l'Orion éclatant.

LE DELTOTON.

Il y a encore une constellation à laquelle, chez nous, on a conservé son nom grec de Deltoton. Ses deux côtés sont semblables et s'étendent sur une même longueur; une étoile marque l'angle qui les joint au sommet; voisine de ce sommet, elle leur attache un double joug. La troisième ligne, celle qui sert de base aux verticales, est plus courte et ne s'étend pas sur une égale dimension; mais, en se raccourcissant, elle surpasse de son double flambeau la mesure ordinaire des étoiles enflammées. De plus, dans l'espace inférieur où pâlit le signe du Bélier, et dans le tiède voisinage du pluvieux Notus, cette ligne perd de l'éclat et du brillant de son flambeau. Elle se trouve placée derrière Andromède. Ainsi est disposée la constellation sacrée.

LES POISSONS.

Si de là vous portez vos yeux à côté, et que, partant du pôle Boréal, vous inclinicz peu à peu vers le Notus, vous verrez s'élever les fils de Dercetis, les Poissons Bambyciens; car une place a été donnée aux deux Poissons, à l'endroit où un cercle coupe le ciel élevé de son orbe immense, où le Cheval ailé étend le bout de son aile gauche, où le Bélier pousse sa poitrine dans les hauteurs de la sphère, et regarde le Taureau qui se dresse contre lui : c'est là que se remarque, au milieu du ciel, la constellation des Poissons. L'un des deux, le plus haut, élève dans l'air son corps en ligne droite, et s'approche de Borée; l'autre, avide des eaux que puise le jeune Troyen et qu'il verse de son urne, est placé par derrière, et se penche vers les nuages du Notus. Cependant, semant au

Sed tamen hi late stellis ex ordine fusis
Nectuntur caudas, et lenta trahuntur utraque
Vincula, per cœlum coeunt quæ singula rursum,
Et rutilo confixa quasi super igne tenentur,
Cœlestem memorat quem solers Græcia Nodum.
Ex humero Andromedæ lævo quoque noscere Piscem,
Qui rigidum celsi suspectat cardinis axem,
Perfacile est; ulnæ nam proximus iste sinistræ
Cærulus erigitur.

PERSEUS.

Quin et vestigia propter
Persea sub volucri par est tibi quærere forma.
In caput inque humeros rotat ægram machina mundi
Andromedam; Thracii nam sub flabris Aquilonis
Nititur alato vindex pede, maxima cujus
Dextera mœrentis solium prope Cassiepeiæ
Tenditur, ingentique dehinc vestigia passu
Pulverulenta quasi cano procul aere pandit.

PLEIADES.

Pleiades femoris pariter sub fine sinistri
Perseus protollit. Locus has habet arctior omnes
Connexas. Lentæ facis haud procul istas
Ostentat rutili lux sideris; ægra sororum
Lumina; nec claro flagrat rubor aureus astro.
His genitor, vero si fluxit fabula fonte,
Pœnus Atlas, subiit celsæ qui pondera molis
Cœliger, atque humero magnum super æthera torquet.
Fama vetus septem memorat genitore creatas
Longævo; sex se rutila inter sidera tantum
Sustollunt. Septem fert fabula prisca sororum
Nomina; sex sese tenui sub lumine reddunt:

loin l'espace de leurs rangs d'étoiles, ils entrelacent leurs queues; chaque queue tire de son côté la chaîne flexible, puis de nouveau se réunit à l'autre dans le ciel; elles sont comme fixées l'une sur l'autre par un astre d'or : c'est ce que la Grèce ingénieuse appelle le Nœud céleste. Près du bras gauche d'Andromède on peut très-facilement reconnaître le Poisson qui regarde la région rigoureuse du pôle supérieur; car il dresse contre la main gauche de la jeune fille son corps azuré.

PERSÉE.

Aux pieds de la même constellation vous pouvez aussi chercher la figure rapide de Persée. La machine céleste fait tourner la triste Andromède en l'entraînant par la tête et les épaules; c'est pourquoi le vengeur aux pieds ailés s'élance sous les vents de l'Aquilon de Thrace; sa vaste main droite s'étend près du trône de l'affligée Cassiépée, et, formant des pas immenses, il allonge ses pieds poudreux dans l'air qui paraît blanchir au loin.

LES PLÉIADES.

A l'extrémité de sa cuisse gauche, Persée soutient aussi les Pléiades. Un étroit espace les réunit toutes. L'astre voisin avec son rouge flambeau montre la pâle lumière des Pléiades; car ces sœurs n'ont qu'un feu défaillant; leur constellation ne brille pas d'un rouge d'or. Leur père, si la fable vient d'une source véridique, est l'Africain Atlas, le soutien du ciel, qui a reçu le poids de cette masse élevée, et qui fait tourner sur son épaule l'immense éther. Une vieille tradition rapporte que sept sœurs doivent le jour à cet antique père; six seulement se montrent au milieu des astres resplendissants. Cette ancienne tradition donne les noms de ces sept jeunes filles, dont six jettent une faible lueur : Élec-

Electra, Alcyoneque, Celæno, Taygeteque,
Et Sterope, Meropeque simul, famosaque Maia
Prole Deo[23] : cerni sex solas carmine Mynthes[24]
Adserit ; Electram cœlo abscessisse profundo
Ob formidatum memorat prius Oriona.
Pars ait Idææ deflentem incendia Trojæ,
Et numerosa suæ lugentem funera gentis,
Electram tetris mœstum dare nubibus orbem,
Sæpius obscuris caput ut sit cincta tenebris;
Nonnumquam Oceani tamen istam surgere ab undis
In convexa poli, sed sede carere sororum,
Atque os discretum procul edere, detestatam,
Germanosque choros sobolis lacrymare ruinas,
Diffusamque comas cerni, crinisque soluti
Monstrari effigie. Diros hos fama cometas
Commemorat tristi procul istos surgere forma,
Vultum ardere diu, perfundere crinibus æthram,
Sanguine sub pingui rutiloque rubere cruore.
Quin Meropen alii, postquam Sisypheia vincla
Et thalamos sævo sortita est omine Divum,
Indignam aeria credunt mage sede fuisse.
Sic anceps numeri sit fabula, sexque per æthram
Vergilias cerni tenet usus; sed simul omnes
Arctavere globum ; ter in auras angulus exit
Flammiger, et mixtis Atlantides ignibus ardent.
Nec tamen est famæ similis vigor; ampla sorores
Fabula nobilitat; modus ollis parcus, et ignis
Vix tenui longe face sit spectabilis; istas,
Alterno redeunt quum bina crepuscula mundo,
Seu nox astrales adolet quum cærula flammas,
Seu matutinus quum sidera disjicit ortus,
Convolvi cœlo summæ pater annuit æthræ.

tre, Alcyone, Céléno, Taygète, Stérope, Mérope, et Maïa, fameuse par le dieu qu'elle a enfanté. Mynthée, dans son poëme, affirme qu'on n'en voit que six ; il rapporte qu'Électre s'enfonça dans les profondeurs du ciel, épouvantée jadis par Orion. D'autres disent que, pleurant l'incendie de Troie placée au pied de l'Ida, et portant le deuil des nombreuses morts que déplore sa nation, Électre cache dans les sombres nuages son disque attristé, de façon que sa tête est souvent ceinte de ténèbres épaisses ; parfois cependant elle s'élève des eaux de l'Océan vers la voûte du ciel, mais elle n'est point à la place de ses sœurs ; elle montre de loin son visage à l'écart, inspirant l'effroi ; le chœur de ses sœurs pleure la ruine de leur race, on les voit avec la chevelure en désordre et flottante. La fable rapporte que ce sont là les comètes qui s'élèvent sous un terrible aspect, le visage étincelant de longues flammes, les cheveux répandus dans l'espace, avec une teinte de sang épais et coloré d'un rouge vif. D'autres encore croient que Mérope, condamnée par la cruelle volonté des dieux aux chaînes de Sisyphe et à son lit nuptial, ne fut plus digne de la demeure céleste. Ainsi la tradition sur leur nombre est incertaine, et l'on a coutume de reconnaître six Pléiades dans le ciel ; mais toutes se sont serrées en groupe ; trois angles flamboyants s'avancent dans les airs, et ces filles d'Atlas sont embrasées du mélange de leurs feux. Pourtant leur éclat n'est pas aussi vif qu'on le dit ; une renommée trop grande rend ces sœurs illustres ; leurs dimensions petites, et le feu de leur pâle flambeau s'aperçoit à peine. C'est quand l'un ou l'autre crépuscule vient tour à tour dans le ciel qui change, la nuit azurée allumant les flammes des astres, ou le lever du matin dispersant les étoiles, que Jupiter permet aux Pléiades de tourner dans les hauteurs célestes de l'espace. De même quand l'été arrive avec sa brûlante chevelure, ou que l'hiver blanc de frimas ramène la

Nec minus arenti quum crine adtollitur æstus,
Et quum cana comas redit anno bruma rigenti,
Tempora designant. Nam si se gurgite tollunt
Vergiliæ, curvas in flava novalia falces
Exercere dies; si condunt æquore flammas,
Tellurem presso proscindere tempus aratro.

LYRA.

Est Chelys illa dehinc, tenero qua lusit in ævo
Mercurius, curva religans testudine chordas,
Ut Parnasseo munus memorabile Phœbo
Formaret nervis opifex Deus. Hanc ubi rursum
Concentus superi complevit pulcher Apollo [25],
Orphea Pangæo docuit gestare sub antro.
Hic nam fila novem docta in modulamina movit,
Musarum ad speciem Musa satus; ille repertor
Carmina Pleiadum numero deduxerat. At quum
Impia Bassaridum carpsisset dextera vatem,
Et devota virum tegeret Libethra peremptum,
Intulit hanc cœlo miseratus Jupiter artem
Præstantis juvenis, pecudes qua et flumina vates
Flexerat. At Nixi qua semet sidera porro
Sustollunt, lævum propter Chelys hæc femur adstat.
Advolat ast aliud latus Ales, et ore canoros
Tenditur ad nervos : media est Lyra sede dicata
Cycneo capiti, et curvo contermina signo.

CYCNUS.

Namque et sidereis Cycnus secat æthera pennis
Donatus cœlo, non claro lucidus astro;
Sed tamen os flagrans, et guttura longa coruscans.
Grandibus haud equidem stellis, non his tamen atris
Obscurisve micat; trahit in convexa volatum

saison rigoureuse, elles en désignent l'époque. Car si elles s'élèvent de la mer, il est temps d'exercer les faux recourbées sur les moissons jaunissantes ; si elles cachent leurs flammes dans les eaux, le moment est venu de labourer la terre avec la pesante charrue.

LA LYRE.

Puis vient la Lyre dont joua Mercure dans son jeune âge ; c'est ce dieu dont la main habile attacha des cordes sur une écaille de tortue, pour faire à Phébus, roi du Parnasse, un présent mémorable. Quand le bel Apollon retourna compléter l'assemblée des dieux, il enseigna Orphée à jouer de cette lyre sous l'antre du Pangée. Celui-ci, fils d'une Muse, tira de savants accords de la lyre dont les neuf cordes représentaient les neuf Muses ; le premier inventeur n'avait chanté que sur un nombre de cordes égal à celui des Pléiades. Mais quand la main impie des Bacchantes eut mis en pièces Orphée, et que la fontaine Libethra eut couvert de ses eaux sacrées le poëte égorgé, Jupiter plaça la Lyre au ciel, regrettant ce talent avec lequel le jeune chantre avait soumis les animaux et les fleuves. A l'endroit où se soulève la constellation de l'Agenouillé, la Lyre est debout près de sa cuisse gauche. De l'autre côté vole le Cygne, dont la tête s'étend vers les cordes harmonieuses. La Lyre est au milieu des deux constellations, reposant sa base sacrée sur le cou du Cygne, dont elle touche les contours sinueux.

LE CYGNE.

En effet, le Cygne fend l'air de ses ailes étoilées, jouissant des honneurs du ciel, sans être un astre éclatant ; néanmoins sa tête est brillante, et son long cou jette des feux. Si les étoiles dont il étincelle ne sont pas larges, du moins elles ne sont ni sombres ni voilées ; il étend son cou hardi

Perfacilem, et dextro late Cepheida dextram
Radens remigio, summa ad vestigia lævam
Declinatur Equi. Sic magno præpes Olympo
Subvehitur; subit occidui sic marmoris undas.

AQUARIUS.

Nam post Cornipedem flagrant duo sidera Pisces,
Pisces Bambycii. Caput autem subter equinum
Laomedontiadæ[26] se dextera tendit Ephebi.
Ipse dehinc longos insignis Aquarius artus,
Adstat ad hirsuti caudam pulcher Capricorni.

CAPRICORNUS.

Imus ubi australi descendit circulus axe[27]
Signifer, inque Notum rutili cadit orbita solis,
Hispida setosi marcet species Capricorni.
Hic jam Threicio veniens a cardine Phœbus
Vertit iter, pulsusque Deum, mirabile dictu,
Brumalis redigit; non tum mihi longa phaselis
Æquora tententur; non tum freta turbida pinu
Quis petat; angusto decurrit tramite namque
Parva dies, vastoque dehinc deprensus in alto,
Nequidquam pigræ clamarit sidera lucis.
Interea totis Notus acer sæviet undis,
Excitumque salum verret Notus. Aurea solis
Quum nota cornigeri sidus pepulit Capricorni,
Tum dirum cœlo frigus redit; aspera nautis
Tunc sunt fluctivagis; tamen isti sæpe malorum
Immemores agitant totos in fluctibus annos,
Mergorum et phocæ similes; trahit unda paventes,
Ac retrahit; quærunt oculis distantia longe
Litora, et in pontum reagunt lucra semper hiantes.

à travers la voûte céleste, et, rasant de son aile droite la main droite de Céphée, il abaisse la gauche vers l'extrémité des pieds du Cheval. Ainsi il est porté rapide dans le vaste Olympe; ainsi il entre dans les eaux de la mer d'Occident.

LE VERSEAU.

Derrière le Cheval brillent les deux astres des Poissons, des Poissons Bambyciens. Sous la tête du Cheval s'étend la main droite du jeune fils de Laomédon. Ce même Verseau, remarquable par ses membres déliés et par sa beauté, se tient à la queue du Capricorne hérissé.

LE CAPRICORNE.

Nous allons à l'endroit où la sphère étoilée s'incline sur son axe austral, et où le chemin du soleil rayonnant descend vers le Notus. On y voit languir la figure velue du Capricorne hérissé. Là Phébus, venant du pôle glacé de la Thrace, rebrousse chemin, et, chose merveilleuse à dire, le tropique d'hiver ramène à lui le dieu : c'est alors que je ne hasarderais pas mes vaisseaux pour un long voyage, alors personne n'affronterait avec un navire les flots troublés; car le jour est court et fournit une étroite carrière; et le navigateur surpris dans la haute mer invoquerait en vain l'éclat paresseux des astres. Cependant le Notus impétueux se déchaînera sur tous les flots, le Notus balayera la mer soulevée. Quand la borne d'or du Capricorne a repoussé l'astre du soleil, alors un froid cruel revient au ciel, tout est funeste aux marins qui errent sur les flots. Cependant, oublieux de leurs maux, ils passent souvent toute leur vie sur cet élément, semblables aux plongeons et aux phoques; ils éprouvent effrayés le flux et le reflux de l'onde; ils cherchent des yeux les rivages qui se perdent dans l'éloignement, puis, toujours avides de gain, ils se lancent de nouveau sur la mer.

SAGITTARIUS.

Par metus ex pelago tibi sit quoque, sole Sagitta
Quum levis adflatur; quum lux in arundine flagrat
Ignis mundani; quum tela extrema coquuntur;
Quumque Sagittiferi torret vapor aureus Arcus.
Tum quoque si piceam spectaris surgere noctem,
Informem tetris tellurem ut vestiat alis,
Litus ama, fuge solers cærula tegmina noctis,
Exitiumque sali, rabidique pericula ponti
Anteveni, jam solve memor vaga carbasa malo,
Jam prolixarum jaceat rigor antennarum.
Mensis at infausti vel duri sideris index
Scorpius exoriens sit tempore noctis adultæ.
Hic matutino veniens procul æquore telum
Exigit e pelago, telum trahit ultima cauda.
Cunctatur pigro post tergum sidere juxta
Arcitenens, tardos et gurgite liberat artus.
Tum Cynosura et jam maturæ in tempore noctis
Altius in Boream sustollitur; abditur autem
Orion redeunte die; tum brachia Cepheus,
Protentasque manus, mediamque immergitur alvum.

SAGITTA.

Quin norunt aliam Superum convexa Sagittam;
Sed tamen hæc arcu tereti caret; inscia nervi,
Inscia nam domini est; telum super advolat ales,
Ales Olor; sed Threicio conterminus axi
Cana pruinosas extendit colla sub Arctos.

AQUILA.

Armiger hanc etiam Jovis advolat, armiger ignis
Ætherii, sed membra minor. Procul hic tamen alto

LE SAGITTAIRE.

Craignez également la mer, quand la Flèche légère est touchée par le soleil, que la lumière du feu céleste embrase le roseau de cette Flèche, que l'extrémité de la pointe est enflammée, et qu'une vapeur éclatante brûle l'arc du Sagittaire. Alors aussi, si vous voyez se lever la nuit ténébreuse pour envelopper de ses ailes sombres la terre obscurcie, aimez le rivage, fuyez prudemment les ombres de la nuit; évitez les naufrages de la mer et les dangers d'un océan furieux; souvenez-vous de détacher du mât les voiles flottantes, d'amener les vergues étendues. Mais un mois malheureux ou une constellation funeste sont surtout annoncés par le Scorpion, quand il se lève au milieu de la nuit. On le voit au matin tirer de la mer son long dard, le dard qu'il porte à l'extrémité de la queue. Derrière lui gravite lentement le signe paresseux du Sagittaire, dégageant des flots ses membres attardés. Puis Cynosure, quand la nuit est déjà avancée, se lève plus près de Borée; pour Orion, il se cache avec le retour du jour; alors Céphée plonge dans la mer ses bras, ses mains étendues, et son ventre jusqu'au milieu.

LA FLÈCHE.

La voûte céleste connaît de plus une autre Flèche; toutefois elle n'a pas d'arc arrondi; elle n'a point de corde, parce qu'elle n'a point de maître; au-dessus du trait vole un oiseau, cet oiseau est le Cygne; mais, voisin du pôle de Thrace, il allonge son cou blanc vers les Ourses couvertes de frimas.

L'AIGLE.

Vers la dernière constellation vole aussi l'oiseau qui porte les armes de Jupiter, l'oiseau qui porte la foudre

Quum redit a pelago, et movet in convexa volatum,
Fine tenebrarum, summæque in margine noctis,
Spumosum late mare subruit; omnia cœli,
Omnia terrarum mox flabra procacia verrunt.

DELPHIS.

Tum cursus caudam subit inter sidera Delphis[28],
Dux, Neptune, tui quondam super æquor amoris.
Ilic nam detrusæ in latebras procul Amphitrites,
Arduus occiduos humeris ubi sustinet axes
Pleiadum genitor, perruperat hic vagus omni
Gurgite dilectam domino maris ultimo ab orbe.
Mollis dorsa tulit. Breve signo corpus in astris,
Et super hirsutum ponto surgit Capricornum.
Ilic medios artus teter stupet; altera porro
Quatuor illustrat facibus rubor aureus, atque
Bis gemino discreta situ micat ignipotens lux.
Omnia quæ Soli[29] et rigido interfusa Aquiloni,
Ætheris incurvi moles rotat, inque frequentes
Occasus ortusque trahit moderator Olympi,
Sunt digesta mihi; quæ rursum limite abusque[30]
Sese Hyperionio, pluvialis concava in Austri
Demittunt, tetram donec Notus ambiat æthram,
Dicere Romuleo connitor carmine solers.

ORION.

Subtrahit obliquo qua sese circulus orbe[31]
Signifer a Borea, inque australes se gerit umbras :
Sub medii jam mole poli fera pectora Tauri
Suscipit Orion. Neque quisquam nocte serena

sacrée; ses membres sont de petite dimension quand il revient du sein profond de la mer et dirige son vol vers les cieux; à la fin de la nuit et sur les dernières limites des ténèbres, la mer se soulève avec beaucoup d'écume; tout dans le ciel, tout sur la terre est balayé par des vents impétueux.

LE DAUPHIN.

Puis le Dauphin à la queue tortueuse s'avance au milieu des astres, lui qui jadis porta sur la mer tes amours, ô Neptune. Errant sur les ondes, il avait pénétré jusqu'aux retraites où Amphitrite était reléguée, là où le père des Pléiades soutient sur ses hautes épaules les cieux d'Occident; il y était venu des extrémités du monde en parcourant le domaine de la bien-aimée de son maître. Il lui prêta son dos flexible. Son corps ramassé brille faiblement parmi les astres; il sort de la mer au-dessus du Capricorne hérissé. Celui-ci languit, privé de lumière au milieu de ses membres; mais le reste est éclairé par quatre étoiles brillantes comme de l'or, dont les feux tout-puissants étincellent, séparés par quatre intervalles. Tous les astres qui, répandus entre le soleil et le froid Aquilon, tournent avec la masse de la sphère céleste, et sont entraînés par le maître de l'Olympe à se lever et se coucher périodiquement, je les ai décrits par ordre; quant à ceux qui, partant des limites du soleil, descendent vers les profondeurs du pluvieux Auster, jusqu'à l'endroit où le Notus environne le ciel sombre, je tente de les énumérer avec art dans un poëme romain.

ORION.

A l'endroit où un cercle étoilé éloigne de Borée son oblique circonférence et s'incline vers les ombres australes, au-dessous du centre de la voûte céleste, Orion soutient la poitrine du sauvage Taureau. Personne, par

Transierit; celso late se cardine pandit,
Auratumque rubens dimittit balteus ensem.

SIRIUS.

Talis et ipse virum [32] gemina ad vestigia custos
Insequitur. Sic flammigero distinguitur astro
Æthericæ Canis ille plagæ, cui plurimus ardor
Æstuat in mento; multus rubor imbuit ora;
Stridit anhelanti face pestifer, aera motu
Torret, et immodici terras coquit ignibus astri.
Hic varios ardet stellis rutilantibus artus;
Sed non est similis cunctis vigor, undique quippe
Alvus coeanea est; mento gravis effluit ardor,
Qui formidato sub nomine Sirius æthram
Urit: huic rutilos si sol adflexerit axes,
Quantus corporibus, quantus labor imminet agris!
Marcebunt sata cuncta diu; namque indiga succi
Si qua jacent, cedunt valido penetrata calori,
Ac decoctorum languebunt germina florum.
Illa autem, interno quæ sunt animata vigore,
Sirius adtollit, blandusque illabitur herbas,
Sirius et dulci nutrit tepefacta sereno.
Hunc hunc flammanti quum primum vibrat ab ortu,
Auribus atque animo capimus procul; altera si qua
Stellarum fulgent rutila, ut quæ plurima longo
Bellua fert lateri, neque multa luce coruscant,
Et designandis tantum sunt addita membris.

LEPUS.

Parvulus in stellis Lepus est quoque; namque ubi magnus
Emicat Orion gemina ad vestigia subter
Urgetur cursu rutili Canis; ille per æthram

une nuit sereine, ne passera sans le voir; il s'étend au loin dans le ciel élevé ; une épée d'or pend à son rouge baudrier.

SIRIUS.

C'est lui qui, comme un gardien, suit les pas de l'homme. Ainsi l'on distingue, à l'éclat de son astre, ce Chien de la plage céleste, à la gueule duquel flamboient des feux nombreux; une vaste rougeur colore sa tête. Messager de la peste, il fait siffler sa torche haletante, il enflamme l'air de sa course, il brûle les terres des feux de son astre impétueux. Ses différents membres étincellent d'étoiles brillantes; mais toutes n'ont pas le même éclat, car le ventre est partout azuré; de sa gueule coule ce torrent de flammes pernicieuses qui brûle l'air sous le nom redouté de Sirius : si le soleil incline vers lui son disque enflammé, que de maux pour les hommes ! que de maux pour les campagnes ! Tous les champs languiront longtemps : car les plantes altérées périssent par l'effet d'une chaleur violente, et les germes des fleurs se dessècheront. Mais le Sirius aide aussi le développement naturel des végétaux, et répand une heureuse influence sur les plantes ; le Sirius nourrit tout de la tiède douceur d'un beau temps. C'est lui, c'est lui que, dès les premiers rayons de son lever flamboyant, nous distinguons de loin à ses oreilles et à son souffle; si quelques autres étoiles brillent à côté de lui, par exemple, celles que l'animal traîne nombreuses à son flanc allongé, elles ne jettent pas une abondante lumière, et ont seulement été ajoutées pour désigner ses membres.

LE LIÈVRE.

Parmi les étoiles se trouve aussi le petit Lièvre ; à l'endroit où s'élance le grand Orion, et sous ses deux pieds, le Lièvre est poursuivi par le Chien éclatant : il

Effugit instantem, premit igneo Sirius ore.
Auritum primis emittit gurges ab undis;
Ille minax pavidum supereditur, et procul idem
Quum Lepus occiduum sese inclinavit in æquor,
More latebrarum repetens freta, Sirius alto
Defluit ab cœlo, mersumque per humida quærit.

ARGO.

Magnus Iasoniam cauda Canis extrahit Argo
Puppe refulgentem. Neque enim se Thessala [33] cymba
Solenni in faciem monstrat more. Extima puppis
Surgunt oceano : velut alto a gurgite nautæ
Quum portum tenuere, avidi volitantia raptim
Sipara convertunt; tergumque in curva remulco
Litora certatim subeunt simul. Illa marinas
Jam defuncta vias procul imi litoris algas
Pone subit, terramque tenens secura quiescit.
Sic Argo rutilam tantum inter sidera puppim
Ducit, et occultat rigido tenus altera malo.
Sponte gubernaclum puppis dimittit in undas
Celsior, ac merso descendit in æquora clavo.

CETOS.

Distantem Andromedam prolixi tramite mundi,
Perterret Cetos. Nam Threicii prope flabra
Andromedam Boreæ celso rotat æthere cardo :
Bellua dira Noto vehitur; trahit Auster in Arcton
Ora inimica salo; nam qua se laniger alto
Cœlo Aries tollit, qua Piscibus astra duobus
Augentur, rutilat subter Nereia Pistrix,
Efflua percurrens non multi fluminis astra.

fuit à travers le ciel l'ennemi qui le presse, le Sirius le touche presque de sa gueule de feu. La mer laisse sortir à fleur de flots l'animal aux longues oreilles; le Chien menaçant est au-dessus de sa proie épouvantée; et quand le Lièvre s'est jeté dans la mer d'Occident, se réfugiant dans les eaux comme dans un gîte, le Sirius tombe du haut du ciel, et cherche dans l'eau l'animal qui s'y est plongé.

ARGO.

Le grand Chien traîne au bout de sa queue Argo, le vaisseau de Jason, à la poupe éclatante. Le navire thessalien ne met pas sa proue en évidence. Le haut de la poupe s'élève de l'océan : de même, lorsque les matelots, venant de la haute mer, ont abordé au port, ils s'empressent de plier à la hâte les voiles flottantes, et en même temps, traînant le vaisseau à la remorque, ils tirent à l'envi sa poupe sur la plage arrondie. Fatigué de ses courses, il appuie son arrière sur les algues du rivage, et se repose tranquille sur le sol qu'il touche. Ainsi Argo ne conduit au milieu des astres que sa poupe brillante, et cache le reste jusqu'au mât élancé. Plus élevée, la poupe laisse tomber le gouvernail dans les ondes, et, lorsqu'il s'y est plongé, descend elle-même au sein de la mer.

LA BALEINE.

La Baleine épouvante Andromède, séparée par toute la largeur du ciel. Tandis qu'Andromède tourne dans les hauteurs de l'espace, près des vents du Thrace Borée, ce monstre cruel est entraîné par le Notus; l'Auster pousse vers l'Arctus sa gueule, effroi des mers; c'est à l'endroit où le Bélier couvert de laine se dresse dans le ciel élevé, et où les deux Poissons augmentent le nombre des astres, que la Baleine de Nérée brille, située au-dessous; et effleurant quelques étoiles fugitives de la

Illa memor longæ formidinis, illa suorum
Inter signa tenax, horret squalentia monstri
Terga procul, pavidumque super caput inserit undis.

FLUMEN.

Quin et cærulco Flumen quoque gurgite manans
Astra inter sedesque Deum. Pars æquor id esse
Credidit; Ausonii namque hunc dixere priores
Eridanum, Venetos late qui lapsus in agros
Alpino Adriacos impellit gurgite fluctus.
Hic fusum cœlo quondam Phaethonta sub undas
Excepit senior, leve quum sensere jugales
Ætherii rectoris onus, quumque ignifer axis
Tramite sub mundi mortales sprevit habenas.
Disdata tum late texere incendia terras:
Astra vorax ignis, flammæ sola cuncta coquebant;
Donec fata sui miseratus Jupiter orbis
Redderet ætherii Phœbo moderamina cursus.
Illum prolixis duræ Phaethontides ulnis
Planxerunt; rediit supero pax aurea mundo;
Eridanumque senem nutu Jovis omniparentis
Astra receperunt. Pharium pars altera Nilum [34]
Commemorat, largo segetes quod nutriat amni,
Arentesque locos unda fecundet alumna;
Vel quod de medii prolapsus parte diei
Vastus in æquoreas pelagi sese inferat undas.
Iste pedem lævum rutili subit Orionis,
Fusaque quæ geminos adstringunt vincula Pisces,
Eridani coeunt amfractibus; hic procul ille
Tenditur effusi vi gurgitis; hic quoque cristæ

constellation du Fleuve. Mais Andromède, se souvenant de sa longue terreur, se rappelant au milieu des astres ceux qui lui furent chers, redoute de loin le dos écaillé du monstre, et, de sa place élevée, cache dans les ondes sa tête tremblante.

LE FLEUVE.

Le Fleuve, s'écoulant dans la mer azurée, est aussi placé parmi les astres et dans la demeure des dieux. Quelques-uns seulement le confondent avec la mer ; car les anciens Ausoniens ont dit qu'il est cet Éridan qui tombe dans les champs de la Vénétie, et pousse contre les flots adriatiques son courant sorti des Alpes. Le vieux Fleuve reçut autrefois Phaéthon précipité du ciel dans ses ondes, lorsque les chevaux attelés sentirent s'alléger le fardeau de leur céleste guide, et que le char qui porte la lumière méprisa les rênes mortelles qui le dirigeaient dans la route du ciel. Alors un vaste incendie couvrit au loin la terre, un feu dévorant brûlait les astres, tous les champs étaient embrasés, jusqu'à ce que Jupiter, prenant en pitié les maux de son univers, rendit à Phébus la conduite des célestes coursiers. Les sœurs de Phaéthon le pleurèrent en se frappant de coups répétés ; la paix dorée revint au haut des cieux ; et par la volonté de Jupiter, du père de l'univers, les astres reçurent parmi eux l'antique Éridan. D'autres disent que le Fleuve est le Nil égyptien, parce qu'il alimente les moissons de son cours abondant, et féconde des lieux stériles de son onde nourricière ; ou bien parce que, venant du midi, il porte son tribut immense aux eaux azurées de la mer. Il coule sous le pied gauche de l'éclatant Orion, et les chaînes qui se confondent pour enlacer les deux Poissons suivent les sinuosités de l'Éridan ; c'est là qu'il répand au loin son cours impétueux ; c'est là aussi que fléchit la pointe de

Cedit apex, summa qua lux Pistrice coruscat
Desuper, et flamma caudarum cingula figit.

PISCIS MAJOR.

Inter demissum procul in vada cærula clavum
Puppis Iasoniæ, depictaque terga carinæ,
Et Pistrim undicolam, Leporis qua tenditur alvus,
Stellarum creber rutilat rubor. Haud tamen istis
Vel lux multa micat, vel sit memorabile nomen.
Nulla etenim forma flammarum Jupiter ignes
Discrevit, nullos simulant hæ corporis artus.
Qualia digesto mundus sacer ordine volvit
Semper in antiquum retrahens iter omnia secum
Sæclorum serie longa, istas denique signant
Intervalla faces; similis quoque lux habet omneis,
Par modus; occasu pariter referuntur et ortu,
Ne spectanda forent ponto quod sola carerent.
Cetera descriptis aptantur singula membris
Formarum; flagrans Leporem qua Sirius urget,
Languida, nec certo sub nomine cuncta feruntur.
Ultra setosi rursum speciem Capricorni,
Cardinis immersi qua sunt australia flabra,
In Pistrim horrificam conversus viscera Piscis
Subvehitur. Notium vocat istum Græcia piscem.
Stellæ aliæ mundo, qua pulcher Aquarius instat,
Et qua cristato consurgit bellua dorso,
Usque sub aerii rutilantia sidera Piscis,
Sunt mediæ flammæ, steriles, ac lucis egenæ.
Nam passim ignoti vice vulgi semet in æthram
Protollunt; dextram sed tantum propter Ephebi,
Pocula quem Divum mensis gestare loquuntur,

l'aigrette dont la lumière étincelle sur le dos de la Baleine, et qui forme l'attache flamboyante des queues des Poissons.

LE GRAND POISSON.

Entre le gouvernail qui tombe de la poupe de Jason dans les eaux azurées, les flancs colorés de la carène, et la Baleine amie des eaux ; à l'endroit où s'étend le ventre du Lièvre, un groupe d'étoiles répand l'éclat de ses rayons. Cependant la lumière dont elles brillent n'est pas grande, elles n'ont pas de dénomination mémorable. Jupiter n'a formé aucune figure flamboyante en disposant ces feux ; elles ne représentent les membres d'aucun corps. Enfin ces astres n'ont d'autres différences distinctives que l'ordre dans lequel roule la sphère sacrée, ramenant toujours tout avec elle dans son antique chemin à travers la longue série des siècles. Ils ont tous une même lumière et une même grandeur ; ils se couchent et se lèvent par un mouvement semblable, bien loin de se faire remarquer par ce caractère spécial, de ne point descendre dans la mer. Les autres étoiles se rattachent chacune aux figures qui ont été décrites ; à l'endroit où le Sirius ardent poursuit le Lièvre, il y en a de languissantes, toutes emportées sans dénomination fixe. Mais au delà du signe du Capricorne couvert de soies, là où le vent austral souffle du pôle baigné des flots, le Poisson s'élève, présentant son ventre à l'horrible Baleine. La Grèce l'appelle le Poisson du Notus. D'autres étoiles sont dans le ciel, à l'endroit où s'incline le beau Verseau, et où la croupe du monstre marin se gonfle en crête, jusque sous les rayons éclatants du Poisson céleste ; elles ont une flamme médiocre, faible, sans clarté. Elles ne sont pas répandues çà et là dans l'espace comme une foule ignorée ; mais près de la main droite de ce jeune adolescent qui passe pour présenter la coupe à la table des

Efflua se species liquidarum fundit aquarum
Partes in geminas. Lux illic clara duabus
Est solum facilius; non hæ spatiosa per æthram
Intervalla tenent, neque lumen lumine forte
Collidunt; uni Phrygium nam subter Ephebum
Ardet apex; alii, qua curvam bellua caudam
Terminat insignis, lato vomitur globus igni;
Cunctis nomen Aqua est. Stellæ quoque denique propter
Ora Sagittigeri, qua se vestigia prima
Cornipedis simulant, circumvolvuntur Olympo,
Queis face sub tenui tenebrosus marceat ignis [35].

ARA.

Ecce venenatæ qua Scorpius agmine caudæ
Plurimus erigitur, tepidumque supermicat Austrum,
Parvulus hic Aram locus exprimit. Hanc satis arcto
Tempore suspicies mundo rutilante referri.
Nam polus adverso qua tollitur axe Bootes,
Quantum suspenso vada linquit turbida cœlo
Oceani, tantum in sibimet contraria tendit.
Arcturum vertex levat Arcticus, imbrifer Austri
Aram cardo premit; brevis olli semita cœli,
Occasusque celer; tamen isto luciparens nox
Fata hominum miserata prius, miserata labores,
Certa procellarum statuit producere signa [36].
Ne tibi, quum denso conducitur aere cœlum,
Inter nimbiferas nubes spectabilis exstet
Ara poli, longa ut glomerent circumque supraque
Feta pruinarum se vellera, qualia tristi
Coguntur vento, terraque excita per æthram
Nubila conceptos effundunt desuper imbres.
Non Aræ, non sit tali sub tempore vertex

dieux, on voit se séparer en deux parts comme une apparence d'eaux qui s'échappent et coulent. Là deux astres seulement jettent une lumière éclatante; ils ne sont ni séparés dans l'air par un intervalle spacieux, ni rapprochés de manière à confondre leur lumière. L'un, placé sous le jeune Phrygien, jaillit en pointe brillante; l'autre, à l'endroit où se tourne la queue recourbée de l'énorme Baleine, tourne en large globe de feu : tous deux portent le nom d'Eau. Enfin, près du visage du Sagittaire, là où se dessinent les pieds antérieurs du Cheval, d'autres étoiles encore sont entraînées dans la rotation de l'Olympe : une obscure clarté tombe de leur flambeau languissant.

L'AUTEL.

Plus loin, aux lieux où s'élève le Scorpion dressant sa queue immense, et étincelant au-dessus du tiède Auster, l'Autel occupe un faible espace. Vous le verrez en un champ assez resserré accomplir sa course dans le ciel étoilé. Car autant le ciel, à l'endroit où le Bouvier se montre au pôle opposé, élève sa voûte suspendue au-dessus des eaux troublées de l'Océan, autant il s'étend en sens contraire. Le pôle Arctique élève l'Arctus, de même que le pôle Austral, fécond en pluies, abaisse l'Autel. Ce dernier signe parcourt une petite carrière et se couche rapidement; néanmoins la nuit, mère des astres, prenant autrefois en pitié la destinée malheureuse des hommes, a voulu qu'il donnât des présages certains pour les tempêtes. Puisse l'Autel polaire n'être pas visible pour vous au milieu des nuages chargés de pluie, quand le ciel se resserre sous un air plus lourd, amoncelant autour de l'astre d'épais flocons de neige qu'un vent violent accumule, et quand les nuées, sorties de la terre et répandues dans l'espace, versent d'en haut les pluies contenues dans leur sein. Oh! qu'on ne voie pas dans

Clarior; hoc nam sæpe Notum prænoscere signo
Nox docuit; noctis si quis præcepta sequatur,
Incassum Zephyri volvunt mare; si quis at ista
Respuat, incautas percellent flabra carinas.
Vix, si sera Jovem subeat miseratio rerum,
Pigra salus nautis redeat fluitantibus alto.
Certior ast ollis veniet spes, axe supremo
Si Boreæ stringat rutili coma fulguris auras.
His signis Austri raptabunt flabra fluentum,
Donec de Boreæ rutilum jubar emicet axe.
At si Centaurum medio sub tramite cœli
Videris, ut fluctu tantum discedat Eoo,
Quantum adit occasum, sit tectus desuper autem
Nube humerum, et cœlo sint omnia signa priora,
Eurus erit, verret salsi vada gurgitis Eurus.

CENTAURUS.

Contemplator enim geminæ rutilantia formæ
Viscera, quæ signis subtexit membra duobus.
Nam qua parte hominem quadrupes sustollit equino
Ventre superstantem, versatur Scorpius ingens;
At qua cornipedem media vir fundit ab alvo,
Curva venenati se tendunt brachia signi.
Ille autem dextram protendere visus ad Aram
Cœlicolum, justæ persolvit munera vitæ,
Agrestemque manu prædam gerit. Hic ubi celso
Pelion adsurgit dorso [37], nemorosaque late
Inserit aeriis juga nubibus, arbiter æqui
Degerat Alcidæ legum [38] post bella magister.

un pareil temps briller l'aigrette de l'Autel! car cette constellation, brillant au sein des nuits, nous a souvent appris l'approche du Notus. Pour celui qui est attentif à ces avertissements de la nuit, en vain les Zéphyrs bouleversent la mer; pour celui qui les dédaigne, les vents fracasseront son navire imprudent. A peine Jupiter, s'il accordait aux malheureux une compassion tardive, pourrait-il ramener enfin, sains et saufs les matelots flottant sur la haute mer. Mais un espoir plus certain leur viendra, si, du point élevé de Borée, la chevelure d'un éclatant éclair effleure l'horizon. Ainsi, avec les premiers signes, les vents de l'Auster soulèveront les flots, jusqu'à ce que du côté de Borée jaillisse une flamme étincelante. Mais si vous remarquez que le Centaure, à l'endroit où il tient le milieu de sa route céleste, à égale distance des flots de l'aurore et de ceux du couchant, ait l'épaule couverte d'un manteau de nuages, tandis que tous les astres brillent au ciel, alors le vent d'Eurus soufflera, l'Eurus balayera les eaux de l'abîme des mers.

LE CENTAURE.

Contemplez les flancs ardents de cet être à double forme, dont les membres sont formés de deux astres. A l'endroit où le quadrupède élève sur son corps de cheval un buste d'homme, se voit l'énorme Scorpion; et à l'endroit où l'homme, à partir du milieu du ventre, allonge ses formes de cheval, s'avancent les bras recourbés de la constellation venimeuse. Pour le Centaure, qui étend sa droite vers l'Autel céleste, il a sur la terre vécu juste et vertueux, et porte encore à la main une proie sauvage. Il avait, aux lieux où le Pélion élève sa haute croupe et perce les nuages de l'air de ses sommets boisés, enseigné les lois au juste Alcide, revenu de ses guerres.

HYDRA.

Desuper ingenti sese agmine porrigit Hydra,
Quæ prolata salo longe latus explicat æthra,
In Cancrum protenta caput, caudamque feroci
Centauro inclinat, transit spatiosa Leonis
Viscera, et ingenti sub Virgine summa quiescit.
Quinetiam spirare putes, sic agmina cœlo,
Lubrica convolvit, sic spiras pendula torquet,
Sic et flammigero linguam jacit ore trisulcam.
Spirarum medio gestat Cratera coruscum,
Ultima cæruleum sustentant agmina Corvum,
Ales ut intento fodiat vaga viscera rostro.

PROCYON.

Ultimus est Procyon, Geminorum subditus astro,
Ore micans rutilo, trina face viscera lucens.
Ista volutatos cernuntur cuncta per annos;
Hæc vehit Oceanus pater omnia, mersaque rursus
Hauriet Oceanus; trahit ingens machina cœli
Cuncta super. Pingunt rutilam sua sidera noctem.

PLANETÆ.

Quinque itidem stellæ [39], similis quibus haud sit imago,
Nec quas formarum ductus notet adfixarum,
Per bissena poli volitant [40] rutilantia signa.
Nullus eas aliquo pacto deprendere certet:
Tam vaga per totam cunctis via defluit æthram,
Semper et adverso referuntur tramite mundi.
Mundus ab Eoo trahitur reparabilis alto,
Pronus Atlantei procul in vada cærula ponti.

L'HYDRE.

Au-dessus, l'Hydre déroule sa vaste étendue; s'élevant hors des eaux, elle déploie au loin ses flancs dans l'espace, allonge sa tête vers le Cancer, incline sa queue vers le fier Centaure, traverse les larges entrailles du Lion, et repose sa crête sous l'immense signe de la Vierge. Vous croiriez qu'elle respire, tant elle étreint le ciel de ses anneaux glissants, tant elle agite ses replis dans l'air, tant elle darde la triple langue de sa gueule enflammée. Au milieu de ses replis elle soutient la Coupe brillante; l'extrémité de son corps porte le sombre Corbeau, ensorte que l'oiseau, d'un bec infatigable, fouille ses entrailles flottantes.

L'AVANT-CHIEN.

Le dernier signe est l'Avant-Chien, placé sous la constellation des Gémeaux, dont la gueule brille d'un éclat rougeâtre, dont les flancs lancent une triple lumière. Tous ces astres se voient pendant les révolutions des années; l'océan les entraîne tous, et quand ils replongeront, l'océan les recevra encore; la voûte du ciel les entraîne tous avec elle. Tels sont les astres qui éclairent la nuit.

LES PLANÈTES.

Cinq autres étoiles, dont la figure n'est pas semblable, et qui n'ont pas le même aspect que les étoiles fixes, volent légèrement à travers les douze signes ardents du zodiaque. On ne peut déterminer avec certitude leurs révolutions; elles errent vagabondes au milieu du ciel, et toujours elles sont emportées dans un sens contraire à la route céleste. La sphère se meut sans cesse à partir de la mer d'Orient, et descend vers les eaux d'azur du vaste océan Atlantique. Pour elles, elles poussent leur disque

Illæ in subjecti cogunt iter ætheris orbem,
Nitentes in summa poli, motuque feruntur
Adverso Solis radiis : ceu quum vada cymbam
Prona vehunt, si quis prora nitatur ab alta
In puppim proferre pedem, via carpitur olli
Cursibus inceptis contraria. Vis tamen istis
Obvia labentis semper sustollitur æthræ
Unicaque in Solis adolent incendia flammis,
Longa volutandis tamen ollis tempora currunt,
Pigraque se referunt, sedes sortita priores,
Omnia. Non illas animis audacibus ergo,
Carmine non cæco tentabimus. Hoc satis unum
Musa mihi, satis hoc longi labor egerit ævi,
Si defixarum cursus et signa retexam.

CIRCULI.

Quatuor aerios zonæ cinxere meatus;
Quatuor has cursus et tempora nosse volentem
Scire sat est. Quin signa etiam sunt quatuor istis
Plurima, quæ zonis hærentia convolvuntur.
Ipsæ inconcussa retinentur sede per annos,
Mutuaque implexæ sibimet consortia mordent.
At modus in binis protenditur. Aurea pepli
Sidera nocturni si suspectare libebit,
Nec scindunt medium Phœbeia lumina mensem,
Langueat ut stellis species hebes, omnia cœli
Illustrante Dea, ac flammas superante minores;
Orbe sed haud pleno sinit igni fervere acuto
Sidera; candentis speciem super inspice Lactis
Protendi cœlo; color olli nomen ab ortu
Primigeno statuit; sic Zonam Græcia solers
Concelebrat, nostro sic Balteus ore vocatur.

contrairement à la route inclinée du ciel, elles tendent avec effort vers le haut de la voûte, et sont emportées d'un mouvement opposé aux rayons du soleil : de même lorsqu'une barque est entraînée au courant de l'eau, si quelqu'un s'élance de la haute proue pour mettre le pied sur la poupe, il s'avance dans un sens contraire au mouvement imprimé. Cependant ces étoiles s'élèvent toujours par une force opposée au cours de la sphère, et ne dirigent leurs feux que contre les flammes du soleil. Toutes mettent néanmoins un long temps à accomplir leur révolution, et recommencent avec la même lenteur quand elles sont revenues à leur point de départ. Aussi n'irai-je point, dans mon ignorance, me hasarder à les décrire; ce sera assez pour ma Muse, assez pour le travail d'une longue vie, si je dévoile le cours et la figure des étoiles fixes.

LES CERCLES.

Quatre zones font le tour de la sphère éthérée; il suffit à qui veut savoir les mouvements et les phases célestes de connaître ces quatre zones. Toutes sont semées de constellations qui tournent attachées à elles. Elles gardent au milieu des siècles une route invariable : elles se soutiennent en s'enlaçant les unes dans les autres. Deux d'entre elles ont de plus grandes dimensions. Si vous voulez contempler les astres d'or attachés au voile des nuits, non pas quand le flambeau de Phébé partage les mois par la moitié, de façon à ce que les rayons émoussés des étoiles pâlissent devant l'éclat de la déesse qui remplit tout le ciel et efface les flammes subalternes, mais, au contraire, quand son disque échancré laisse aux constellations toute la vivacité de leurs feux, alors voyez s'étendre dans le ciel une nappe de Lait blanchissant; sa couleur lui a fait donner son nom dès le commencement du monde. Ainsi la Grèce savante l'appelle Zone, ainsi

Non isti forma similis, similisve colore
Circulus est alius; modus et mensura duobus
Est compar solis; alios duo [41] parcior arctat
Linea, nec multa trahit istos ambitus æthra.

Horum alius [42] duri qua solvunt flabra Aquilones,
Et qua præcipitant Borealia flamina sese,
Axe Lycaonio jacet obvius. Hic Geminorum
Sunt capita; hic genua Aurigæ defixa quiescunt.
Circulus hic idem retinet pede Persea lævo,
Atque sinistro humero cubito tenus; hic quoque dextram
Sustinet Andromedæ, manus extima desuper acri
Subrigitur Boreæ, cubito inclinatur in Austrum
Mœrens Andromeda; hic celeris vestigia summa
Perstringuntur Equi, perstringitur Ales ab ipso
Verticis extremo; secat hic humeros Ophiuchi
Circulus, et secum flagrantia dorsa revolvit.
Erigone [43] tepidum sese submittit in Austrum,
Virgineusque pudens zonæ superimminet artus.
Sed Leo, sed Cancer Borealis tramite cœli
Viscera protendunt, at circulus ima calentis
Pectora perque alvum procul in postrema Leonis
Succedit: secat ast alius per viscera plana,
Et medio subter cava tegmina dividit orbem,
Lumina recludens altrinsecus. Orbita porro
Ista poli partes si discernatur in octo,
Quinque supervolvit se partibus; at tribus alti
Intrat stagna sali; sol istinc flammiger æthram
Jam relegit, pulsusque Deus semel ordine facto
Flectitur æstivo, neque celsum semita in axem
Sideris erigitur, via rursum nota jugales
Suscipit, inque Notum rutili dedit orbita solis.

dans notre langue il se nomme *Balteus* [Zodiaque]. Aucun autre cercle n'a la même forme ni la même couleur que celui-ci ; deux seulement ont une longueur et des dimensions pareilles ; les deux autres sont pressés par une ligne plus courte, circonférence mobile qui n'occupe pas une grande étendue de l'espace.

L'un de ces deux derniers, à l'endroit où les rudes Aquilons déchaînent leurs haleines et où se précipite le souffle de Borée, s'étend du côté de la fille de Lycaon. Là sont les têtes des Gémeaux ; là reposent les genoux du Cocher attachés au cercle. Le même cercle retient Persée par le pied gauche et par l'épaule gauche jusqu'au coude ; il soutient aussi le bras droit d'Andromède : la triste Andromède lève l'extrémité de sa main vers l'âpre Borée et incline son coude vers l'Auster. Là est enchaîné le Cheval par le bout des pieds, là est enchaîné le Cygne par le sommet même de la tête ; là le cercle coupe les épaules du Serpentaire et fait tourner avec lui son dos resplendissant. Érigone se dérobe du côté de l'Auster, et ne fait qu'effleurer pudiquement la zone de son corps virginal. Mais le Lion, mais le Cancer boréal étendent leurs flancs à travers la bande céleste : le cercle perce d'abord à la superficie la poitrine brûlante du Lion, puis successivement le ventre et la partie postérieure de l'animal ; il pénètre en plein dans les entrailles du Cancer, partage en deux son corps sous sa cuirasse bombée, et passe entre les deux yeux. Si l'on divise en huit parties cette zone du ciel, cinq roulent dans la région supérieure, trois sont plongées dans les eaux salées de la mer. A partir de là le soleil flamboyant redescend dans l'espace ; le dieu, repoussé une fois, cède à l'ordre qui amène l'été ; le cours de l'astre ne monte plus vers le nord ; l'attelage rentre dans la voie qu'il connaît, et le chemin du soleil incline vers le Notus. Ce cercle est celui qui s'allonge à côté du Cancer, tournant toujours

Circulus iste quidem Cancro tenus adjacet axe
Semper in occiduo. Procul alter cardine in Austri
Dividit imbriferi corpus medium Capricorni,
Idæique pedes pueri, postremaque caudæ
Cæruleæ Pistris; brevis hic Lepus; hic Canis artus
Conditur extremus; hic Thessala cernitur Argo;
Hic Centaureæ fera molis terga secantur;
Iste venenatæ disjecta volumina caudæ
Amputat; hic arcu protenditur ampla Sagitta.
Ultimus hic Phœbo locus est, ubi lapsus in Austrum
Pellitur, albenti quum canent tempora bruma :
Sideris hic meta procul istuc cœlite cursu,
Axe sereniferi descendit Sol Aquilonis.
Partibus iste tribus tantum se circulus effert;
Quinque latet, creperi succedens stagna profundi.
INTER utrumque dehinc quantus jacet 44 ambitus illi
Zonarum cani specie quæ lactis in æthra
Cernitur, ingenti se tramite linea tendens
Dividit ima Noti, discernit et alta Aquilonis.
Hic luci modus et tenebris sub lege magistra
Pensatur; nox æqua diem subit æmula; Phœbus
Lumina substituit paribusque revolvitur horis,
Vel quum summa æstas coquit agri viscera hiantis,
Vel quum floricomo jam tellus vere movetur.
Ast isti celsæ qua tramite panditur æthræ
Indicium est Aries; hunc totum linea quippe
Sustinet; hic Tauri curvantur crura minacis,
Et rutilat stellis hic balteus Orionis.
Spira Anguis levis hic, Craterque; tenacia Corvi
Ora inhiant; hic sunt flexarum denique flammæ
Chelarum; genua hic rigidi vibrant Ophiuchi.
Nec Jovis armigero caret Alite; namque per ipsum

dans le sens de l'occident. L'autre cercle, situé au loin sous le pôle austral, partage en deux le corps du pluvieux Capricorne, les pieds du jeune homme de l'Ida, et l'extrémité de la queue de la Baleine azurée; là est le Lièvre, aux formes courtes, là est attaché le Chien par l'extrémité de ses membres; là se voit Argo, le vaisseau thessalien; là est coupée la croupe sauvage du Centaure massif; le cercle partage les anneaux brisés de la queue du Scorpion; là est la vaste Flèche, posée sur l'arc tendu. Ce cercle est le dernier point jusqu'où s'avance le soleil; dans sa marche vers l'Auster, c'est là qu'il s'arrête, alors que la saison se blanchit de frimas. L'astre, dans son cours céleste, s'élançant loin de cette borne, retourne vers l'Aquilon qui souffle par un ciel serein. Trois sections seulement de ce cercle se montrent au jour; cinq sont cachées, ensevelies dans les eaux de la mer inconstante.

Entre le cercle du Cancer et celui du Capricorne, et présentant la même étendue que la Voie lactée, une ligne prolonge sa trace immense, et laisse à une égale distance les profondeurs du Notus et les hauteurs de l'Aquilon. Là se balancent, soumis à une loi souveraine, la lumière et les ténèbres; la nuit, rivale du jour, lui succède avec la même longueur; Phébus, à son tour, apporte sa lumière et roule un nombre d'heures pareil, soit que l'été dans toute sa force brûle les entrailles de la campagne qui s'entr'ouvre, soit que la terre tressaille à l'aspect du printemps couronné de fleurs. Ce cercle s'étend à travers les hauteurs du ciel dans la direction que marque le Bélier; car sa ligne soutient la constellation tout entière. Là se courbent les jarrets du Taureau menaçant; là brillent les étoiles du baudrier d'Orion. Là est le Serpent aux ondulations légères, et la Coupe, et le bec béant du vorace Corbeau; là luisent les flammes des Pinces tortueuses; là tremblent les genoux du Serpentaire qui se dresse. L'oiseau porteur de la foudre de

Fulvæ Aquilæ est caput; hic Equus eminet, hicque comanti
Cervice erigitur claræ dator Hippocrenes.
Treis omnes recto contentos tramite cœli,
Distantesque pari spatio sibi transigit axis,
Omnibus et mediis ut circumfunditur idem.

Desuper obliqua est aliis via. Quartus at iste [45]
Stringitur arctatus zonarum mole duarum,
Quas ab diversa mundi regione locatas
Cire repercussi momentum diximus astri.
Hunc alius medium medius secat. Haud Dea Pallas,
Vel licet hæc cunctos præcellat acumine Divos,
Compingat parili sic lubrica plaustra meatu,
Implicet ut spatiis sibimet distantibus orbes,
Qualia devexo nectuntur ab ordine cuncta,
Urgenturque viam similem noctesque diesque
Lucis ab exortu procul in vada Calpetana.
Nam Tithoneo quum sunt elata profundo,
Rursus in occiduos merguntur singula fluctus
Ordine partito. Similis nascentibus ortus:
Scandendi lex una movet. Par denique lapsus
Omnibus, et simili conduntur sidera casu.
Ille autem Oceani tantum descendit in æquor,
Quantum ab cæruleo distat Cancro Capricornus;
Et quam multus item est, ubi gurgite protulit ortum,
Tantus in adversas itidem est quum labitur undas
Signifer. In spatium, quantum deducitur oræ
Ambitus extremæ, puncti vice terra locanda est;
Unde acies oculis quum tenditur, hæc quoque puncti
Sedem habet. Hoc signo procurrit missa per auras
Signiferi in summum, medio de tramite si quis [46]
Dirigat obtutus agiles procul, hosque locorum

Jupiter n'y manque pas non plus : la ligne traverse la tête même de l'Aigle fauve. Là se montre le Cheval, là s'élève le cou à longue crinière de celui qui fit naître l'illustre Hippocrène. Ces trois cercles se tenant dans le ciel parallèles l'un à l'autre et séparés par un égal intervalle, l'axe les traverse tous trois de manière à passer par leur centre.

Par-dessus se trouve une zone qui est de biais avec les autres. Ce quatrième cercle est contenu et serré par la masse des deux zones que nous avons dit être placées dans les régions opposées de la sphère, appelant le moment de repousser le soleil. Lui et le précédent se coupent mutuellement par le milieu. Jamais la déesse Pallas, quoiqu'elle surpasse tous les dieux en pénétration, n'assemblerait avec la même harmonie les pièces d'un char roulant, et ne saurait entrelacer les rouages en les espaçant avec cette régularité qui enchaîne tous les astres au cours du zodiaque, et pousse à la suite les uns des autres dans une même voie les jours et les nuits, depuis le lever de la lumière jusqu'aux mers lointaines de Calpé. Après s'être élancé de la mer de Tithon, chaque signe revient se plonger dans les eaux de l'Occident, suivant l'ordre qui lui a été assigné. Le lever est le même pour tous ceux qui paraissent; ils obéissent à une seule et même loi d'ascension. Enfin le coucher de tous est pareil, et les astres se cachent par une même chute. Or, ce cercle sous les eaux de l'Océan occupe un espace égal à celui qui sépare le Capricorne du Cancer azuré; et les dimensions qu'il offre quand il s'élève de la mer, il les offre encore quand il abaisse vers les ondes opposées son cortége d'étoiles. Pour mesurer l'espace dans lequel s'étendent les dernières limites de sa circonférence, il faut prendre la terre comme un point; et, en effet, quand le rayon visuel part de la terre, il n'occupe que la place d'un point. Si donc quelqu'un dirige au loin de ce

Defessos longo spatio tener amputet aer;
Id, quod contenti visus abscinditur, ultro,
Si qui in signiferi patulum circumferat orbem,
Sex olli partes magnæ dabit ambitus oræ.
Ast hæ dimensa spatii sic lege locantur,
Binaque decisis includunt partibus astra.

OLLI Cancer inest, Leo flammifer, Attica Virgo;
Brachia sunt itidem Chelarum, et Scorpius ipse;
Arcitenens; setosa dehinc species Capricorni
Volvitur; auratam protendit Aquarius urnam.
Tum duo sunt Pisces, Aries, Taurus, Geminique.
His se bissenis sol admovet, hisque recurrens
Omnibus absolvit totos reparabilis annos.
Quem quum signiferi graditur sol aureus orbem,
Singula frugiparos adtollunt tempora vultus.
ILLIUS Oceano quantum submergitur alto,
Tantum telluris supereminet. Omnibus iste
Noctibus illabens pelago sex inserit astra,
Sex reparat. Tanto nox humida tempore semper
Tenditur, extulerit quantum se circulus undis.
AT si scire velis, mora lucem quanta retentet,
Et quanto nox atra sibi trahat otia lapsu,
Quæ procul Oceano consurgunt signa notato,
Horum semper enim comes est Titanius uni.
Horum prima oculis memor incunabula quære;
Luminis ipsa vagi captans venatibus ipsa;
Ipsa notans mundo. Quæ si se nubibus abdent,
Aut si non surgent, ut tellus sæpe tumescit,
Occultata jugo prætentaque rupe latebunt,
Prompta via est, aliis venientum tempora signis
Noscere. Namque ipso deprenderis indice cuncta

point central des regards exercés, il arrivera à un endroit qui, défaillant par l'éloignement, se perdra dans le vague de l'air. Cet espace borné qu'embrasse la vue, si on le porte comme mesure autour du cercle où roulent les signes, partagera la vaste circonférence en six parties. Ces parties sont disposées d'après la loi qui a mesuré l'étendue, et chacune d'elles, coupée en deux, renferme deux signes.

Là sont compris le Cancer, le Lion flamboyant, la Vierge attique; les Pinces du Scorpion y sont aussi, et le Scorpion lui-même, et le Sagittaire; puis roule la figure velue du Capricorne; le Verseau présente son urne d'or; enfin viennent les deux Poissons, le Bélier, le Taureau et les Gémeaux. Le soleil rase ces douze signes, puis, les parcourant tous de nouveau, il accomplit, pour le recommencer, le cours des années. Quand l'astre d'or s'avance dans le cercle du zodiaque, chaque saison montre à son tour son visage qui fait naître les fruits.

Aussi profond il plonge sous l'Océan, aussi haut il s'élève au-dessus de la terre. Toutes les nuits il entraîne à son coucher six constellations dans la mer, et en fait sortir six. La nuit humide se prolonge toujours dans une étendue égale à celle que le cercle occupe hors des eaux.

Mais si vous voulez savoir combien de temps la lumière est retenue, et mesurer cette immersion pendant laquelle la nuit sombre amène avec elle le repos, examinez les constellations qui s'élèvent au loin de l'Océan, car toujours le soleil est entré dans l'un des douze signes. Souvenez-vous donc de chercher des yeux leur berceau; ce sont elles que vos regards doivent s'égarer à poursuivre, elles qu'il faut remarquer dans le ciel. Si elles se dérobent dans les nues, ou si, à cause des renflements fréquents de la terre, elles ne s'élèvent point à l'horizon, cachées et masquées par quelque montagne, il est un moyen facile de connaître par les autres signes le moment de leur venue.

Oceano, magnam qui circumplectitur undis
Tellurem, curvet celando ut litora mundo,
Latius atque sinu patuli salis hauriat astra.
Istius indicium præbebunt cornua semper,
Vel matutino qua perstrepit aere fluctus,
Acer Atlantei vel qua furit æquoris æstus.

Nam non obscuræ, quum Cancer commovet ortum,
Oceano stellæ circumvolventur utroque
In freta labentes, aut quæ se rursus Eoi
Parte ferunt mundi. Minoæ clara Coronæ
Serta cadent; Austri tergo cadet incola Piscis.
Hunc medium pendere tamen, mediumque sub undas
Cedere per spinam, rutila labente Corona,
Semper suspicies; at tergi plurima versum
Ventre tenus summo supera inter sidera cernes;
Os et colla dehinc et pectora vasta per æquor
Mersantur; premit ab genibus celsos Ophiuchum
Usque humeros Cancer; Cancer premit ortus et Anguem,
Agmine qua vasto fluitat caput, aspera cervix
Qua tumet, et spiris qua turgent pectora primis.
Parte nec Arcturus distabit multus utraque;
Jam minor in superis, jam viscera plurimus alto
Conditur; hunc etenim consortem quatuor astris
Oceanus recipit. Satur hic vix luminis almi
Cedit, et incipiens tandem convexa relinquit.
Tum jam plus mediis nox inclinabitur horis,
Quum labente die Phœbo comes ibit in undas.
Ista quidem vasti conduntur gurgitis alto:
Contra autem illius concedit sideris ortu
Orion rutilans ardentia cingula late,

On peut les remarquer tous d'après les indications de l'Océan, qui, embrassant de ses ondes l'immense terre, creuse les courbes de ses rivages pour recevoir le ciel, et ouvrir plus largement aux astres le vaste sein de ses eaux. Ces indications se verront toujours à ses deux extrémités, soit du côté où le flot murmure sous la brise du matin, soit du côté où se déchaînent les courants furieux de la mer Atlantique.

En effet, on verra luire, quand le Cancer se lève, les étoiles qui roulent aux deux côtés de l'Océan; celles qui descendent dans la mer, ou celles qui, au contraire, partent des régions orientales de l'espace. Les brillantes guirlandes de la Couronne d'Ariadne s'abaisseront; la Baleine, qui habite sous l'Auster, abaissera aussi son dos. Toutefois vous verrez toujours celle-ci à moitié suspendue dans le ciel, à moitié plongeant son épine dorsale dans les ondes, alors même que la Couronne descendra tout entière; renversant la plus grande partie de sa masse, elle élèvera parmi les astres du ciel le côté inférieur de son corps jusqu'au ventre; la gueule, puis le cou et sa vaste poitrine sont baignés par les flots. Le Cancer pèse sur le Serpentaire depuis ses genoux jusqu'à ses hautes épaules; le Cancer pèse encore à son lever sur le Serpent, à l'endroit où celui-ci balance la vaste étendue de sa tête, là où il dresse les aspérités de son cou et gonfle les premiers replis de sa poitrine. L'Arcture ne sera pas très-éloigné de ces deux constellations; déjà il ne laisse dans le ciel que la moindre partie de son astre, déjà il plonge dans la mer presque tout son corps; de concert avec les quatre autres il entre dans l'Océan. Il a peine à quitter cette lumière dont il n'est pas rassasié; enfin il se décide à descendre de la voûte céleste. La nuit enveloppera dans ses voies plus de la moitié des heures, lorsque cet astre, le jour tombant, descendra dans les eaux en même temps que Phébus. Pendant que ces constellations s'enfoncent dans le sein de la

Et flagrans humeros, et splendens ense corusco,
Eridanumque trahens alio se litore promit.

Adveniente dehinc villoso colla Leone,
Omnia quæ Cancro sese emergente per æthram
Extulerant, abeunt. Quin et Jovis Ales in undas
Conditur, et totis raptim petit æquora pennis.
Sed Nixus genibus, replicato in se ipse residens
Poplite, jam superi celatur corporis artus.
Non tamen iste genu, non lævam gurgite plantam
Occulitur, non Oceanus vorat omnia signi.
Proserit Hydra caput, claro Lepus exsilit ortu,
Et Procyon, primique pedes Canis ignicomantis.

Erigone salsis quum vultum exegerit undis,
Aeris ut patuli jam conscia permeet æthram,
Astrorum numerosa premit. Nam Virgine Eoo
Consurgente freto, cedit Lyra Cyllenæa [17],
Cedit Delphinus pelago, ceditque Sagitta,
Primaque pennarum pars canum condit Olorem;
Vix jam cauda salum superat; vix lumine parco
Eminet Eridanus, ponti procul efflua tingit.
Celatur Sonipes caput impiger, ardua cervix
Tethyos ima petit salsæ, juba tota madescit.
Hydra superpositum procul in Cratera movetur
Parte alia, et liber vestigia Sirius ardet
Ultima, cæruleo producens æquore puppim.
Illa micat, maloque tenus sese exserit Argo,
Quum jam virgineos æther vehit altior artus.

Nec quum flagratas emittunt marmora Chelas,

vaste mer, du côté opposé Orion s'élève avec son astre naissant. Orion, dont l'ardent baudrier jette au loin des feux, dont les épaules brillent, faisant resplendir son éclatante épée, et traînant après lui l'Éridan, se montre sur l'autre rivage.

Lorsqu'ensuite arrive le Lion à l'épaisse crinière, tous les astres qui s'étaient levés au moment où le Cancer montait dans le ciel, se retirent. L'oiseau de Jupiter lui-même plonge dans les ondes, gagnant précipitamment la mer de toute la force de ses ailes. L'Agenouillé, appuyé sur son jarret fléchi, dérobe déjà les membres supérieurs de son corps. Toutefois il ne cache ni son genou, ni son pied gauche dans la mer; l'Océan ne dévore pas le signe tout entier. L'Hydre montre sa tête, le Lièvre s'élève léger et rayonnant, de même que l'Avant-Chien, de même que les pieds antérieurs du Chien à la tête enflammée.

Quand Érigone a fait paraître son visage hors des ondes salées, et que, déjà lancée dans l'immensité des airs, elle traverse le ciel, elle chasse une multitude d'astres. Au lever de la Vierge qui sort des flots de l'Aurore, on voit la Lyre de Cyllène, le Dauphin et la Flèche se plonger dans la mer; le Cygne cache la partie antérieure de son blanc plumage; déjà la queue surnage à peine au-dessus de l'eau; à peine l'Éridan se montre avec une pâle lumière et colore de loin la surface mobile de la mer. Le Cheval baigne sa tête ardente; son cou hautain s'allonge vers les profondeurs salées de Téthys; toute sa crinière trempe dans les eaux. Du côté opposé l'Hydre s'élève vers la Coupe qui la domine, le Sirius dégagé fait étinceler ses pieds de derrière, tirant le navire Argo de la mer azurée. Celui-ci brille et se montre jusqu'au mât, quand déjà la sphère emporte vers le zénith les membres de la Vierge.

Lorsque la mer laisse sortir les Pinces éteintes du Scor-

Sideris expertes et clara luce carentes,
Non est nota dies, aut est ignobilis ortus.
Namque his indicium proprio fert ore Bootes
Plurimus exoriens, Arcturumque eminus alto
Cardine succendit. Jam celso Thessala puppis
Æthere subvehitur; jam mundo funditur Hydra
Longior, extremæque polum subit indiga caudæ,
Curva Chii coelo quum surgunt brachia signi.
Inspice ceu dextra referatur ab æquore planta,
Inque Genu tantum nixus pede proferat ortum.
Iste Lyræ rutilat conterminus, atque sub undis
Hic tenebris petit occidui vaga cærula ponti,
Et mox Oceano reparatur clarus Eoo;
Cum Chelis igitur pede tantum promitur uno.
Ipse dehinc versus procul in caput, ultima monstri
Terga manet; manet Arcitenens, dum spicula coelo
Exserat, et supera vibret bellator in æthra.
Hoc sidus revehunt Chelæ, crus Scorpius ipse,
Cetera quum medio, lævam, et caput, oraque sursum
Arcus agit. Tribus hic tandem remorantia membra
Partibus erigitur; tria totum denique signa
Absolvunt pelago. Mediæ tum serta Coronæ,
Et quæ Centauro diffunditur extima cauda,
Prima venenati quum repunt brachia monstri,
Surgunt Oceano jam gurgite, et ultima Cycni;
Et caput acris Equi premit æquora. Jam procul ista
Marmoris occidui penitus petiere profundum,
Hausta salo. Caput Andromedæ freta vasta receptant;
Ac formidatam devexi cardine mundi
Fluctigeni speciem monstri superinvehit Auster.
Sed Boreæ de parte trucis velut aggere ab alto
Prospiciens superi subjectus verticis axe,

pion, celles-ci sont sans étoiles et privées d'une éclatante lumière ; leur lueur est insensible, et leur lever s'aperçoit à peine. Elles sont accompagnées du Bouvier, qui leur prête les feux dont son astre naissant étincelle, et qui de loin enflamme l'Arcture dans le ciel élevé. Déjà le Vaisseau thessalien monte dans la région supérieure de la sphère ; déjà l'Hydre s'étend plus longue dans l'espace, et glisse dans les cieux, sans montrer encore l'extrémité de sa queue. Voyez comme l'Agenouillé sort de la mer son pied droit, le seul qu'il montre en se levant. Ce pied brille à côté de la Lyre, et le corps, rasant les eaux ténébreuses, est porté vers les sombres vagues de la mer d'Occident ; bientôt il paraîtra radieux hors de l'océan Oriental ; mais au lever des Pinces il ne montre que son pied. Cependant, la tête renversée, ce signe attend les dernières parties du monstre ; le Sagittaire les attend aussi pour montrer sa flèche dans le ciel, et la balancer comme un guerrier au plus haut de l'espace. Les Pinces ramènent cette constellation ; le Scorpion lui-même soulève la cuisse du Sagittaire, quand l'arc de celui-ci apparaît, et en même temps sa main gauche, sa tête et sa figure. Enfin il lève en trois parties ses membres attardés, enfin trois étoiles annoncent qu'il est sorti tout entier de la mer. Puis les guirlandes du milieu de la Couronne, et l'extrémité touffue de la queue du Centaure, quand on voit ramper les bras antérieurs du monstre venimeux, sortent déjà des abîmes de l'Océan, ainsi que la dernière partie du Cygne ; et la tête du Cheval fougueux domine la mer. Bientôt ces astres sont descendus au loin dans les profondeurs de la mer d'Occident, où les flots les ont engloutis. Les vastes eaux reçoivent la tête d'Andromède, et l'Auster amène dans les régions du ciel incliné la terrible image du monstre né des flots. Mais du côté de l'impétueux Borée, regardant comme du haut d'une éminence et placé près du pôle supérieur, Céphée se penche de loin

Intentusque procul specie, vaga brachia Cepheus
Exserit, et sævam pelagi monet adfore pestem.
Illa tamen versa in fluvium postrema profundum
Tingitur ab spina capiti quæ proxima summo est;
Undis succedens Cepheus et verticem et ulnas
Mersatur patulus. Quin et quum Scorpius acer
Nascitur Oceano, quidquid per sidera aquarum
Ad speciem Eridanus pater exspuit, abditur alta
Tethye, et occidui tegitur Padus æquore ponti.
Scorpius ingentem perterritat Oriona
Proserpens pelago. Vetus, o Latonia virgo,
Fabula, nec nostro struimus mendacia versu
Prima; neque obduri compagem germinis ætas
Prima dedit populis. Cæcus mos mentis acerbæ,
Immodicusque furor sceleris penetraverat œstro
Impia corda viri; tabuerunt dira medullis
Protinus in mediis incendia; plurimus ardor
Pectore flagravit. Tenet improbus ille, procaxque,
Te, Dea, te dura valuit contingere dextra?
Quum sacrata Chii nemora, et frondentia late
Brachia lucorum, quum silvæ colla comasque
Devotæ tibimet manus impia demolita est,
Audax ut facinus donum foret OEnopioni :
Digna sed immodico merces stetit ilicet ausu.
Nam Dea nubiferi perrumpens viscera montis,
Dirum antris animal sævos vomit hostis in artus.
Ergo ut falcatis monstrum petit Oriona
Morsibus, et totas in membra ferocia chelas
Intulit, ille mali pœnas luit. Ista furori
Præmia debentur; sunt hæc contermina læsis
Semper numinibus. Metus hic, metus acer in astro
Permanet, et primo quum Scorpius editur ortu,

sur cette image, étend ses bras dans le vide, et avertit que le cruel fléau des mers va venir. Elle cependant, se renversant en arrière sur les vagues profondes, baigne la partie du dos qui est voisine du sommet de la tête. Céphée la suit dans les ondes et plonge sa tête et ses larges mains. A son tour, quand le Scorpion ardent paraît hors de l'Océan, toutes les étoiles que le fleuve Éridan répand sous la figure de flots, se cachent dans le sein de Téthys, et le Padus est recouvert par les eaux de la mer Occidentale. Le Scorpion, qui sort en rampant de la mer, épouvante le gigantesque Orion. C'est une vieille fable, ô fille de Latone, et nous ne sommes pas le premier à introduire cette fiction dans nos vers ; ce siècle n'est pas le premier qui fasse le récit de ses fureurs L'aveuglement d'une âme sans frein, la fureur immodérée du crime avaient pénétré de leurs aiguillons le cœur sacrilége de cet homme ; une flamme coupable embrasa tous ses sens ; une ardeur excessive brûla son sein. Le pervers te saisit, et, dans son insolence, n'est-ce pas sur toi, sur toi, déesse, qu'il a osé porter une main téméraire ? Quand son bras impie eut abattu les bocages consacrés de Chio, et les bras des bois saints au large feuillage, et les têtes chevelues de tes forêts, pour offrir son forfait audacieux à OEnopion ; alors il reçut le digne prix de son insolence effrénée. La déesse, fendant les flancs d'un mont chargé de nuages, fait sortir des antres un animal terrible, qui s'élance sur son cruel ennemi. Dès que le monstre, attaquant Orion de ses pinces mordantes et tortueuses, les a enfoncées tout entières dans les membres du téméraire, celui-ci tombe puni de son crime. C'est la récompense due à une telle fureur, c'est celle qui suit toujours les outrages contre les dieux. La crainte, une éternelle crainte poursuit toujours cet astre, et dès que le Scorpion se montre au jour, Orion d'une course éperdue gagne les extrémités de la terre. De même la partie

Orion trepido terrae petit extima cursu.
Nec minus Andromedae quidquid volitabat in aethra,
Et si quid Pristis reliquum convexa vehebant,
Hoc oriente ruunt. Omnes procul in vada terror
Ingerit, et cunctos pavor unus in aequora cogit.
Cepheus ipse caput distentaque brachia vasto
Induitur ponto; tellurem cingula radunt
Extima, et Oceano mersantur pectora rauco
Sola senis; reliquum polus ast a litore versat
Semper inocciduum. Genitrix quoque Cassiepeia
Sidera praecipitis sequitur labentia natae,
Deformemque trahit procul in vada caeca ruinam,
Prona caput, solaque, et solio vestigia ab alto
Sustollit miseranda super; quatit ira furorque
Doridos et Panopes post fata novissima matrem;
Ac memor has poenas dolor exigit. Omnia fluctus
Haec simul occiduos subeunt. Tamen altera mundus
Sufficit, inque vicem lapsorum multa reportat.
Tempore namque isto reliquae se serta Coronae
Expediunt pelago; postremique agminis Hydra
Erigitur caudam; caput et turgentia membra
Centauro exsuperant; manus effert dextera praedam
Silvarum; nam prima ferae vestigia in ollis,
Arcum sera manent; Arcu redeunte per aethram
Protolli incipiunt; reliquum Serpentis et artus
Anguitenentis item fert primis fluctibus Arcus.
Amborum capita, et palmas geminas Ophiuchi,
Ac primam rutili spiram Serpentis Eoo
Scorpius Oceano surgens agit. At pede Nixi,
Quem procul aversum semper salis altera mittunt,
Tunc artus medii, tum pectora vasta humerusque,
Dexteraque ulnarum spumosi gurgitis aestu

d'Andromède qui tournait encore dans le ciel et ce qui restait de la Baleine dans le cours de la sphère se précipitent, aussitôt que se montre le Scorpion. La terreur les pousse tous au loin dans les eaux, une commune épouvante les entraîne tous au fond des mers. Céphée lui-même plonge sa tête et ses bras étendus dans les vastes flots; les bords de son baudrier rasent la terre, et la poitrine seule du vieillard est baignée par l'orageux Océan; le reste tourne avec le ciel au-dessus du rivage sans jamais se coucher. La mère d'Andromède, Cassiépée, suit aussi l'astre tombant de sa fille qui se précipite, et emporte jusque dans les sombres eaux le désordre de son malheur : inclinant sa tête vers la mer, l'infortunée, du haut de son trône, soulève ses pieds dans les airs; la colère et la fureur la bouleversent après la mort de Doris et de Panope; ce souvenir douloureux l'accable de tourments. Tous ces astres entrent ensemble dans la mer d'Occident. Cependant le ciel en produit d'autres, et remplace ceux qui tombent par un grand nombre qui montent. Dans le même temps les dernières tresses de la Couronne se dégagent de la mer; l'Hydre élève la queue qui termine son corps; la tête et les membres gonflés du Centaure paraissent au-dessus de l'eau; sa main droite est chargée d'une proie sauvage; les pieds antérieurs de l'animal attendent pour se montrer l'arrivée de l'Arc, et quand l'Arc revient dans le ciel, ils commencent à s'élever; de même le reste du Serpent et les membres du Serpentaire ne sortent qu'avec l'Arc à la surface des eaux. Les têtes de ces deux constellations, les deux mains du Serpentaire et les premiers replis du Serpent éclatant s'avancent avec le Scorpion hors de l'océan Oriental. Pour l'Agenouillé, dont la mer ordinairement ne laisse voir que le pied relevé en arrière, il avance alors la moyenne partie du corps, sa vaste poitrine, son épaule, sa main droite hors de l'écume du gouffre bouillonnant.

Procedunt. Pariter caput et manus altera porro,
Tota Sagittiferi quum vibrant astra, feruntur.
Mercurialis item Lyra volvitur; altaque Cepheus
Cardine sustollens vestigia, gurgite nondum
Pectora liber agit, sed pectora mersus in undas,
Plaustra Lycaoniæ pulsat pede desuper Ursæ.
Tempore non alio magni Canis ignea cedunt
Sidera; protentum freta jam procul Oriona
Hauserunt pelago; toto Lepus occidit astro,
Tum quoque et Oceano fugientem Sirius urget.
Sed non Aurigam, quum gurgitis ille profundi
Ima petit pedibus, Capra mox Hœdive sequuntur;
Ista polo rutilant, illum vada livida condunt;
Hæc membris discreta aliis, exstantiaque alte
Lævum humerum et summæ sese adtollentia palmæ
Cernuntur, donec labenti congrada soli,
Sidere devexo freta late cærula turbent.
NAMQUE manum Aurigæ reliquam, celsumque corusci
Verticis, et dorso quæ spina adtollitur alto,
Deprimit hirsuti sidus surgens Capricorni :
Membra Sagittigero cedunt postrema revecto.
Jam non alatus remoratur sidera Perseus
Aeris in spatiis; neque clavum vindicat Argo
Adluvione sali; Perseus pede denique dextro
Atque genu liber, mersatur cetera ponto.
Argo quod curvis puppim superadtrahit oris,
Tingitur, et duro tangit vada cærula dorso,
Ipsa dehinc manet exortum Cilicis Capricorni [48];
Totaque tum pelago cœlo descendit ab alto;
Æquora tum Procyon, gressum sectatus herilem,
Intrat, et Oceano permutat celsa profundo.
Hæc habet occidui plaga gurgitis; ista sonoro

Pareillement la tête et l'autre main sortent, quand on voit briller les étoiles du Sagittaire. La Lyre de Mercure se lève en même temps que cette dernière constellation; et Céphée, soulevant ses pas vers le pôle élevé, ne dégage pas encore sa poitrine de l'abîme; mais, lavant ses flancs dans les ondes, il domine et pousse du pied le Char de l'Ourse lycaonienne. Dans le même temps les étoiles enflammées du grand Chien disparaissent; déjà la mer a reçu dans ses eaux le vaste corps d'Orion; le signe du Lièvre se couche tout entier, et alors même Sirius le poursuit fuyant dans l'Océan. Mais quand le Cocher descend dans les profondeurs de la mer, la Chèvre et les Chevreaux ne le suivent pas; ces astres brillent au ciel, tandis que le premier s'enfonce dans les flots livides. On les voit, avec leurs membres distincts du Cocher, surmonter au loin son épaule gauche et s'élever au sommet de sa main, jusqu'à ce que, marchant avec le soleil couchant, à la chute de cet astre ils troublent au loin la plaine azurée.

L'autre main du Cocher, le sommet radieux de sa tête, l'épine élancée de son dos qui se dresse, s'effacent devant le lever du Capricorne velu; ses membres inférieurs cèdent la place au Sagittaire qui se montre de nouveau. Déjà Persée ne ralentit plus le vol de son astre dans les espaces de l'air; Argo ne dégage pas son gouvernail des eaux qui le baignent; enfin, libre encore du pied droit et du genou, Persée plonge le reste dans la mer. Le navire Argo baigne la partie de sa poupe qui est tirée vers le rivage arrondi, et de sa dure carène touche les eaux azurées. Lui aussi attend le lever du Capricorne cilicien, et alors du haut du ciel il descend tout entier dans la mer. Puis l'Avant-Chien, suivant les pas de son maître, entre dans les flots, et change les régions élevées du ciel pour les profondeurs de l'Océan. Tels sont les astres qu'engloutit la mer Occidentale; ceux qui s'éteignent dans l'onde bruyante et

Supprimit unda salo. Rursum procul erigit æthra
Cycnum, Aquilamque Jovis. Surgunt flammata Sagittæ
Sidera, perque Notum rutila cum numinis Ara
Delphinum patulas promit Capricornus in auras.

SED matutino quum surgit Aquarius orbe,
Os Equus atque pedes novus exserit. Ecce cadentis
Parte poli trahit occiduum nox atra sub æquor
Centaurum cauda; sed non caput, aut humerorum
Vasta simul recipit : persistit pectore celso
Cornipedis species, et cœlum vertice fulcit.
Ora dehinc Serpens et prima volumina tantum
Conditur; ingentis late tamen agmina caudæ
Pone trahit. Subit ista salum; subit æquora rursum,
Integer Oceani, quum se Centaurus in undas
Jecerit, atque novo vibrarint sidere Pisces.
His in summa poli surgentibus, ille per Austrum
Piscis item, planta quem pulcher Aquarius urget,
Redditur; haud toto tamen hic se corpore promit ;
Sed manet alterius venientis tempora signi;
Parte latet, partem supera in convexa sonoris
Fluctibus absolvit pelagi; sic brachia mœstæ
Andromedæ, sic crura dehinc humerique nitentes
Paullatim recavo redeunt maris, aurea cœlo
Postquam adolent Pisces incendia; denique Pisces
Quum rutilant, mundo dextram hæc adtollitur ulnam,
Lævaque virginei rursum se corporis edunt.

PHRYXEI et postquam pecoris proruperit ortus,
Australem hic Aries Aram procul admovet undis
Gurgitis occidui. Qua lux redit, excitat idem
Persea proceri sustollere verticis astra,
Et claros fulgere humeros : at cetera nondum

agitée. Du côté opposé la sphère élève le Cygne et l'Aigle de Jupiter. Les étoiles enflammées de la Flèche paraissent à l'horizon, et à travers les régions du Notus le Capricorne pousse le Dauphin et le brillant Autel des dieux dans les plaines de l'air.

Mais quand le Verseau élève son disque du côté de l'orient, le Cheval montre de nouveau sa bouche et ses pieds. Voilà que du côté où le ciel s'incline, la nuit sombre entraîne par la queue le Centaure sous la mer d'Occident; mais la tête et les vastes épaules ne se couchent pas en même temps : la partie de la constellation qui a la forme du Cheval se voit jusqu'à la poitrine, et sa tête soutient le ciel. Puis le Serpent plonge sa gueule et ses premiers anneaux seulement; cependant il traîne au loin derrière lui la vaste étendue de sa queue. Celle-ci entre dans la mer, l'animal entre tout entier dans les eaux de l'Océan, quand le Centaure se jette dans les ondes, et que les Poissons font de nouveau briller leur constellation. Lorsqu'ils s'élèvent au haut du ciel, l'autre Poisson, celui que le brillant Verseau foule du pied, apparaît vers l'Auster; toutefois il ne montre pas tout son corps, mais il attend la venue d'un autre signe; en partie il est caché, en partie il s'élève hors des flots bruyants vers la voûte des cieux. De même les bras de la triste Andromède, de même ses cuisses et ses épaules brillantes sortent peu à peu des abîmes de la mer, quand les Poissons montrent à l'horizon leurs flammes d'or; et enfin quand les Poissons jettent tout leur éclat, celle-ci porte sa main droite dans l'espace, et tout le côté gauche de son corps virginal apparaît.

Au lever de l'astre fougueux de Phryxus, le Bélier pousse l'Autel austral vers les eaux de la mer d'Occident. Du côté où revient la lumière, il excite Persée à montrer les étoiles de sa tête superbe et la clarté éblouissante de ses épaules; le reste ne sort pas encore de la mer. Et même la nature, jalouse de ses secrets, a laissé cette question

Sunt exempta salo. Quin totum hoc invida veri [49]
Natura ambigua rerum ratione reliquit,
Extimus an reliquos Aries produceret artus
Perseos, an Tauro freta pelleret adsurgente.
Hoc una coelum subit integer; haud super ulla
Viscera, nascentis neque Tauri deserit astra.
Quippe hujus flammis Aurigæ sidus inhæret;
Nec tamen hunc totum sustollit Taurus in æthram.
Aurigam salsis evolvunt fluctibus omnem
Surgentes Gemini. Tauro Capra, plantaque læva,
Atque Hœdi evadunt. Tum primum rursus ab undis
Cetosa in superum referuntur viscera coelum.
Nam caudæ et cristæ rigor arduus aera celsum
Tunc repetunt; diri quum sidera gurgite monstri
Volvit præcipitis teres inclinatio mundi,
Eminus ingentem condit pars prima Bootem.
Quatuor hic etenim signis surgentibus altum
Vix penetrat pelagus, neque summa totus ab æthra
Labitur Arcturus, manus olli quippe sinistra
Juge manet, celsisque super subducitur Ursis.

At quum jam pedibus repetit fluctus Ophiuchus,
Ut genua Oceanus vasto procul æquore condat,
Signum erit Eoa Geminos procedere parte.
Nec lateri Pistrix cuiquam vicina videtur [50],
Sed jam tota super sustollitur : exspuit atram
Jam pelagus speciem, nec adhuc membra extima sorbet.
Quid ni nascentis [51] suspectat navita ponto
Agmina prima Padi coelo tum fervere aperto?
Vicinasque faces rutili manet Orionis,
Curricula ut solers vero mox indice discat
Certa tenebrarum, possitque fideliter astro
Explicare Notis et tuto carbasa ponto?

tout à fait douteuse : savoir, si le Bélier, paraissant jusqu'au bout, faisait sortir les autres membres de Persée, ou s'il ne repoussait du pied la mer qu'en compagnie du Taureau. Avec ce dernier signe il se montre tout entier dans le ciel ; aucune de ses parties ne reste dans les eaux, il ne se sépare pas de l'astre du Taureau naissant. Aux flammes de ce dernier s'attache la constellation du Cocher ; pourtant le Taureau ne la pousse pas tout entière dans l'espace : le Cocher ne sort complétement des flots amers qu'au lever des Gémeaux. Avec le Taureau la Chèvre, le pied gauche du précédent et les Chevreaux se dégagent de la mer. Puis la Baleine quitte de nouveau les ondes pour les hauteurs célestes : les rudes aspérités de sa queue et de sa crête vont encore frapper la sphère élevée. Quand le ciel arrondi, inclinant sa courbe à l'Occident, tire hors de l'abîme les étoiles du monstre farouche, le vaste Bouvier plonge, mais de loin, sa partie antérieure. Cet astre, en effet, tandis que quatre signes se lèvent, entre à peine dans la mer profonde ; de même l'Arcture ne glisse pas tout entier de la voûte éthérée, mais sa main gauche demeure constamment, et s'étend sous les Ourses qui la dominent.

Mais quand le Serpentaire regagne les flots à grands pas, pour plonger ses genoux dans la vaste étendue de l'Océan, c'est un signe que les Gémeaux vont s'avancer du côté de l'Aurore. La Baleine ne paraît plus raser aucune surface, mais déjà elle est tout entière au-dessus de l'horizon ; déjà la mer a vomi la noire figure, et ne retient plus l'extrémité de son corps. Pourquoi le matelot sur la mer n'observerait-il pas les premiers flots du Padus naissant bouillonner dans la vaste étendue du ciel ? Pourquoi n'attendrait-il pas les flambeaux voisins du rouge Orion, pour apprendre, à l'aide d'indices certains, à se frayer avec habileté une route au milieu des ténèbres, et pouvoir, sur la foi d'un astre, déployer sur une mer sûre

Credo, ni desit magnorum congrua cura,
Prompta via est ipso cognoscere talia semper
Præceptore Jove, et cœlo tibi signa magistro
Omnia ducentur; monet alta Jupiter æthra
Singula nos; facilis veram dedit arbiter artem,
Ne tempestatum primordia cæca laterent.

ses voiles aux Notus? Je crois, si l'on apporte à cette grande étude un soin convenable, qu'il existe un moyen facile de connaître toujours ces mystères avec les leçons de Jupiter ; le ciel sera le maître qui vous instruira sur tous les astres ; du haut du ciel Jupiter nous enseigne tout : souverain bienveillant, il a produit la science véritable qui tire de leur obscurité les causes secrètes des variations de l'atmosphère.

NOTES

SUR LES PHÉNOMÈNES D'ARATUS.

1. — *Inceptor* (v. 1). Schrader et Wernsdorf sont d'avis de remplacer *inceptor* par *incentor*; mais le premier mot répond plus exactement au texte d'Aratus, Ἐκ Διὸς ἀρχώμεσθα.

2. — *Et numerus celsi modulaminis* (v. 9). Ces nombres, ce concert rappellent la philosophie de Pythagore; et, en effet, tout le début du poëme semble inspiré par les doctrines de ce philosophe.

3. — *Cnidii.... senis* (v. 53). Le vieillard de Cnide est Eudoxe, qui fournit à Aratus le sujet de ses *Phénomènes*.

4. — *Numerisque Solensibus* (v. 64). Aviénus fait allusion à la poésie d'Aratus, qui était de Soli; il renchérit encore sur les éloges qu'il lui a donnés dans sa *Description de l'univers*.

5. — *O mihi nota.... jam numina.* (v. 71)! Exclamation qui indique qu'Aviénus, au moment où il traduisait les *Phénomènes*, avait déjà composé beaucoup de poésies.

6. — *Fabula namque, ursas* (v. 104). Aviénus dit que ces constellations s'appellent Ourses d'après la fable, et Chariots d'après la figure sous laquelle elles apparaissent. Cependant, un peu plus loin, en faisant la description des Ourses, il les représente sous la forme d'animaux dont les traits sont bien déterminés : cette contradiction montre quelle large part était laissée au caprice et à l'imagination dans les observations astronomiques de ce temps.

7. — *Verior in fidem* (v. 132). Le texte a-t-il été altéré? est-ce bien la version fournie par l'auteur? Quoi qu'il en soit, nous devons signaler une faute de quantité (*fidem*), qui détruit la mesure du vers.

8. — *Sidoniis.... carinis* (v. 136). Souvenir de la supériorité maritime des Phéniciens sur les Grecs. Les Phéniciens furent navigateurs longtemps avant les Grecs, et quand ceux-ci furent habitués à la mer, ils furent loin d'exécuter des voyages aussi considérables que ceux de leurs prédécesseurs et de leurs maîtres.

9. — Engonasis. Nous avons été obligés de rendre ce mot par le mot français correspondant, l'*Agenouillé*; mais on donne plus souvent le nom d'Hercule à cette constellation. Elle est composée de quarante-huit étoiles.

10. — *Dextræ.... plantæ* (v. 192). Contradiction de l'auteur : il vient de dire qu'Hercule écrase le Dragon de son genou gauche, et maintenant il dit que c'est du pied droit. Nouvelle preuve de la latitude laissée par l'imagination à la description des astres !

11. — *Triccæi....* (v. 206). Esculape était honoré à Tricca, ville de Thessalie, aussi bien qu'à Épidaure.

12. — *Deucalioneo* (v. 218). La comparaison est impropre. Deucalion ne ressuscitait pas les morts : il jetait des pierres derrière lui, et de ces pierres naissaient des hommes.

13. — *Chii.... monstri* (v. 251). La fable qu'Aviénus rapporte plus bas explique l'épithète de *Chii*, donnée au Scorpion.

14. — *Aurea qua summos* (v. 271). Une lacune empêche de comprendre au juste de quel astre il s'agit.

15. — *Sidera sunt proles* (v. 280). Les astres étaient, en effet, fils d'Astrée et d'Héribée. La fable ajoute qu'ayant osé attaquer Jupiter, ce dieu les foudroya, et ils restèrent attachés au ciel.

16. — *Consors.... Anubis* (v. 283). C'est Osiris qui passe ordinairement pour l'époux d'Isis; mais quelquefois Osiris était confondu avec Anubis, qui était alors considéré comme une modification de ce dieu.

17. — *Tiphys* (v. 345). Tiphys est le nom du pilote qui conduisait le vaisseau des Argonautes.

18. — *Lacedæmoniis.... Aphidnis* (v. 372). Aviénus parle des champs *lacédémoniens* d'Aphidna, pour les distinguer de ceux du même nom qui étaient en Attique.

19. — *Alternæ.... vitæ* (v. 376). Cette expression est une allusion à la fable : Castor et Pollux passaient alternativement six mois sur la terre et six mois dans les enfers.

20. — *Threicii.... Aquilones* (v. 401). Les Aquilons de la Thrace signifient proprement les Aquilons du Nord : les anciens poëtes grecs considéraient la Thrace comme le point le plus septentrional de la terre, et quand le champ de la géographie se fut étendu, on continua par imitation ce qui s'était fait d'abord par ignorance.

21. — *Stantes* (v. 531). Nous avons parlé de *verticales*, parce que nous devions traduire *stantes*; mais l'expression est inexacte.

Les deux lignes qui s'élèvent de la base d'un triangle pour se joindre au sommet ne sont point des verticales.

22. — *Bambycii* (v. 542). Les Poissons *Bambyciens* signifient simplement les Poissons Assyriens, à cause du culte qu'on leur rendait en Assyrie. C'est par la même analogie que *Pélusiaque* n'a d'autre sens, dans Aviénus, que celui d'*Égyptien*.

23. — *Famosaque Maia Prole Deo* (v. 581). Le dieu enfanté par Maïa est Mercure, qu'elle eut de Jupiter. Quelquefois Maïa n'est qu'un surnom de Cybèle.

24. — *Mynthes* (v. 582). Aviénus est le seul qui fasse mention de cet auteur : aussi les commentateurs proposent de remplacer *Mynthes* par *Aratus*; mais rien ne justifie ce changement.

25. — *Rursum Concentus superi complevit pulcher Apollo* (v. 621). Allusion à l'exil d'Apollon sur la terre et à son retour dans le ciel.

26. — *Laomedontiadæ* (v. 647). Ce fils de Laomédon est Ganymède, qui fut enlevé par Jupiter, et remplaça Hébé dans le soin de verser le nectar aux dieux.

27. — *Ubi australi descendit circulus axe* (v. 650). C'est le tropique du Capricorne.

28. — *Delphis, etc.* (v. 700). Amphitrite, fille de l'Océan et de Téthys, ne consentit à épouser Neptune qu'à la persuasion du Dauphin, qui en fut récompensé par une place au milieu des astres. Deux Néréides portent aussi le nom d'Amphitrite.

29. — *Omnia quæ Soli, etc.* (v. 711). C'est-à-dire tous les astres compris entre le pôle Boréal et le tropique du Capricorne.

30. — *Quæ rursum limite ab usque, etc.* (v. 714). C'est-à-dire tous les astres compris entre le tropique du Capricorne et le pôle Austral.

31. — *Obliquo.... orbe* (v. 718). Le tropique du Capricorne.

32. — *Virum* (v. 724). L'homme, c'est Orion.

33. — *Thessala* (v. 757). Iolcos, patrie de Jason, était en Thessalie.

34. — *Pharium.... Nilum* (v. 796). La preuve que *Pharien* n'a ici d'autre sens qu'*Égyptien*, c'est que Pharos, étant en face d'Alexandrie, ne pouvait donner son nom au Nil.

35. — *Tenebrosus.... ignis* (v. 844). Obscure clarté. Nous avons cru pouvoir employer l'expression de Corneille :

   Cette obscure clarté qui tombe des étoiles.

36. — *Certa procellarum statuit producere signa* (v. 856). Dans

les anciens textes, on lisait *prodere*, au lieu de *producere* qu'exige la mesure du vers.

37. — *Ubi celso Pelion adsurgit dorso* (v. 886). C'est le Centaure Chiron qui avait fixé sa demeure dans les montagnes du Pélion.

38. — *Legum* (v. 890). Dans l'édition Lemaire, on entend par *legum* les lois de l'astronomie : rien ne confirme cette explication.

39. — *Quinque.... stellæ* (v. 908). On sait que la plus grande partie des planètes était inconnue aux anciens.

40. — *Volitant* (v. 910). Expression qui est contredite plus bas par ce qui est dit de la marche lente des planètes.

41. — *Alios duo* (v. 948). Les deux tropiques.

42. — *Horum alius* (v. 950). Le tropique du Cancer.

43. — *Erigone* (v. 962). C'est un des noms de la Vierge.

44. — *Quantus jacet*, etc. (v. 992). Cicéron (*Phæn.*, v. 536) donne aussi à l'équateur les mêmes dimensions qu'au zodiaque.

45. — *Quartus at iste* (v. 1014). Le zodiaque.

46. — *Medio de tramite si quis*, etc. (v. 1038). Il y a quelque embarras dans cette exposition de la manière dont on partage le zodiaque en douze parties. Celle de Manilius (liv. 1, v. 553) est plus lucide.

47. — *Lyra Cyllenæa* (v. 1116). Cyllène, montagne d'Arcadie, était consacrée à Mercure : c'est là que le dieu fût conçu par Maïa.

48. — *Cilicis Capricorni* (v. 1252). Cilicien n'a ici d'autre signification que celle de velu, hérissé, etc. Les Grecs donnaient cette épithète à tout ce qui était grossier et sauvage : Κιλίκιοι στρατηγοί, κιλίκιοι τράγοι, κ. τ. λ.

49. — *Quin totum hoc invida* ·*veri*, etc. (v. 1288). Il paraît étonnant que les astronomes aient pu être en suspens sur une pareille question. Pourtant Eudoxe exprimait ce doute dans deux ouvrages différents, et Aratus n'a fait que le suivre.

50. — *Nec lateri Pistrix cuiquam vicina videtur* (v. 1311). Il y a ici une obscurité qui a fait soupçonner une altération dans le texte. Nous avons rendu *lateri* par l'expression vague de *surface*, qui peut s'appliquer à la mer et en général à tout ce qui borne l'horizon.

51. — *Quid ni nascentis*, etc. (v. 1314). Toute cette fin est consacrée à indiquer le plan d'un nouveau poëme.

RUFI FESTI AVIENI

PROGNOSTICA ARATEA.

Nonne vides, primum quum Phœbe in cornua surgit
Tenuia, et angusto lumen jacit ore per æthram,
Decedente die, pronoque ab tramite solis,
Promat ut ingressi solers tibi tempora mensis?
Namque facem quarti sibimet profitebitur ignis,
Corpora quum primo perfundens lumine nostra,
In subjecta soli tenuem porrexerit umbram.
Ast orbis medii si cedat Cynthia forma,
Octavos ortus, octavaque plaustra docebit.
Denique quum toto Dea jam surrexerit ore,
Integer ut magni resplendeat ambitus orbis,
Effluxisse sibi medii jam tempora mensis,
Monstrabit cœlo. Pleni quum rursus egena
Oris eat, tanto procedens lumine formæ,
Inscrit aeriis quantum Dea nubibus ignem,
Esse senescentis sibimet dispendia mensis
Illa docet, quibus in rutili confinia fratris
Tertia vix mundo superest via. Quum minus autem
Umbrarum excludit, sunt tales quatuor ortus
Marcentis Lunæ, quales sub mense renato
Quatuor exsurgunt languentis luminis umbræ;
Atque his octonas includunt ordine luces.

RUFUS FESTUS AVIENUS.
LES PRONOSTICS D'ARATUS.

Ne voyez-vous pas comme Phébé, élevant les cornes amincies de son astre, et ne glissant à travers les airs que la lueur d'un croissant effilé, à l'endroit où le jour tombe et où s'incline la route du soleil, vous annonce que le mois commence? Son flambeau marquera le quatrième jour, lorsque, répandant ses premiers rayons sur nos corps, il fera projeter une ombre aux objets terrestres. Si l'image de Cynthie montre la moitié de son disque, ce sera un signe qu'elle est à son huitième lever, qu'elle fournit sa huitième carrière. Lorsque la déesse apparaîtra avec sa face entière, avec un vaste cercle resplendissant de lumière sur toute son étendue, elle annoncera au ciel que déjà pour elle la moitié du mois s'est écoulée. Quand de nouveau son visage cesse d'être plein, et que la déesse montre à moitié son disque lumineux et le cache à moitié dans les nuages, elle apprend, par ses pertes, que le mois est sur son déclin, et qu'il ne lui reste plus que le tiers de sa course à travers le ciel pour rejoindre le Soleil son frère. Enfin, quand elle ne fait plus projeter d'ombre aux objets, la Lune se lève quatre fois défaillante, de même qu'au commencement du mois elle s'est levée quatre fois avec une lueur pâle et terne. Ainsi ces huit jours ouvrent et

Interjectorum numerum quoque nosse dierum,
Prompta via est; proprio semper Dea proditur ore,
Scandat quanta polum, quoties temone jugales
Strinxerit, et quanto jam tramite liquerit undas.

At decedentis postrema crepuscula noctis,
Bis sex signa tibi quæ versat signifer orbis
Monstrabunt; cursu nam Phœbus singula mutat
Semper, et alterno succedit in omnia lapsu
Conficiens iter ætherium. Nunc igneus istud
Astrum adolet flammis; alii non aurea Titan
Lumina miscetur, vel quum devexus in undas
Labitur, et rebus formam absumpsere tenebræ;
Vel matutino redit incunabula linquens
Quum pelago, et rebus suffudit luce colores.
Sic diversa diem comitantur sidera semper.
Non ego nunc longo redeuntia sidera motu
In priscas memorem sedes; habet ista priorum
Pagina, et incerta rerum ratione feruntur.
Nam qui Solem hiberna novem putat æthere volvi,
Ut Lunæ spatium redeat, vetus Harpalus, ipsam
Ocius in sedes momentaque prisca reducit.
Illius ad numeros prolixa decennia rursum
Adjecisse Meton Cecropia dicitur arte;
Inseditque animis, tenuit rem Græcia solers,
Protinus, et longos inventum misit in annos.
Sed primæva Meton exordia sumpsit ab anno,
Torreret rutilo quum Phœbus sidere Cancrum,
Cingula quum veheret pelagus procul Orionis,
Et quum cæruleo flagraret Sirius astro.
Hoc ex fonte velut deduxit tempora Lunæ
Navita, quo longum facili rate curreret æquor,

ferment sa carrière. Pour tous les jours qui sont compris dans l'intervalle, on peut facilement les connaître ; toujours la déesse se montre sous un aspect particulier, soit qu'elle monte au zénith, soit qu'elle détache les coursiers de son char, soit qu'elle sorte des ondes.

Pour indiquer le point extrême du crépuscule qui termine les nuits, vous avez les douze signes que roule le zodiaque étoilé : car Phébus, dans sa course, passe de l'un à l'autre, et glisse tour à tour sur tous en accomplissant son voyage céleste. Tantôt il embrase une constellation de ses feux ; tantôt il verse sur une autre ses rayons d'or ; soit qu'il précipite son char incliné dans les ondes et que les ténèbres aient enlevé la forme aux objets ; soit qu'au sortir de sa couche il apparaisse sur la mer d'Orient, et dispense la couleur aux corps : ainsi, des astres différents accompagnent chaque journée. Je ne rappellerai pas ici qu'après une longue révolution ces astres reviennent à leur place première ; cette matière est traitée dans les livres anciens, qui en parlent d'ailleurs avec incertitude. Par exemple, l'antique Harpalus, qui pense qu'il faut que le Soleil roule pendant neuf hivers pour que la Lune retrouve son point de départ, la ramène trop tôt à son berceau. A ce nombre, on rapporte que le savant Athénien Méton ajouta dix longues années ; ce système prévalut : la docte Grèce l'adopta et le transmit pour longtemps à la postérité. Toutefois Méton a placé le commencement de l'année au moment où Phébus brûle le Cancer des feux de son astre, où la ceinture d'Orion flotte au loin sur la mer, et où le Sirius lance les flammes de ses étoiles sombres.

C'est sur ces principes qu'on se fonde pour connaître les phases de la Lune qui permettent au marin de

Et quo ruris amans telluri farra parenti
Crederet; ingenti petat hæc indagine semper
Seu qui vela salo, seu qui dat semina terræ.
Nec mora discendi, brevis hic labor, et breve tempus
Poscitur; innumeros habet autem industria fructus.
Utilitas te certa manet, præonscere motus
Si libet acrios, et tempestatibus ipsis
Edere principium. Te primum sponte procellis
Arcebis rabidis; te rursum principe fluctus
Vitabunt alii, si certis singula signis
Tempora discernas. Nam mundi cardine verso,
Ut stata, raucisoni redit indignatio ponti.
Sæpe etenim, quanquam tranquillæ noctis amictu
Mitia protenti requiescant terga profundi,
Doctus securam subducit ab æquore classem
Navita, et actæa retinet statione phaselum,
Quum matutinæ præsensit signa procellæ.
Namque alias cœlo quum tertia lumina Phœbus
Exserit, ille sali furit implacabilis horror,
Adfore quem pelago comitem sibi dixerat astrum.
Crebro quinta dehinc lux commovet Amphitriten.
Sæpe inopina mali clades ruit. Omnia certis
Indiciis tibi Luna dabit, seu lucis utrimque
Cæsa facem, seu quum teretem concrescit in orbem.
Sol quoque venturas aperit tibi sæpe procellas,
Sidera producens, et quum sale sidera condit.

Nec minus ex aliis aderit cognoscere motus
Æquoris, et magnos cœli callere tumultus,
Quos det certa dies, qui longi tempore mensis,
Astrorumque vice et mundi ratione trahantur.
Aeris immadidum? quiddam tellure creatum

courir longtemps la mer sur un vaisseau, et à l'agriculteur de confier des grains à la terre féconde ; que celui-là les consulte avec un grand soin, qui veut livrer un navire aux flots ou des semences aux champs. La connaissance en est facile et demande peu de temps, et la science porte des fruits sans nombre. Vous serez payé de vos peines, si vous pouvez prévoir les changements qui s'opèrent dans l'air, et connaître les causes des orages. Pour vous, d'abord, vous écartez à votre gré les tempêtes furieuses ; puis, d'après vos conseils, les autres évitent la furie des flots, si vous reconnaissez à des signes certains les dispositions du ciel : car chaque jour, à heure fixe, la mer s'enfle avec un bruit rauque. Souvent même, bien que la vaste surface des flots repose mollement sous le manteau d'une nuit paisible, l'habile marin soustrait à la mer ses tranquilles vaisseaux, et il attache sa barque à un port du rivage, pressentant pour le matin les signes de la tempête. Quelquefois, quand Phébus élève son flambeau pour la troisième fois, on voit se déchaîner sur la mer l'ouragan furieux, annoncé par la Lune sa compagne. Souvent aussi Amphitrite s'agite le cinquième jour. Parfois, enfin, la tempête fond à l'improviste. La Lune vous donnera tous ces présages par des signes certains, soit que la lumière de son flambeau soit échancrée, soit qu'elle présente un disque complétement arrondi. Le Soleil aussi, à son lever ou lorsqu'il disparaît sous les flots, vous annonce souvent l'approche des tempêtes.

D'autres présages encore feront connaître les agitations de la mer et les grands bouleversements du ciel, à jour fixe, même après l'espace d'un long mois, même après toute une révolution des astres et du système du monde. De notre sol s'exhale, comme par transpiration, une sorte d'air humide, qui, à sa sortie des veines terrestres, se

Spiramenta vomunt, vis hoc quum fundit in auras
Venarum, occulte patulo prætexitur agro
Insubjectum oculis, terramque supernatat omnem,
Multaque materia est, quam quum calor ignicomantum
Hausit stellarum, superas subducit in auras,
Et concreta diu compingit nubila mundo.
Si minor hæc madidi substantia cespite ab imo
Subrigitur, tenues nebulæ caligine fusa
Tenduntur cœlo. Vis autem siccior olli
Quum fuit, in celeres dissolvitur undique ventos,
Vicinumque sibi flabris dominantibus ultro
Aera propellit. Si major protinus humor
Consurrexit humo, pluvias quoque nubila fundunt,
Et pluviis late calor est pater. Hic super imbres [3]
Exprimit; eductum fervoris at objice mundus
Respuit humorem. Si moles magna utriusque
Occurset sibimet velut obvia cominus [4], agris
Compulsu acrio fragor intonat, amplaque late
Murmura discurrunt pariter crepitantibus auris.
Hic inflictus item, diversorumque per æthræ
Sæpe superna furor illisos fulguris ignes
Excludit rutilis, totamque volantibus æthram
Præstringit flammis, et cœlum sulphure odorat.
Omnibus his genitrix tellus, et cespite ab imo
Ducuntur superi motus; ipsa ignea mundi
Lumina, flammigero Phœbus temone coruscans,
Et quæ noctivagos adtollit Luna jugales,
His peperere malis exordia. Namque deorsum
Movit humum quum forte calor, laxata repente
Spiramenta soli venas procul, altaque pandunt
Viscera telluris; bibit imum terra colorem
Desuper, et madidum tepefactus cespes anhelat.

répand dans l'espace, couvre d'une couche invisible les vastes campagnes et nage au-dessus de toute la terre; cet air devient une matière compacte, quand la chaleur des étoiles couronnées de feux l'a attiré et fait monter dans les régions supérieures, et qu'il s'est condensé à la longue pour couvrir l'horizon de nuages. Si cette substance humide s'échappe en moins grande quantité des entrailles de la terre, de légères nuées répandent seulement un brouillard sur la face du ciel. Si elle est d'une nature assez sèche, elle se disperse de toutes parts en vents rapides, et par la force de son souffle chasse l'air environnant. Mais quand trop d'humidité s'est élevée du sol, les nuages versent des pluies, et ces pluies naissent surtout de la chaleur. La chaleur est la force qui attire la substance pluvieuse; mais quand cette substance est montée, le ciel brûlant la repousse, et elle fond en eau. Si deux masses de nuages se frappent comme en venant à la rencontre l'une de l'autre, les champs retentissent avec fracas de ce choc aérien, et de vastes murmures courent également dans les airs ébranlés. Cette lutte, cette fureur des divers éléments dans les régions supérieures fait souvent jaillir des éclairs éblouissants; des feux volants fendent le ciel immense, et répandent une odeur de soufre. La terre enfante tous ces phénomènes : du fond de ses entrailles sortent les bouleversements célestes; tandis que les deux flambeaux du monde, Phébus, brillant sur son char enflammé, et la Lune, conduisant son attelage nocturne, ont donné le signal de ces malheurs. En effet, quand la chaleur descend sur la terre émue, celle-ci relâche tout à coup les pores de ses veines, et ouvre les profondeurs de son sein : le sol s'abreuve de la lumière qui lui est versée d'en haut, se réchauffe et exhale une matière humide. Ces agitations de l'air, cette fureur de l'onde qui se soulève, ces violences des ouragans, ces colères du système céleste, voilà

Aeris hos motus, rabiemque volubilis undae,
Flabra procellarum, mundani tramitis iras,
Praesentire decet. Cape solers singula mente,
Praeceptisque virum sitientia pectora pande.
CYNTHIA quum primum coelo nova cornua promit,
Cautus utrimque Deam circumspice; namque revectae
Nequaquam semper similis lux imbuit ortum;
Sed species diversa trahit, varioque notatur
Formarum, primi quum surgit luminis igne,
Tertia quum rutilat; quum major sideris aethram
Scandit, et aerias quarta face luminat oras,
Ingredientis erit plene tibi nuntia mensis,
Haec castigato si tertia fulserit ortu,
Pura sit ut foedis ab sordibus, adfore dicet
Clara serena diu. Tenui surrexerit autem
Si face, et ignito subpinxerit ora rubore,
Turbida certantes converrent aequora Cauri.
Luminis ista dehinc si crassior, atque retusis
Cornibus ingreditur, si quarti sideris ortu
Percussi tenuem praetendat corporis umbram,
Imbribus aut Zephyris[5] hebetabitur, arguet ultro
Flabra Noti, aut pluvias; nam crassus desuper aer
Cornua caeca premit, Notus uvidus aera cogit.
Tertia si rursum protollens Cynthia currus,
Sit subrecta faces et acumina tenta coruscans,
Ut nec curva quasi declinet cornua, nec tum
Fusa supinatum diducat lumen in auras,
Occiduo Zephyrum praedicet surgere mundo,
Aut Libyae de parte Notum[6]. Sin quatuor autem
Cynthia curriculis coelum subit, atque coruscos
Cornibus immodice prostantibus exserit ignes,
Vis prolixa salum ciet, ocius omnia Cauri

ce qu'il est bon de pressentir. Recueillez attentivement chaque chose en votre esprit ; ouvrez votre intelligence aux leçons des savants.

Quand Cynthie commence à montrer son croissant nouveau, observez avec soin la déesse aux deux extrémités de sa course ; car souvent son lever ne présente plus le même aspect de lumière ; au contraire elle change d'apparence et se distingue par une variété de forme, du premier jour qu'elle élève son flambeau au troisième jour qui la voit luire. Quand l'astre monte plus grand dans le ciel, et éclaire de son quatrième lever les plaines de l'air, il vous annoncera qu'on est pleinement entré dans le mois. Si donc à son troisième jour la Lune brille d'un vif éclat, pure de toute tache, elle présage que la sérénité sera durable. Mais si elle se lève avec un croissant aminci, le visage couvert d'un feu sombre, les Caurus déchaînés soulèveront les mers turbulentes. Si elle paraît ensuite avec une lueur terne, avec les pointes du croissant émoussées, et qu'à son quatrième lever elle ne fasse rendre qu'une ombre faible aux corps frappés de ses rayons, elle sera obscurcie par de noirs nuages ou par les Zéphyrs ; elle présage que le Notus soufflera, qu'il pleuvra ; car, lorsque l'air supérieur est épais, il enveloppe et fait pâlir le croissant ; et ce qui le condense, c'est le Notus humide. Si Cynthie, poussant son char encore pour la troisième fois, tient son flambeau droit, et que les pointes brillantes du croissant se courbent à peine et ne décrivent pas un demi-cercle de lumière dans les airs, c'est un signe que le Zéphyr va se lever du côté de l'occident ou le Notus du côté de la Libye. Si pendant quatre jours Cynthie conduit son attelage en lançant des feux vifs d'un croissant dont les extrémités se prolongent sans mesure, une longue tempête troublera les flots, les Caurus impétueux tourmen-

Marmora convolvent, fera verrent flabra profundum.
Istius in Boream quod se sustollit acumen,
Si curvum specie velut adnuat, adfore cœlo
Sæva procellosi prædicet flabra Aquilonis :
Namque hoc urgeri sese adserit atque gravari.
Indice rursus eo veniet Notus, hanc ubi partem
Pone supinari conspexeris, inque reclinem
Sponte habitum pandi; nam subrigit Auster acumen
Inferiore plaga. Si Lunam tertius ortus
Proferat, atque Deæ convolvat circulus ora
Suffusus rutilo, mox tempestate sonora
Spumosum late pelagus canescere cernes.
Major et hæc rauci versabit gurgitis undas,
Ipsa quoque immodice si vultum Luna rubescat.
CONTEMPLATOR item, seu plenum luminis orbem
Quum Dea distendit, seu quum teres ambitus olli
Ceditur, et mediæ velut indiga lucis utrimque
Sustinet obductæ sibimet dispendia formæ.
Cornua prima replens, et cornua fissa dehiscens
Induerit qualem procedens ore colorem,
Hanc perpende oculis, illa monitore dierum
Signa tene, ac totum discerne in tempora mensem.
Non unum deprensa diem tibi signa loquuntur,
Nec vulgo in cunctis adsunt præcepta diebus;
Sed quæ signa novo dederit nox tertia motu
Quartave, sustollat medios dum Cynthia vultus,
Durabunt cœlo. Medio quæ edixerit ore,
Ignes in plenos, hinc in dispendia rursus
Altera, provisæ signantur tempora Lunæ.
Illa dehinc, donec germani luminis ignis
Accedat Phœbæ, mensis postrema notabunt.
Hoc quod protento vehit? ingens mundus inani,

teront toutes les mers, des vents furieux balayeront l'abîme. Si la pointe qui est tournée vers Borée fléchit de ce côté comme pour s'incliner, elle présage au ciel le souffle cruel de l'Aquilon : l'astre atteste que de là lui vient le poids qui l'oppresse. Le même indice annoncera l'arrivée du Notus, alors que vous verrez la pointe méridionale du croissant se courber de ce côté et s'affaisser d'elle-même ; l'Auster, en effet, pousse cette pointe en pesant sur sa partie inférieure. Quand la Lune, à son troisième lever, porte autour de son disque un cercle rougeâtre, vous verrez bientôt, sous le fracas de la tempête, blanchir au loin la mer écumeuse ; et le bouleversement des flots sera encore plus terrible, si le visage même de la Lune est d'un rouge excessif.

Faites les mêmes observations, soit quand la déesse développe en entier son disque lumineux, soit quand ses contours arrondis se creusent, et que privée, pour ainsi dire, de ses feux du milieu, elle étend de deux côtés des formes que les pertes ont amincies. Au moment où le premier quartier tend vers la pleine lune, au moment où la pleine lune revient au croissant, examinez la teinte de sa face, tirez les présages qu'elle fournit pour le temps, et séparez l'ensemble du mois en époques. Les signes observés un seul jour n'annoncent rien ; il n'y a pas d'observations qui s'appliquent à chaque jour. Mais les présages qui se renouvellent trois ou quatre nuits de suite, jusqu'à ce que Cynthie montre la moitié de son visage, annoncent au ciel des choses certaines. Ceux qui accompagnent son disque, depuis le moment où il se montre à moitié jusqu'à la pleine lune, annoncent tantôt le temps qui régnera pendant le décours de l'astre, tantôt le temps qui régnera pendant sa dernière phase, alors que Phébé se rapproche de la lumière du Soleil son frère.

Le fluide qui s'étend dans les espaces vides de l'im-

Aera nomen habet; quod spirat cespite tellus,
Nubila dicuntur; cœlum super aula Deorum
Axi compactum convolvitur. Ilic sua certis
Sunt loca numinibus. Borealis verticis alta
Regia Saturni. Qua siccior annus anhelat
Æstatis rutilus calida stat Jupiter æthra.
Immodicus terram qua desuper ignis adurit,
Gradivo incolitur. Brumalis pulsus habenas
Qua Solis redigit, pulchro Venus obnitet astro.
Ast ubi demerso latet ater circulus orbe,
Cessit Mercurio locus imbrifer. Has super amplas [8]
Quinque tenens zonas certo via fervida Solis
Limite decurrit. Tum Lunam nubila propter,
Exhalantis humi qua spiramenta madescunt.
Ima vehunt cœli, Lux it dum fusa frequenter,
Desuper in nubis rutilantis lampade Lunæ
Pascitur humore, et varias Dea lumine formas
Exprimit incerto; sic crebro denique Phœbe
Nubibus ambiri, quum subsint nubila Lunæ,
Creditur. Hanc quoties includere circulus ergo
Spectatur, proprio succedunt ordine signa:
Ille alias trino convolvit tramite Lunam,
Et geminus plerumque meat; solet unicus idem
Cingere. Si simplex circumversabitur orbis,
Signa procellarum certissima, signa sereni
Præferet; abruptus subito prænuntiat Euros;
Marcescens tenui sensim caligine, et æthra
Digestus patula, docet undis adfore pacem.
Si duo se Lunæ circumfudere, repente
Maxima vis pontum, vis verret maxima terras;
Majoresque dehinc agitabunt stagna procellæ,
Si trinus rutilum constrinxerit ambitus orbem;

mense univers porte le nom d'air; celui qui s'exhale du sein de la terre forme ce qu'on appelle les nuages; et au-dessus le ciel, cour des dieux, roule autour de l'axe sa voûte solide. Là, chaque divinité occupe sa place désignée. Le palais élevé de Saturne repose au cercle Boréal. A ce tropique où l'année plus chaude respire la sécheresse, Jupiter, enflammé par l'été, se tient dans le ciel ardent. L'équateur, brûlé par des feux immodérés, sert de demeure à Mars. A l'endroit où le solstice d'hiver fait rebrousser le char du Soleil, brille le bel astre de Vénus. Enfin, aux lieux où le cercle antarctique se plonge dans l'ombre, Mercure a établi son pluvieux séjour. Par-dessus ces cinq grands cercles le Soleil accomplit, dans les limites qui lui sont assignées, sa course brûlante. Tout près des nuages, à l'endroit où les exhalaisons de la terre se condensent en humides brouillards, la Lune roule dans la région inférieure du ciel. Souvent le flambeau de la Lune, dans sa marche au-dessus des nuages, s'imprègne d'humidité, et la lumière de la déesse présente alors diverses figures; ainsi on dirait parfois que Phébé est enveloppée par les nuages, tandis que ceux-ci volent au-dessous d'elle. Toutes les fois que la Lune paraît environnée d'un cercle, ces trois signes peuvent se présenter: ou le cercle est triple, ou il est double, ou il la ceint d'une circonférence unique. S'il est simple, il présage tantôt une tempête certaine, tantôt un temps serein; par exemple, si la ligne est bien tranchée, elle annonce que les Eurus vont aussitôt se déchaîner; mais si elle se fond peu à peu dans un pâle brouillard et s'étend dans l'espace, elle nous apprend que les ondes seront paisibles. Quand deux anneaux embrasseront la Lune, un ouragan violent bouleversera les mers, bouleversera les terres. Si un troisième anneau étreint son disque rougissant, les tempêtes, plus terribles encore, soulèveront les ondes. Enfin, si les cercles se détachent de la Lune et

Et magis immodica formidine sæviet Auster,
Zonarum teter fuerit si tractus in æthra,
Denique disrumpant si sese cingula Lunæ,
Ultima tempestas ruet imi gurgitis æstum.
SOLIS quinetiam, Solis tibi cura videndi
Sit potior, Solem melius prævisa sequuntur,
Astrorumque duci monstrata tenacius hærent:
Sive ille occiduas vergat declivis in undas,
Seu se luciferis reparabilis exserat oris,
Istius ingentes radii, caliginis atrum,
Et nebulosarum tractus piceos tenebrarum
Lumine disjiciunt, quum per chaos umbriferum vis
Flammea pervasit, quum se per noctis amictus
Inserit aeriæ fulgor facis; ille calore
Pigra movet, stimulat rutilis torpentia flammis;
Sol sopita animat, Sol dura obstacula primus
Curru adamanteo reserat pater; efflua Phœbus
Igne inhibet; Phœbus radiis densata relaxat.
At quum flammigeri cedit vis inclyta Solis
Lucis egens, crassæque Deus latet objice nubis,
Et cœlo et pelago magnos ait adfore motus.
Non hic, quum primos educet gurgite vultus,
Ceu picturato diversos ore colores,
Proferat; haud etenim, tali tibi Sole revecto,
Mitia jam cœli fas exspectare serena.
Et si tranquillo convexa cucurrerit astro[9],
Indideritque facem ponto Deus integer, atra
Nube carens, purusque coma, et splendidus orbe,
Convenit Eoæ faciem præsumere lucis.
Sed non ora cavo similis, medioque recedens
Ore quasi; vel si radios discingitur ultro,
Figat ut australem porrecto sidere partem,

jettent dans l'espace une traînée sombre, l'Auster furieux répandra plus que jamais l'épouvante, et la tourmente, au dernier degré de sa rage, ébranlera jusqu'au fond l'abîme des eaux.

Mettez plus de soin encore à observer le Soleil : le Soleil est accompagné de présages plus sûrs ; ce qu'a annoncé le roi des astres s'accomplit plus fidèlement. Soit qu'il précipite sa course vers les ondes du couchant, soit qu'il s'élève splendide des rivages de l'aurore, ses immenses rayons dissipent, par leur éclat, l'obscurité des ténèbres et les noires vapeurs des brouillards, alors que ses feux puissants pénètrent les ombres et que son flambeau déchire les voiles de la nuit. C'est lui qui, par sa chaleur, réveille la nature endormie, et qui vivifie de ses flammes les corps languissants. Le Soleil ranime toutes choses ; le Soleil bienfaisant, du haut de son char de lumière, force d'abord les plus durs obstacles. Phébus, par ses feux, donne de la consistance aux corps qui se dissolvent ; Phébus, par ses rayons, dilate ce que le froid avait condensé. Mais quand la lumière éclatante du Soleil pâlit et perd de sa vigueur, et que le dieu se dérobe derrière une nuée épaisse, c'est un signe que le ciel et la mer vont subir de grandes secousses. Que cet astre, au moment où il s'élève des eaux de l'Orient, ne présente pas un visage peint de toutes sortes de nuances ; car on ne peut espérer, quand le Soleil se lève ainsi, que le ciel demeure calme et serein. Et quand même il parcourrait tranquillement le ciel et plongerait son brillant flambeau dans la mer, dégagé de nuages, la chevelure éclatante, le disque éblouissant, il faudrait consulter d'abord l'aspect qu'il avait en se levant. S'il se lève avec un visage plein, bien arrondi, répandant de larges flots de lumière qui atteignent à la fois les régions de l'Auster et celles du rigoureux Borée, son flambeau

Ac Boream rigidi jaculetur luminis igne,
Et vento et pluviis reparata luce carebit.
DENIQUE per flammas procul atque incendia Solis
Ipsa Dei cedunt blandi si lumina, solers
Tende oculos, certa hoc ducentur signa magistro.
Et ne sanguineus late rubor induat ora,
Quali pro tractu vaga nubila sæpe rubescunt;
Aut ne labentem piceus color abdat amictu
Lampada, quære diu. Si retro crassior orbe est,
Uvescet pluviis tellus, inflataque celsas
Aggere devicto superabunt flumina ripas.
Ignea si fulgor præcurrit plurimus ora,
Flamina crebra salis quatient vada, flamina terras
Converrent omnes, et duri flabra Aquilonis
Silvarumque comas¹⁰ et celsa cacumina flectent.
Vis simul amborum in vultum Solis oberret,
Cuncta Noti quatient, imbres procul arva rigabunt.
ECCE alias primo nascentis Solis in ortu,
Vel quum præcipites pelago Deus inserit ignes,
Ut coeunt radii nebulose; cetera quippe
Pars Hyperioniæ rutilat facis, hæcque comarum
Vis confusa micans mundo sua lumina præstat.
Sic globus ater item liventia nubila cogit,
Nonnumquam crasso nebularum tectus amictu
In convexa redit, tum cœlo rursus aperto
Quum ruit, opposita vultum caligine condit:
Omnibus his signis in terram defluit imber
Plurimus. Interdum tenuis prævertere nubes
Visa Deum. Hæc celeri si præsurrexerit ortu,
Ipseque pone sequens radiorum luce carere
Cernatur, nimbis ingentibus arva madebunt.
At matutini si Phœbum litoris acta

au lever prochain, ne sera accompagné ni de vent ni de pluies.

Si au moment où le Soleil flamboie et répand ses rayons la lumière du dieu bienfaisant vient à se retirer, observez soigneusement les présages infaillibles qu'il nous offre. Faites attention si sa face ne se couvre pas d'une rougeur sanglante qui jette de longs reflets sur les nuages vagabonds, ou si son flambeau mourant ne se voile pas d'une teinte sombre. Si c'est la teinte sombre qui l'emporte, la terre sera noyée de pluies, et les fleuves gonflés, rompant leurs digues, se répandront au-dessus des rives élevées; si c'est la rougeur de feu, des vents continuels battront la surface des flots et balayeront toute la terre, le souffle impétueux de l'Aquilon inclinera la chevelure des forêts et leurs cimes superbes. Si les deux nuances se disputent également la face du Soleil, on verra à la fois les Notus se déchaîner et les pluies inonder les campagnes.

Il arrive quelquefois qu'au lever du Soleil, ou à son coucher, quand il plonge ses feux dans la mer, les rayons du dieu rencontrent des brouillards; de sorte que, tandis que le reste du flambeau étincelle, la partie qui baigne sa chevelure dans les eaux ne fournit qu'une lueur incertaine. De même aussi le disque de l'astre, quand il s'élance dans le ciel, est quelquefois embarrassé d'un amas de nuages livides qui le couvrent d'un épais manteau, puis se dégage dans le cours de la carrière, et enfin, descendant vers le terme opposé, cache de nouveau sa face dans les vapeurs. Tous ces signes annoncent à la terre des torrents de pluie. D'autres fois le dieu semble précédé par une nuée légère. Si cette nuée s'élève rapidement devant lui, et qu'il la suive avec une lumière sans éclat, les champs seront inondés par les pluies. Mais si Phébus s'élance des bords de l'aurore avec un disque plus grand que d'ordinaire, que les contours de ce

Majorem solito produxerit, atque per æthram
Marcenti similis defluxerit extimus orbis,
Alta dehinc scandens minuat jubar igniferum Sol,
Pura serena aderunt; namque olli gurgitis aer
Crassior in modicum surgens diffuderit orbem;
Et jam se tenero sustollens tramite cœli
Oblitum justi jubar adtrahit. Hic quoque magnis
Quum madefacta dies sub tempestatibus horret,
Pallidus ora cadens, promittit pura serena;
Displosis etenim per apertam nubibus æthram
Ora laboranti similis languentia pallet;
Et disjectarum moles late nebularum
Indicat exsuti faciem clarescere mundi.
Quin nascente die venturos convenit imbres
Noscere, quum proni procul ad confinia cœli
Deferri piceo spectaris nubila tractu:
Et quum declinant radii se partem in utramque,
Lucis in occasu, nox ut ferat algida rores,
Imber erit. Puras si Phœbus condat habenas,
Et Calpetano tranquillum gurgite lumen
Tingat, ac in lapsu nubes ignita sequatur,
Noxque diesque dehinc venturi rursus Eoi
Nimborum expertes sine tempestatibus atris
Durabunt. Sed quum radiis marcentibus ardor
Languet, et in tenui tenduntur acumine frustra
Phœbei crines, nimbos aget atra procella.
Talis et obducti cernetur forma diei,
Qualem fraternos subtexens Luna jugales
Lucem hebetat; subit hæc superi sacra lumina Solis
Inferior, mediæque interstans lampadis orbe
Arcet flammigeræ radium facis. Haud tibi rursum,
Quum matutinos molitur Lucifer ortus,

disque s'effacent dans sa marche à travers le ciel, et qu'enfin, arrivé à son zénith, le Soleil diminue l'éclat de ses rayons, le temps sera pur et calme : c'est que l'air, plus épais quand le Soleil est peu élevé, fait paraître l'astre plus large; tandis que, plus léger dans les hauteurs du ciel, il le ramène à ses justes proportions. Après une journée humide et agitée de bourrasques, si le Soleil se couche avec un front pâle, c'est signe de beau temps ; écartant le rideau des nuages, sa face apparaît languissante comme celle d'un malade, et la dispersion des vapeurs entassées indique que les cieux vont reprendre leur sérénité.

C'est un présage de pluie quand on voit au matin de vastes bancs de nuages sombres qui s'allongent à l'horizon; et lorsqu'au soir les rayons du Soleil se partagent en deux, et que la nuit apporte de froides rosées, c'est encore signe de pluie. Si le char de Phébus, en entrant dans les ondes de Calpé, rayonne pur et tranquille, et laisse après lui les nuages en feu, la nuit et le jour qui suivent seront sans pluies ni tempêtes. Mais quand ses rayons pâles n'ont qu'une chaleur mourante et une pointe sans vigueur, les nuées pluvieuses viendront, amenées par la tempête. Le jour sera alors éclipsé comme quand la Lune cache le char obscurci de son frère; placée sous le Soleil, elle intercepte sa lumière sacrée, et empêche d'arriver à la terre les traits de son flambeau éclatant. Si les nuages, au lever du Soleil, roulent en flocons rouges de sang, le ciel se fondra tout en eau. Si le Soleil, du sein enflammé de la mer, fait jaillir ses rayons dans les airs, et que ces rayons soient enveloppés d'une vapeur sombre, ce jour sera exposé aux vents et à la pluie. La pluie tombera également si un cercle noir environne l'astre à son lever; elle tombera plus forte, elle abreuvera le sol avec plus d'abondance, si

Ebria sanguineæ subvolvant vellera nubes.
Namque gravis cœlo fundetur protinus imber.
Nec si Sole procul rutila inter stagna morante
Emineant radii, radios quoque crassior umbra
Contegat, ille dies pluviis ventoque carebit.
Quin erit imber item, si Solem circulus ater
Ambiat exortum; major se denique nimbus
Urgebit cœlo, major sola perluet imber,
Circumfusa adeo si cingula nescia solvi
Servarent tetræ speciem torpentia molis.
SÆPE etiam Phœbo nubes percussa rubescit,
Atque imitata Dei formam, procul igne recepto
Concipit effigiem, simulato luminis orbe.
Id qua parte poli spectaveris, adfore ab ipsa
Parte tene ventos; tamen hæc, tamen omnia semper
Decedente die melius ventura docebunt.

CONVENIT hic etiam parvum Præsepe notare;
Id nubi nomen, quæ Cancro obvolvitur alto,
Græcia docta¹¹ dedit; duo propter denique Asellos
Suspice, quorum alius Septem vicina trioni
Astra adolet, tepidum procul alter spectat in Austrum.
In medio quod nube quasi concrescit adacta,
Id Præsepe vocant. Porro hoc Præsepe repente
Si sese ex oculis procul auferat, ardeat autem
Congruus aerii late rubor ignis Asellis,
Nequaquam tenues agitabunt stagna procellæ.
At si sideribus similis lux duret, et illi
Tetra sit effigies, cadet altis nubibus imber
Lenior, et parco mox tellus rore madebit.
Sed Boreæ si parte trucis velut indiga justæ
Stella facis lento marcescere cernitur igne,
Et procul alterius juba late flagrat Aselli,

cette enveloppe persiste et conserve le noir aspect d'une masse opaque.

Souvent aussi, frappée par les rayons de Phébus, une nuée s'enflamme et reproduit la figure du dieu ; le feu qu'elle a reçu enfante cette image, semblable à un globe de lumière. Tenez pour certain que du côté du ciel où vous la verrez, les vents souffleront ; cependant, de tous ces présages, les plus sûrs sont ceux qui accompagnent le coucher du soleil.

Il convient aussi de remarquer la petite Étable : c'est le nom que la docte Grèce a donné à la nuée qui couronne la partie antérieure du Cancer. Jetez les yeux sur les deux Ânes, dont l'un tourne ses étoiles brillantes du côté du septentrion, et l'autre du côté du tiède Auster : l'espèce de nuée qui se forme au milieu est ce qu'on appelle Étable. Si cette Étable se dérobe tout à coup à la vue, et qu'en même temps les Ânes étincellent d'un rouge de feu, des tempêtes épouvantables bouleverseront les eaux. Si ces astres conservent une lumière semblable, et que la nuée présente un aspect sombre, une pluie douce descendra du ciel, et la terre sera bientôt humectée d'une bienfaisante rosée. Si celui qui est voisin du violent Borée voit pâlir le feu languissant de son flambeau, tandis qu'à l'opposé la crinière de l'autre Âne est étincelante, l'Auster s'élèvera aussitôt des vallées de l'Éthiopie. Mais si l'astre voisin du Notus voit décroître sa

Protinus Æthiopum surget convallibus Auster[12].
At regione Noti si lucens stella senescat,
Ingens Rhipæis Aquilo crepitabit ab oris.
Quin et terrenis cape rebus certa frequenter
Signa procellarum; nam quum traxere tumorem
Æquora prolixum, quum litora curva resultant
Sponte procul, neque cæruleus colliditur æstus,
Aut quum proceris vertex in montibus ultro
Perstrepit aerium, ventos instare docebunt.
Et quum parva fulix trepido petit arva volatu[13],
Stagna sinens, longasque iterat clangore querelas,
Indicat insanis freta mox canescere ventis.
Denique quum cœlo tenduntur pura serena,
Sævitura polo sunt flamina, primus in ipsa
Mox picturati convertit pectoris artus
Sturnus edax[14], premat ut tenues vis obvia plumas,
Et ne post tergum pateat penetrabilis Euro.
Latipedemque anatem cernes excedere ponto
Sæpius, et summa nebulam se tendere rupe;
Jamque super latices florum volitare senectam,
Stellarumque comas rumpi procul æthere celso,
Decidere in terras, rutilarum spargere crines
Flammarum, et longos a tergo ducere tractus :
Inde etiam ventos mox adfore præmonet usus.
Quod si diversis se passim partibus ignes
Excutiant, verret pelagus sine fine modoque
Turba procellarum, si duri limite ab Euri,
Si regione Noti, si lenis parte Favoni,
Aut de Bistonio mundi procul axe coruscat.
Si repetunt veterem ranæ per stagna querelam ;
Vellera si cœlo volitent; si discolor Iris
Demittat gemino se fornice; circulus albam

lumière, l'impétueux Aquilon se déchaînera des antres des Riphées.

Tirez aussi des phénomènes terrestres des présages certains de tempêtes : quand le dos des mers se gonfle ; quand les rivages arrondis résonnent au loin, sans que les flots bleuâtres s'y viennent briser ; quand les cimes aériennes des montagnes font entendre un murmure, ce sont des signes qui annoncent les vents.

Quand la foulque gagne les champs d'un vol effrayé, fuyant les lacs, et qu'elle remplit l'air de ses longs gémissements, elle indique que les flots vont bientôt blanchir, battus par les autans. Lorsque, dans le ciel encore serein, la tempête se prépare à venir, l'étourneau vorace présente aux Eurus sa poitrine bigarrée, de manière à les faire glisser sur le tendre plumage qu'ils pressent, et à les empêcher de s'engouffrer dans sa queue.

Souvent aussi vous verrez le canard aux pieds palmés sortir des flots, le brouillard se détacher du pic des montagnes, le duvet des fleurs voltiger au-dessus des eaux, la chevelure des étoiles être lancée hors du ciel, et tomber sur la terre en laissant après elle un sillon lumineux : autres signes qui annoncent l'approche des vents.

Si des éclairs jaillissent de tous les points de l'espace, des dures régions de l'Eurus, des contrées du Notus, du paisible domaine du Zéphyr, et du ciel glacé de Bistonie, la mer sera agitée sans fin ni mesure par une foule de tempêtes.

Si les grenouilles répètent aux marais leur plainte monotone ; si des flocons nuageux flottent dans le ciel ; si l'arc double d'Iris projette ses mille couleurs dans l'éten-

Si stellam teter velut ambiat; æquora propter
Si crepitent volucres, si gurgite sæpius alto
Pectora mersentur; si crebro garrula hirundo
Stagna adeat; rutilæ quum sunt primordia lucis,
Si matutinas ululæ [15] dant carmine voces;
Improba si cornix caput altis inserit undis,
Flumine terga rigans, si sævit gutture rauco,
Plurimus abruptis fundetur nubibus imber.
IMBER erit, totis quum bucula naribus auras
Concipit, et late pluviis sola cuncta madebunt,
Quum proprias solers sedes formica relinquens,
Ova cavis effert penetralibus, aspera quippe
Tempestas, gelidusque dies, et frigidus æther,
Inserit internis terrarum. Redditur æstus,
Pectora quum curvo purgat gallinula [16] rostro;
Agmine quum denso circumvolitare videtur
Graculus, et tenui quum stridunt gutture corvi;
Quum procera salum repetit clangore frequenti
Ardea; quum parvæ defigunt spicula muscæ;
Et si nocturnis ardentibus undique testis
Concrescant fungi; si flammis emicet ignis
Effluus, aut lucis substantia langueat ultro,
Convenit instantes prænoscere protinus imbres.
Denique quum patulum torrens Vulcanus ahenum
Scintillas flamma circumlabente relinquit;
Si Notus humentes Libyco trahit æthere nubes,
Sive imum ad montem nebularum crassus amictus
Tendatur, summo nudentur vertice saxa;
Et qua pontus item freta per distenta quiescit,
Nubila si longo se procumbentia tractu
Diffundunt cœlo, Thetidi terrisque supinis
Pax aderit, nusquam mundo ruet effluus imber.

due; si un cercle noir cerne les blanches étoiles; si les oiseaux battent des ailes auprès de l'eau; s'ils se baignent plus souvent dans la mer; si l'hirondelle babillarde rase fréquemment les flots; si aux premières lueurs du matin les chouettes font entendre leur voix funèbre; si la corneille sinistre effleure avec sa tête les eaux et en arrose les plumes de son corps; si elle jette des cris de fureur, les nuages se résoudront en torrents de pluie.

Il y aura pluie, si la génisse aspire l'air de toutes ses narines; et les champs en seront largement abreuvés, si la fourmi industrieuse, quittant ses demeures ordinaires, porte ses œufs dans les entrailles du sol; car un temps âpre, un jour froid, un air glacé relèguent cet insecte au plus profond des terres. Le beau temps revient, quand la poule d'eau avec son bec recourbé lustre le plumage de sa poitrine; quand les geais apparaissent volant çà et là en troupes serrées; quand les corbeaux font entendre le croassement de leur étroit gosier; quand le héron à la haute stature regagne les eaux avec des cris répétés; quand les moucherons dardent leurs aiguillons. Mais si l'éclat des lampes de nuit est obscurci par les champignons que forme la mèche; si la flamme pétille et lance des étincelles, ou que le foyer de la lumière vienne à languir, on doit s'attendre à des pluies imminentes. Enfin si le feu, en brûlant sous un vase d'airain, l'embrasse de ses flammes sans que des étincelles jaillissent; si le Notus apporte des nuages humides du ciel de Libye; si un épais manteau de brume, couvrant les flancs des montagnes, laisse à découvert leurs têtes rocailleuses; et si, au-dessus de la surface immobile de la mer, d'immenses traînées de nuages s'allongent dans toute l'étendue du ciel, Thétis et la terre demeureront en repos, et il ne pleuvra dans aucune contrée.

SED quum tranquillo tenduntur crassa serena
Sub Jove, venturæ prænoscere signa procellæ
Convenit; et rursum quum persurit aëris horror,
Inspice quam referant terris pelagoque quietem.
Inter prima tamen parvum Præsepe notatur,
Arduus excelso quod Cancer cardine volvit.
Hoc quum concretus tenuari cœperit aër,
Discutit impositæ late sibi molis amictum.
Namque sereniferi patet hoc in flabra Aquilonis
Cominus, et primo purgatur flamine venti
Tempore. Tum proprium modulatur noctua [17] carmen,
Tum vespertinum cornix longæva resultat;
Tum corvi crepitant [18], et ovantes gutture rauco
Agmina crebra vocant, tum nota cubilia læti
Succedunt pariter, tum pennis corpora plaudunt.

TUNC et Strymonias circumvolitare repente
Suspicies per aperta grues [19], ubi mitior annus
Sponte procellosum disjecerit aëra cœlo.
Tunc quoque quum stellis hebes est lux omnibus ultro,
Nubila nec crassos circumduxere meatus,
Ut jubar occulerent flagrantibus obvia flammis;
Nec caligo inhibet rutilantis lampados ignes,
Orbe nec expleto sacra sidera Luna retundit;
Sed jam sponte sua stellarum lumina marcent:
Convenit hibernæ prænoscere signa procellæ.
Nubila si cœlo consistere, nubila ferri
Sique superfundi sibimet suspexeris, ultro
Gramina si carpit semesa petacius [20] anser;
Si nocturna tibi cornix canit, hesperus æthræ
Quum redit; innumero si cantu graculus instat [21];
Si matutino fringuilla resultat ab ore;
Si fugiunt volucres raptim freta turbida Nerei,

De même qu'il faut, par un temps calme et serein, prévoir les signes qui annoncent la tempête; de même, quand l'air est bouleversé, reconnaissez les présages qui rendent la paix aux terres et à la mer. On remarque d'abord cette petite Étable, que le Cancer roule avec lui dans ses hautes régions. Celle-ci, quand l'air épais commence à perdre de sa densité, secoue le manteau pesant qui l'écrasait : exposée d'abord au souffle de l'Aquilon serein, elle est débarrassée par le premier coup de vent. Alors le hibou module sa plainte nocturne, et la corneille séculaire fait entendre son cri du soir; alors les corbeaux battent des ailes, et appellent avec des croassements de triomphe leurs nombreux compagnons; alors ils entrent ensemble avec joie dans les nids qui leur sont connus, alors ils agitent à grand bruit leur ailes contre leurs flancs.

Alors aussi vous verrez les grues du Strymon voler en troupes dans le ciel, dont l'année plus douce a écarté les tempêtes. Quand la lumière de toutes les étoiles pâlit tout à coup, et cela sans que des nuages les enveloppent de voiles épais qui nous en cachent la flamme brillante, sans que des brouillards émoussent la pointe de leurs feux, et sans que la pleine lune éclipse leurs rayons sacrés, mais bien par une défaillance qui leur est propre, il faut y reconnaître les signes d'une tempête d'hiver. Si des nuages pendent immobiles dans le ciel, tandis que d'autres, emportés avec rapidité, semblent glisser audessus; si l'oie s'acharne à mordre un gazon à moitié rongé; si la corneille se fait entendre la nuit, au lever de l'étoile de Vénus; si le geai ne cesse de pousser des cris; si le pinson chante dès le matin; si les oiseaux fuient à tire-d'aile les flots troublés de Nérée; si l'orchilus, ennemi de l'hymen couronné de fleurs, gagne les profondeurs de la terre; si le petit rouge-gorge se glisse en tremblant dans les fentes des rochers; si les abeilles,

Orchilos infestus si floricomis hymenæis
Ima petit terræ; si denique parvus eritheus
Succedit trepidus scruposæ concava rupis;
Cecropias si pastus apes [22] vicinus ad ipsa
Castra inhibet, florumque simul libamina mœstæ
Proxima decerpunt; si Threiciæ per aperta
Sponte grues trepidant [23], nec sese audacibus æthræ
Committunt pennis, ut longos sæpe volatus
Formavere super; si solvit aranea casses,
Tenuia si toto vehit Auster licia cœlo,
Mox tempestates, et nubila tetra cientur.
Quid? majora canam : cinis en, cinis ipse repente
Quum coit, albenti nix terras vestit amictu.
Nix operit terras, rutilis ubi lumina prunis
Summa rubent, errantque brevi caligine crassæ
Interius nebulæ, et denso jam fomes in igni
Marcescit penitus. Pluvios mox arguet Austros,
Induit immodicis quum semet floribus ilex
[Indiga nam succi ligno natura rigenti est]:
Et quum flore novo, quum brachia glande gravantur
Uventis cœli sibi nutrimenta latenter
Sponte parata docet. Quin et lentiscus amara [24]
Indicium est pluviis. Ter fetum concipit arbos;
Terque novos genitrix fructus alit; ipsaque trino
Flore renidescens tria tempora prodit arandi.
Ter prorumpentis scillæ teres erigitur flos,
Sulcandique solum ter monstrat tempus adesse.

Sic et crabronum [25] rauca agmina si volitare
Fine sub autumni conspexeris æthere longo,
Jam vespertinus primo quum commovet ortus
Vergilias pelago, dices instare procellas.
Sique sues lentæ, si lanæ sedula nutrix;

filles de l'Attique, se contentent de butiner près de leurs ruches et de pomper tristement le suc des fleurs voisines; si dans les champs de l'air les grues de la Thrace s'arrêtent tremblantes, et ne poursuivent plus d'une aile audacieuse leur vol en longs bataillons; si l'araignée brise ses toiles, dont les fils déliés flottent par tout le ciel au gré de l'Auster, les tempêtes et les sombres nuages s'approchent.

Mais voici des présages encore plus significatifs. La cendre elle-même, la cendre, quand elle se coagule tout à coup, annonce que la terre va se vêtir d'un blanc manteau de neige. La neige couvrira encore la terre, quand la surface des charbons brille d'un rouge ardent, tandis qu'à l'intérieur on voit errer comme des bouffées de fumée sombre, et que le feu semble languir au centre du foyer. Un signe qui accuse l'approche des Austers pluvieux, c'est quand l'yeuse se pare de nombreuses fleurs [car le bois dur est naturellement pauvre de sève]; et les fleurs nouvelles, les glands dont l'arbre charge ses bras, annoncent que le ciel humide lui prépare en secret de quoi le nourrir. Le lentisque sert aussi à présager les pluies. Trois fois l'arbre produit; trois fois il donne naissance à des fruits nouveaux; et par sa triple floraison il indique trois époques favorables au labour. Trois fois la fleur arrondie, rompant son enveloppe, montre que le temps est venu de sillonner le sol.

De même, si vous voyez à la fin de l'automne les frelons voler en essaims bourdonnants, alors que le lever de Vénus annonce déjà la première veille, vous direz que les tempêtes sont imminentes. Et si les pourceaux, si l'animal qui porte la laine, si la chèvre qui

Si capra dumosis errans in saltibus, ultro
In venerem pergat (quippe ollis uvidus aer
Excitat internum per viscera mota furorem [26]),
Et tempestates et nubila protinus atra
Adfore præcipies. Quin et gaudebit arator,
Quique solum justis versabit mensibus anni,
Plebe gruum prima; gaudebit tardus arator
Agmine pigrarum: sic quadam lege Deorum
His comes est imber. Pecudes si denique terram
Lanigeræ fodiant, caput at tendatur in Arcton,
Quum madidus nondum per marmora turbida condit
Pleiadas occasus, quum brumæ in frigora cedit
Frugifer autumnus, ruet æthra concitus imber.
At ne perruptis terrarum dorsa lacunis
Infodiant pecudes; si vasto viscera hiatu
Discutiant terræ, veniet vis æthere toto
Dira procellarum; nix omnes vestiet agros;
Nix herbas lædet teneras, nix uret aristas.
At si contigerit plures ardere cometas [27],
Invalidas segetes torrebit siccior aer.
Namque prorumpunt naturæ legibus ultro
Spiramenta soli, si justus defuit humor,
Arida per cœlum surgentia desuper æthræ
Ignescunt flammis, mundique impulsa calore
Excutiunt stellas, et crebro crine rubescunt.
CONTEMPLATOR item, si longo plurima ponto
Agmina festinant volucrum, solidamque frequentes
Succedunt terram, sterilis desæviet æstus,
Ac sitient agri; nam qua circumflua tellus [28]
Adluitur pelago, coquit altam siccior aer
Cespitis arentis ventis, citiusque calorem
Sentit humus succincta salo; fuga protinus ergo

erre parmi les buissons courent à l'accouplement (l'humidité de l'air excitant une fureur amoureuse dans leurs organes), vous conjecturerez que les bourrasques et les sombres nuages vont venir. Le laboureur, ainsi que tous ceux qui travaillent la terre à époques fixes, se réjouira de la première apparition des grues; le laboureur en retard se réjouira du passage des grues attardées : car, d'après un ordre des dieux, ces oiseaux se montrent toujours avec les pluies. Si les troupeaux de moutons fouillent la terre, en allongeant leur tête du côté de l'Ourse, alors que les Pléiades n'ont pas encore gagné la couche humide des flots turbulents, et que l'automne fécond se retire devant les froids de l'hiver, la pluie tombera par torrents. Mais si la terre, sans être creusée par le pied des troupeaux, ouvre elle-même son sein en se fendant profondément, de fougueuses tempêtes se déchaîneront de tous les points de l'espace, la neige couvrira toutes les campagnes, la neige nuira aux jeunes plantes, la neige brûlera les blés. Si plusieurs comètes viennent à flamboyer, les moissons mourantes se dessècheront sous un air brûlant. Car la nature veut que les pores de la terre éclatent, s'ils manquent de l'humidité nécessaire, cependant que les comètes élèvent dans les hauteurs de l'espace leurs feux arides, et, poussées par une chaleur céleste, ébranlent les étoiles et se couronnent d'une rouge chevelure.

Remarquez également que, si les oiseaux par bandes nombreuses arrivent de la haute mer et viennent en foule se poser sur la terre ferme, une chaleur stérile exercera ses ravages, et les champs seront altérés d'eau; car les plages que baigne la mer, comme exposées par leur élévation au souffle des vents secs, ressentent plus vite les effets d'une température brûlante; et c'est pourquoi les oiseaux se réfugient dans les terres. Le laboureur, à

Est avium in terras; pavet hos ut viderit æstus
Agricola, et sicco jam deflet mergite culmos.
Sed si tum modicum producant agmen ab undis,
Nec trepido passim versent convexa volatu,
Lætitia est duris pastoribus [29]; adfore parcos
Præsumunt imbres. Sic in contraria semper
Vota homines agimur, nostrique cupidine fructus
Poscimus alterius dispendia. Denique et ipsa
Solers natura, et rerum genitabilis ordo,
Certa suis studiis adfixit signa futuri.
Namque et ovis cupido si gramina tondeat ore
Instaurata cibi, decerpens lætius agros,
Pastor id indicium pluvialis frigoris edet.
Et si persultans aries lascivius herbas
Adpetat, aut sese sustollant saltibus hœdi;
Vel si juge gregi cupiant hærere, nec usquam
Matribus abscedant, et si sine fine modoque
Pabula delibent, quum tutas vesper adire
Compellat caulas, monstrabunt adfore nimbos.
Bubus arator item trahit atræ signa procellæ,
Lambere si lingua prima hos vestigia forte
Viderit, aut dextrum prosternere corpus in armum;
Vel si prolixis auras mugitibus implent,
Pascua linquentes vix vespere. Dat capra moti
Rursum signa poli, quum spinis ilicis atræ
Multa inhiat. Docet hæc eadem sus horrida cœno,
Gurgitis illuvie si sæpius involvatur.

Martius ipse lupus villarum proxima oberrans,
Adfectansque locos hominum, lectumque laremque
Sponte petens, crasso consurgere nubila cœlo
Præmonet. Id parvi commonstrant denique mures [30],
Quum gestire loco, quum ludere forte videntur.

la vue de ces chaleurs, est consterné et pleure les gerbes desséchées comme du chaume. Mais si la troupe ailée qui vient des mers est peu nombreuse, et ne trouble pas le ciel de son vol rapide et désordonné, les rustiques bergers se réjouissent; ils prévoient des pluies modérées. Ainsi, pauvres humains, nous sommes toujours poussés vers des vœux opposés, et, dans notre empressement de jouir, nous demandons des avantages qui sont des pertes pour les autres. Cependant la nature ingénieuse, cette mère de tout ce qui existe, a donné à ceux qu'elle aime des signes certains de ce qui doit arriver. Si la brebis broute l'herbe d'une dent avide, insatiable de nourriture, dépouillant joyeusement les prés, le pasteur y verra l'indice d'un froid pluvieux. Et si le bélier lascif recherche en bondissant les pâturages, ou que les chevreaux se dressent en sautant, ou bien encore s'ils restent toujours à la suite du troupeau, sans s'éloigner de leur mère, et s'ils broutent les plantes sans fin ni mesure, malgré le soir qui les appelle au paisible bercail, c'est un signe qu'il va pleuvoir.

De même le laboureur tire de ses bœufs les présages d'une noire tempête, s'il les voit promener leur langue sur leurs pieds de devant ou renverser leur corps sur le flanc gauche; ou s'ils remplissent les airs de mugissements prolongés, et, le soir, ne quittent qu'à regret les pâturages. La chèvre annonce des changements de temps, quand elle recherche avidement les épines de l'yeuse noire. Le même présage est donné par le cochon immonde, s'il se vautre plus souvent que de coutume dans la vase.

Le loup lui-même, consacré à Mars, quand il rôde autour des maisons de campagne, recherchant la demeure de l'homme, et venant l'attaquer jusque dans son foyer et dans son lit, annonce que le ciel doit se charger d'épais nuages. C'est ce que présagent aussi les petits rats, quand ils sortent de terre comme pour jouer. Le chien aussi

Protendit tibimet canis id præsentia, multam
Tellurem fodiens. Tamen hæc, tamen omina rerum
Adfore vel primo nimbos mox sole docebunt,
Vel quum curriculis lux ibit cœpta secundis,
Tertius aut verso quum venerit ortus Olympo.
Non spernenda tibi sunt talia, sed memor uni
Adde aliud semper; si tertia denique signa
Proveniant, firmo venturum pectore fare;
Et transactorum solers componere mensum
Signa laborabis, si confluxere reperta.
Nequaquam trepidare pudor persuadeat ullus.
Astrorum lapsus, astrorum protinus ortus
Discute, si casus similes ea stella per æthram [31]
Prodidit : exacti jam summa crepuscula mensis,
Et surgentis item primordia, conscius artis
Fare sacræ. Mensum confinia summa duorum
Cæca latent : luces hæc semper semet in octo
Inscia lunaris tendunt facis. Ipse fideli
Perquire studio ; et si quid tibi forte repertum,
Pluribus indiciis solers fulcire memento.

désigne d'avance ce phénomène, quand il fouille profondément le sol. Toutefois ces signes n'annoncent la pluie que pour le jour suivant, ou pour la seconde course fournie par le char du Soleil, ou même pour le troisième lever de cet astre dans les cieux.

Ne méprisez pas ces présages, mais souvenez-vous de confirmer l'un par l'autre ; et si un troisième s'ajoute aux deux premiers, ne craignez pas de prédire à coup sûr. Vous travaillerez aussi à mettre en ordre les signes tirés du cours des mois, pour voir s'ils se rapportent à ceux que vous avez déjà. Qu'une fausse honte ne vous fasse pas chanceler. Comparez le lever des astres, comparez leur coucher, et voyez si l'étoile ne présente pas alors des cas semblables. Initié à cette science sacrée, dites sous quel aspect se présentent les fins de mois, et leurs commencements. Les limites extrêmes par lesquelles deux mois se touchent cachent des mystères ; pendant huit jours alors le flambeau de la Lune n'apparaît pas. Faites-en l'objet d'une étude sincère ; et si vous obtenez quelque découverte, ayez soin de la confirmer en l'appuyant sur un plus grand nombre de preuves.

NOTES

SUR LES PRONOSTICS D'ARATUS.

1. — *Sed primæva Meton*, etc. (v. 48). Le nom de cet astronome ne se trouve pas dans Aratus. Au reste, rien de plus célèbre que Méton; il est l'inventeur du cycle qu'on appelait métonicn.

2. — *Æris immadidum*, etc. (v. 84 et suiv.). Avienus ici s'éloigne encore d'Aratus. Cette dissertation physique est empruntée à différents philosophes grecs.

3. — *Hic super imbres*, etc. (v. 98). Aristote (*Météorol.*, liv. 1, ch. 9) donne à peu près la même explication au même fait. Il est possible que le poëte latin l'ait eue en vue.

4. — *Occurset sibimet velut obvia cominus*, etc. (v. 101 et suiv.). On peut voir dans le poëme de Lucrèce, liv. VI, v. 95, la description des mêmes phénomènes.

5. — *Imbribus aut Zephyris* (v. 137). Aratus ne parle pas des Zéphyrs; il ne mentionne en cet endroit que le Notus.

6. — *Aut Libyæ de parte Notum* (v. 145). Ici Avienus prend encore sur lui de parler du Notus; l'auteur grec n'en dit pas un mot.

7. — *Hoc quod protento vehit*, etc. (v. 180 et suiv.). Nouvelle digression du poëte, qui, à propos de la lune, qu'il met près des nuages, assigne une place à chaque planète; mais c'est une digression malheureuse. Il attribue Saturne au cercle arctique, Jupiter au tropique du Cancer, Mars à l'équateur, Vénus au tropique du Capricorne, et Mercure au cercle antarctique; tandis que ces cercles sont également communs à toutes les planètes.

8. — *Has super amplas*, etc. (v. 191). Ce que dit ici Avienus est en contradiction avec ce qu'il avance dans les *Phénomènes*.

9. — *Convexa cucurrerit astro* (v. 238). Tournure grecque. Les Grecs disaient : Τρέχειν τὸ στάδιον.

10. — *Silvarumque comas* (v. 259). Comparez ce vers avec le vers 1181 des *Phénomènes*.

11. — *Græcia docta* (v. 327). On a pu remarquer qu'Aviénus qualifie incessamment la Grèce de docte et d'ingénieuse.

12. — *Protinus Æthiopum surget convallibus Auster* (v. 341). Les Éthiopiens sont mis ici pour les peuples du Midi pris en général.

13. — *Et quum parva fulix*, etc. (v. 350). *Fulix*, ou *fulica*, est la foulque proprement dite, ou morelle; on la range avec la poule d'eau et la poule sultane parmi les foulques, caractérisées par l'armature de leur front. La foulque proprement dite, ou morelle, a les doigts fort élargis par une bordure festonnée; aussi nage-t-elle parfaitement, et passe-t-elle toute sa vie sur les marais et les étangs. On n'en possède en Europe qu'une seule espèce, de couleur d'ardoise foncée. En été, elle vit dispersée en petites bandes; mais en hiver elle se réunit en troupes très-nombreuses sur les grands lacs dont les eaux ne gèlent que rarement.

14. — *Sturnus edax*, etc. (v. 356). L'étourneau commun est répandu dans tout l'ancien continent; il se tient sur les arbres qui bordent les prairies, et vole en troupes nombreuses et serrées; son plumage noir, avec des reflets violets et verts, est parsemé de taches blanches ou fauves.

15. — *Si matutinas ululæ*, etc. (v. 377). La chouette proprement dite (*ulula*) diffère du hibou proprement dit (*otus*) par l'absence de l'aigrette.

16. — *Gallinula* (v. 387). La poule d'eau (*gallinula*) a les doigts longs et garnis d'une bordure étroite. On la voit souvent à terre; mais elle vit en général sur les eaux dormantes. Notre poule d'eau commune est répandue dans presque toute l'Europe.

17. — *Noctua* (v. 415). C'est proprement la chevêche, qui a l'ouverture de l'oreille plus grande que les autres oiseaux de proie nocturnes, avec le disque de plumes qui entoure les yeux moins grand et moins complet.

18. — *Tum corvi crepitant* (v. 417). Quelques auteurs proposent le mot *crocitant*, qui exprime mieux le croassement du corbeau. Plaute (*Aulularia*, act. iv, sc. 3, v. 2) s'est servi du verbe *crocire* en l'appliquant au cri du même animal.

19. — *Tunc et Strymonias circumvolitare repente Suspicies per aperta grues* (v. 426). On peut comparer ce passage avec celui d'Homère sur les mêmes oiseaux, *Iliade*, ch. iii, v. 3 et suiv.

20. — *Petacius* (v. 432). Ce mot se rencontre très-rarement.

21. — *Innumero si cantu graculus instat* (v. 434). Le geai est rangé parmi les corbeaux. Ce qui le distingue, c'est que les mandibules de son bec sont peu allongées et se terminent par une courbure subite; sa queue est aussi moins grande que celle du corbeau. Celui dont Aviénus parle ici est sans doute le geai d'Europe, dont l'aile est ornée d'une grande tache d'un bleu vif, rayée de bleu foncé. On rencontre des geais par paires ou par petites troupes dans les forêts.

22. — *Cecropias si pastus apes* (v. 440). Cette épithète de *Cecropias* indique que le poëte songeait aux abeilles du mont Hymette, si renommées dans toute l'antiquité par la qualité supérieure du miel qu'elles produisaient. Les Athéniens avaient coutume de placer les ruches au milieu des romarins et des genêts : attention qui mettait à la disposition des abeilles les sucs les plus favorables pour composer un miel parfumé.

23. — *Sponte grues trepidant* (v. 443). Ces oiseaux voyagent par troupes nombreuses et en formant un triangle. Celui qui occupe le sommet du triangle fait entendre un cri par intervalle, auquel tous les autres répondent aussitôt.

24. — *Lentiscus amara* (v. 458). Le lentisque est un arbre des pays chauds, qui fournit une espèce de mastic.

25. — *Crabronum* (v. 464). Les frelons sont proprement les abeilles mâles, que les cultivateurs appellent à tort bourdons.

26. — *Quippe ollis uvidus aer Excitat internum per viscera mota furorem* (v. 470). Ceci a été ajouté par Grotius : le passage était défiguré.

27. — *At si contigerit plures ardere cometas* (v. 487). Il est extrêmement probable qu'Aviénus ne veut pas dire ici des comètes, mais simplement des météores ignés.

28. — *Nam qua circumflua tellus* (v. 497). Cette opinion est celle de Plutarque, qui prétend que les îles sont plus sèches que la terre ferme.

29. — *Lætitia est duris pastoribus* (v. 505). Aviénus s'éloigne encore du sens d'Aratus.

30. — *Id parvi commonstrant denique mures* (v. 531). Peut-être, au lieu de *petits rats*, faudrait-il reconnaître ici des *souris*. Plusieurs naturalistes prétendent que parmi le genre des rats (qui comprend la souris, le rat domestique, ou rat noir, le surmulot,

le mulot, etc.), l'espèce des souris était la seule que les anciens connussent. Peut-être aussi faudrait-il y voir des campagnols, qu'on appelle quelquefois *petits rats des champs*, mais par une expression inexacte : le campagnol ne dépend pas du genre des rats; on le rapporte à la tribu des arvicoliens. Au reste, le campagnol ordinaire est aussi petit que la souris, avec le dos d'un jaune brun et le ventre d'un blanc sale.

31. — *Si casus similes ea stella per œthram* (v. 545). L'auteur grec dit seulement qu'il faut observer la fin des mois. Ce que le poëte latin ajoute *des cas semblables que doit présenter l'étoile* est de son invention. Probablement il a été trompé par la signification équivoque du mot φράζεσθαι.

RUFI FESTI AVIENI
CARMINA MINORA.

I

RUFUS FESTUS AVIENUS V. C. FLAVIANO MYRMECIO[1] V. C.

QUA venit Ausonias Austro duce Pœnus ad oras,
Si jam forte tuus Libyca rate misit agellus
Punica mala tibi, Tyrrhenum vecta per æquor,
Quæso aliquid nostris gustatibus inde relaxes.
Sic tua cuncta ratis plenis secet æquora velis,
Spumanti dum longa trahit vestigia sulco,
Romuleæque Phari fauces[2] illæsa relinquat.
Sit licet illa ratis, quam miserit alta Corinthos,
Adriacos surgente Noto qua prospicit æstus,
Quamve suis opibus cumularit Hiberia dives[3];
Solverit aut Libyco quam lætus navita portu.
Sed forsan quæ sint, quæ poscam mala, requiras:
Illa, precor, mittas[4], spisso quibus arcta cohæret
Granorum fetura situ, castrisque sedentes,
Ut quædam turmæ, socio latus agmine quadrant,
Multiplicemque trahunt per mutua vellera pallam,
Unde ligant teneros examina flammea casses.
Tunc ne pressa gravi sub pondere grana liquescant,

RUFUS FESTUS AVIENUS.
PETITS POËMES.

I

RUFUS FESTUS AVIENUS, A FLAVIANUS MYRMECIUS.

Si, par cette route où l'Auster conduisit les Carthaginois aux rivages Ausoniens, ton champ a déjà confié au au vaisseau libyen des fruits de Carthage, pour les apporter à travers la mer Tyrrhénienne, je t'en prie, abandonne à notre gourmandise une partie de la cargaison. Ainsi puisse tout vaisseau qui t'appartient fendre les mers à pleines voiles en laissant derrière lui un long sillon d'écume, et franchir sans dommage les gorges du Phare Romain; soit qu'il vienne de la haute Corinthe, que la mer Adriatique menace, alors que le Notus s'élève, soit que la riche Ibérie l'ait chargé de ses richesses, ou que le joyeux nocher ait levé l'ancre d'un port de Libye. Mais peut-être tu demanderas quels sont les fruits que je désire. Je te prie de m'envoyer ceux dont les grains pressés forment un faisceau compacte, et qui, semblables à des escadrons campés, présentent leurs rangs sur quatre côtés; ils sont maintenus entre eux par un tissu serré, qui enferme leurs rubis étincelants sous un réseau léger. De peur de rompre sous leur propre poids,

Divisere domos, et pondera partibus æquant.
Hæc ut, amice, petam, cogunt fastidia longis
Nata malis, et quod penitus fellitus, amarans
Ora, sapor nil dulce meo sinit esse palato.
Horum igitur succo forsan fastidia solvens,
Ad solitas revocer mensis redeuntibus escas.
Nec tantum miseri videar possessor agelli,
Ut genus hoc arbos nullo mihi floreat horto :
Nascitur, et multis onerat sua brachia pomis,
Sed gravis austerum fert succus ad ora saporem.
Illa autem Libycas quæ se sustollit ad auras [5],
Mitescit meliore solo, cœlique tepentis
Nutrimenta trahens succo se nectaris implet.

II

DE CANTU SIRENUM.

Sirenes varios cantus, Acheloia proles [1],
   Et solitæ miros ore ciere modos.
Illarum voces, illarum Musa movebat
   Omnia, quæ thymele carmina dulcis habet :
Quod tuba, quod litui, quod cornua rauca queruntur,
   Quodque foraminibus tibia mille sonat ;
Quodque leves calami, quod suavis cantat aedon ;
   Quod lyra, quod citharæ, quod moribundus olor.
Illectos nautas dulci modulamine vocis
   Mergebant avidæ fluctibus Ioniis :
Sanguine Sisyphio [2] generatus venit Ulysses,
   Ac tutos solita præstitit arte suos.

ces grains se sont partagé des cellules, et se divisent en compartiments égaux. Ce qui m'oblige, ami, à te faire cette demande, c'est un dégoût né de longues soufrances, qui remplit ma bouche d'amertume, et corrompt pour moi les plus doux aliments. Peut-être, le suc de ces fruits dissipant ce dégoût, je reviendrai aux mets ordinaires de mon ancienne table. Ne crois pas que je possède un domaine si misérable, que nul arbre de cette espèce ne fleurisse dans mon jardin : l'arbre y vient, il y charge ses bras d'une quantité de fruits, mais dont le suc aigre porte à la bouche une âpre saveur. Pour celui qui s'élève sous le ciel africain, il est soumis à l'influence d'un sol meilleur; et la douceur du climat remplit ses fruits d'un suc parfumé comme le nectar.

II

SUR LE CHANT DES SIRÈNES.

Les Sirènes, filles d'Acheloüs, avaient coutume de faire entendre des chants variés et des accents merveilleux. La Muse conduisait leurs voix, elle leur inspirait tous les accords qui peuvent sortir d'un orchestre harmonieux, et les plaintes de la trompette, du clairon, des cors retentissants, et les soupirs de la flûte aux mille trous, et les chants du léger pipeau, du doux rossignol, et ceux de la lyre, de la cithare, et du cygne mourant. Les matelots qui se laissaient charmer aux suaves modulations de leurs voix, elles les plongeaient avec fureur dans les flots Ioniens. Le descendant de Sisyphe, Ulysse, vint, et sa prudence sauva ses compagnons. Il imagina de boucher leurs oreilles avec de la cire, et présenta lui-même ses mains

Illevit cera sociorum callidus aures,
  Atque suas vinclis præbuit ipse manus.
Transiluit scopulos et inhospita litora classis ;
  Illæ præcipites desiluere freto.
Sic blandas voces nocituraque carmina vicit :
  Sic tandem exitio monstra canora[3] dedit.

III

AD AMICOS DE AGRO.

Rure morans quid agam, respondeo pauca, rogatus.
Luce Deos oro[1], famulos post arvaque viso,
Partitusque meis justos indico labores.
Inde lego, Phœbumque cio, Musamque lacesso.
Tunc oleo corpus fingo, mollique palæstra
Stringo libens, animo gaudens, ac fenore liber :
Prandeo, poto, cano, ludo, lavo, cœno, quiesco.
Dum parvus lychnus[2] modicum consumat olivi,
Hæc dat nocturnis nox lucubrata Camenis.

IV

DE SE AD DEAM NORTIAM.

Festus Musoni suboles prolesque Avieni[1],
Unde tui latices traxerunt Cæsia nomen[2],
Nortia, te veneror, lare cretus Vulsiniensi,
Romam habitans, gemino proconsulis auctus honore[3],

aux chaînes. La flotte franchit les rochers et les rivages inhospitaliers; pour elles, elles se précipitèrent dans la mer. Ainsi le héros triompha de leurs douces voix et de leurs chants perfides; ainsi il causa enfin la mort des monstres harmonieux.

III

A SES AMIS, AU SUJET DE SON CHAMP.

Vous me demandez ce que je fais pendant mon séjour à la campagne; je réponds en peu de mots. Au point du jour, je prie les dieux, puis je visite mes serviteurs et mes domaines, et j'assigne à chacun sa tâche pour la journée. Ensuite je lis, j'appelle Phébus, je provoque la Muse. Après quoi je me frotte le corps d'huile, je me livre à un doux exercice, paisiblement, gai de cœur, sans crainte des usuriers. Je dîne, je bois, je chante, je joue, je me baigne, je soupe, je me repose. Et tandis que ma petite lampe consume un peu d'huile, la nuit m'inspire ces vers, fruits des veilles des Muses.

IV

SUR LUI-MÊME, A LA DÉESSE NORTIA.

O NORTIA, je te vénère, moi, Festus, fils d'Avienus, descendant de Musonius, qui a donné un nom à la fontaine de Cæsia; moi, né à Vulsinie, habitant de Rome, honoré deux fois du proconsulat; poëte fécond, je mène

Carmina multa serens, vitam insons, integer ævom,
Conjugio lætus Placidæ, numeroque frequenti
Natorum exsultans, vivax et spiritus ollis :
Cetera composita fatorum lege trahentur.

V

SANCTO PATRI FILIUS PLACIDUS.

Ibis in optatas sedes, nam Jupiter æthram
    Pandit, Feste, tibi, candidus ut venias.
Jamque venis, tendit dextras chorus inde Deorum,
    Et toto tibi jam plauditur ecce polo.

une vie pure, je suis dans la force de l'âge, heureux de mon mariage avec Placidie, fier de mes nombreux enfants, auxquels leur santé semble promettre une longue vie : pour le reste, je me repose sur la volonté des destins.

V

PLACIDUS A SON AUGUSTE PÈRE.

Tu vas t'élever aux demeures que tu désires, car Jupiter t'ouvre le ciel, ô Festus, pour que tu y paraisses dans ton éclat. Et déjà tu parais, et le chœur des dieux te tend la main, et déjà l'on t'applaudit de tous les points du ciel.

NOTES
SUR LES PETITS POEMES D'AVIENUS.

A FLAVIANUS MYRMECIUS.

1. — *Flaviano Myrmecio.* Flavianus Myrmecius avait été consul, comme l'indique le titre même de la pièce ; peut-être devait-il ce surnom de Myrmecius à l'île de Myrmécé en Afrique. Ces souhaits d'Avienus pour les vaisseaux de son ami semblent indiquer que celui-ci faisait un commerce étendu. On croit que Flavianus appartenait aux familles des Clodius et des Anicius, lesquels possédaient des biens nombreux dans toutes les provinces de l'empire.

2. — *Romuleæque Phari fauces* (v. 6). Un commentateur croit à tort qu'il s'agit ici du détroit de Sicile : c'est le port d'Ostie creusé par l'empereur Claude, et que Juvénal appelle *port Tyrrhénien*, sat. xii, v. 75.

3. — *Hiberia dives* (v. 10). Est-il question de l'Ibérie espagnole ou bien de l'Ibérie située au pied du Caucase ? Les richesses de l'un et de l'autre pays rendent le sens très-douteux.

4. — *Illa, precor, mittas* (v. 13). Toute cette description se rapporte à la grenade.

5. — *Illa autem Libycas*, etc. (v. 29). On appelait ces grenades d'Afrique *Apyrina* ou *Apyrena*. Pline (liv. xiii, ch. 19) en donne la description. Martial (liv. xiii, épigr. 42) parle aussi de la supériorité des grenades d'Afrique sur celles d'Italie.

SUR LE CHANT DES SIRÈNES.

1. — *Acheloia proles* (v. 1). Les Sirènes étaient filles d'Acheloüs et d'une Muse qui est, suivant les différents auteurs, Melpomène, Calliope ou Terpsichore. Elles étaient au nombre de trois, Parthénope, Leucosie et Ligée. On les appelait encore Aglaophémie, Thelniépie et Pisonoé.

2. — *Sanguine Sisyphio* (v. 11). Suivant la fable, Anticlée,

mère d'Ulysse, et femme de Laerte, avait été séduite par Sisyphe. C'est la tradition adoptée par Ovide, *Métam.*, liv. xiii, v. 31 :

> ....Et sanguine cretus
> Sisyphio, furtisque et fraude simillimus illi.

3. — *Monstra canora* (v. 18). De même Horace, ode 1, v. 37, sur Cléopâtre, *fatale monstrum*; et Ovide, *Art d'aimer* (liv. iii, v. 31) :

> Monstra maris Sirenes erant, quæ voce canora,
> Quaslibet admissas detinuere rates.

SUR SON CHAMP.

1. — *Luce Deos oro* (v. 2). Ce seul trait suffit pour nous prouver qu'Avienus était resté fidèle à l'ancien culte.

2. — *Dum parvus lychnus*, etc. (v. 8). Ces deux derniers vers ont été ajoutés dans les éditions modernes, et, en effet, ils sont assez dans le ton général de la pièce.

SUR LUI-MÊME, A LA DÉESSE NORTIA.

1. — *Festus Musoni suboles prolesque Avieni* (v. 1). Dans plusieurs autres passages Avienus établit la même distinction entre *suboles* et *proles*. Sur Musonius et sur Avienus, on n'a que des conjectures.

2. — *Unde tui latices traxerunt Cæsia nomen* (v. 2). Musonius avait-il découvert quelque propriété salutaire aux eaux de cette fontaine? l'avait-il célébrée dans des vers? c'est ce qu'on ignore. — *Cæsia* est-il l'ancien nom de la fontaine, ou bien ce nom est-il celui d'une contrée, d'une ville, d'un bourg auquel appartient cette source? c'est ce qu'on ignore également.

3. — *Proconsulis auctus honore* (v. 4). Grüter (p. 464, n° 7) produit une inscription grecque qui rappelle la reconnaissance du peuple athénien envers *Rufus Festus, proconsul de la Grèce et aréopagite*. Si l'on rapproche de cette inscription le passage de la *Description de l'Univers* dans lequel le poëte se vante d'avoir vu sourire Apollon dans le temple de Delphes, on pourra croire qu'Avienus fut proconsul en Grèce.

FIN.

TABLE
DES ŒUVRES D'AVIENUS.

                                                                        Pages

Notice sur Avienus.. 5
Description de l'univers.. 9
    Notes... 98
Les Régions maritimes... 105
    Notes... 146
Les Phénomènes d'Aratus... 151

L'Arctus, 155.	Andromède, 181.	Le Dauphin, 199.
Le Dragon, 159.	Le Cheval, 183.	Orion, ib.
L'Agenouillé, 161.	Le Bélier, 185.	Sirius, 201.
La Couronne, 163.	Le Deltoton, 187.	Le Lièvre, ib.
Le Serpentaire, 165.	Les Poissons, ib.	Argo, 203.
Le Bouvier, 167.	Persée, 189.	La Baleine, ib.
La Vierge, 169.	Les Pléiades, ib.	Le Fleuve, 205.
Les Gémeaux, 175.	La Lyre, 193.	Le Grand Poisson, 207.
Le Cancer, ib.	Le Cygne, ib.	L'Autel, 209.
Le Lion, 177.	Le Verseau, 195.	Le Centaure, 211.
Le Cocher, ib.	Le Capricorne, ib.	L'Hydre, 213.
Le Taureau, 179.	Le Sagittaire, 197.	L'Avant-Chien, ib.
Céphée, 181.	La Flèche, ib.	Les Planètes, ib.
Cassiépée, ib.	L'Aigle, ib.	Les Cercles, 215.

    Notes... 242
Les Pronostics d'Aratus.. 247
    Notes... 282
Petits Poëmes... 287
  Rufus Festus Avienus à Flavius Myrmecius....................... ib.
  Sur le chant des Sirènes....................................... 289
  A ses amis, au sujet de son champ.............................. 291
  Sur lui-même, à la déesse Nortia............................... ib.
  Placidus à son auguste père.................................... 293
    Notes... 294

SECONDE SÉRIE

DE LA

BIBLIOTHÈQUE
LATINE-FRANÇAISE

DEPUIS ADRIEN JUSQU'A GRÉGOIRE DE TOURS

publiée
PAR C. L. F. PANCKOUCKE
OFFICIER DE LA LÉGION D'HONNEUR

IMPRIMERIE PANCKOUCKE,
rue des Poitevins, 14.

ITINÉRAIRE
DE
CL. RUTILIUS
NUMATIANUS

POËME SUR SON RETOUR A ROME

TRADUCTION NOUVELLE

PAR M. E. DESPOIS
Agrégé de l'Université

PARIS
C. L. F. PANCKOUCKE, ÉDITEUR
OFFICIER DE L'ORDRE ROYAL DE LA LÉGION D'HONNEUR
RUE DES POITEVINS, 14

1843

NOTICE

SUR RUTILIUS NUMATIANUS.

Parmi les derniers représentants de la littérature latine, plusieurs appartiennent à la Gaule, et ce ne sont pas les moins honorables : de ce nombre est Cl. Rutilius Numatianus.

On le fait naître à Toulouse ou à Poitiers. Son père, Lachanius, avait été proconsul en Toscane, et les Pisans lui avaient élevé une statue en reconnaissance de ses services. Lui-même fut maître des offices, puis préfet de Rome, en 417, sous Honorius. Tous ces renseignements sont tirés de l'ouvrage même de Rutilius.

Il fut, en 419, rappelé en Gaule par les malheurs de sa patrie. C'est ce voyage qu'il a décrit dans un poëme, dont il ne nous reste que le premier chant et soixante vers environ du second.

Rutilius était païen : il appartenait à cette portion encore considérable de la société romaine qui, consternée des désastres de l'empire, les attribuait à la religion nouvelle, et confondait dans un regret égal les victoires et la religion des Scipions et des Césars. Aussi, chez Rutilius, quel amour pour la vieille Rome! quel enthousiasme pour ce merveilleux séjour! quel respect pour l'ombre même de cette grandeur éclipsée! et, en même temps, quelle haine pour le christianisme, contemporain de tant de malheurs et de tant d'abaissement! Peut-être a-t-il aussi contre le nouveau culte une rancune d'amour-propre : ses croyances avaient dû nuire à sa fortune politique; et d'ailleurs, la nécessité où il se trouvait de dissimuler jusqu'à un certain point son aversion pour la religion dominante, devait encore donner à son dépit quelque chose de plus vif et de plus amer.

Et pourtant, ce qui fait surtout l'intérêt de son livre, c'est cette dévotion pour la vieille Rome et cet acharnement furieux contre le christianisme ; c'est ce regret stérile pour ce qui est mort à jamais, et cette haine impuissante contre ce qui doit vivre et triompher. Il y a dans ce livre une valeur historique que Gibbon n'a peut-être pas assez appréciée [1]. Il est curieux de lire, dans un païen du ve siècle, une protestation amère contre une religion qui bientôt ne comptera plus d'opposants; d'y retrouver les attaques anti-chrétiennes, et en même temps les précautions du xviiie siècle; de le voir, par exemple, comme Voltaire, attaquer les juifs pour atteindre les chrétiens. Spirituel et mondain, il ne comprend rien au christianisme; charmé des délices et des splendeurs de la ville impériale, « il maudit la tristesse de ce monde sombre et idéal, qui va fouler la vieille Rome aux pieds. Tout change, il le sent bien; tout s'écroule, et il s'effraye. Ce sont les âmes, surtout, qui changent autour de lui; il ne sait à quoi attribuer ce prodige : « Autrefois on ne voyait que les corps se transformer, s'écrie-t-il, « et maintenant ce sont les cœurs! »

Tunc mutabantur corpora, nunc animi!

Voilà le vers le plus remarquable de tout son livre, et c'est un grand témoignage historique [2]. »

A cette valeur historique, ce poëme joint un mérite littéraire qu'on ne saurait contester : on y trouve un style plus pur, en général, que celui de ses contemporains; des descriptions gracieuses, des digressions piquantes; de l'esprit, mais sans élévation, comme le prouve sa haine aveugle contre le christianisme; enfin, une sensibilité un peu banale, il est vrai, mais qui pourtant a quelque chose d'intéressant.

Cet ouvrage, sur lequel d'ingénieux littérateurs ont appelé

---

[1] Voici le passage de Gibbon (*Mémoires*, t. ii) : « Si Rutilius avait retranché les cent quatre-vingts premiers vers de son poëme, on le lui aurait *pardonné*.... Je pense qu'un grand poëte aurait évité un pareil sujet. Ce n'était pas sous le règne d'Honorius qu'il fallait peindre la force de l'empire romain : ses forces l'avaient abandonné depuis longtemps, etc. » Sans doute l'empire n'était plus alors qu'une ruine; sans doute cette vénération de Rutilius pour une puissance déchue est un véritable anachronisme; mais c'est précisément là ce qui est intéressant. Rutilius croit encore à l'éternité de Rome, malgré ses revers, ou, du moins, il s'efforce d'y croire. Désolé de tant de misères, il se réfugie dans ses souvenirs; le passé le console du présent.

[2] M. Philarète Chasles, *Revue des deux Mondes*, 1er avril 1842.

l'attention dans ces derniers temps, avait été un peu trop négligé. Il n'a été traduit que deux fois en français : Lefranc de Pompignan en a publié (dans le *Recueil amusant de Voyages*) une paraphrase élégante, et M. Collombet vient d'en donner tout récemment une savante traduction.

E. DESPOIS.

CL. RUTILII NUMATIANI

DE REDITU SUO

ITINERARIUM.

LIBER PRIMUS.

Velocem potius reditum mirabere[1], lector,
   Tam cito Romuleis posse carere bonis.
Quid longum toto Romam venerantibus ævo?
   Nil unquam longum est, quod sine fine placet.
O quantum, et quoties, possem numerare beatos,
   Nasci felici qui meruere solo!
Qui, Romanorum procerum generosa propago,
   Ingenitum cumulant Urbis honore decus!
Semina virtutum demissa et tradita cœlo
   Non potuere aliis dignius esse locis.
Felices etiam, qui proxima munera primis
   Sortiti, Latias obtinuere domos[2].
Relligiosa patet peregrinæ Curia laudi;
   Nec putat externos, quos decet esse suos.
Ordinis imperio, collegarumque fruuntur;
   Et partem Genii[3], quem venerantur habent.
Quale per ætherios mundani verticis axes
   Connubium summi credimus esse Dei.

ITINÉRAIRE

DE CL. RUTILIUS NUMATIANUS

POËME SUR SON RETOUR A ROME.

LIVRE PREMIER.

Tu t'étonneras sans doute, lecteur, de la promptitude d'un retour qui me prive sitôt des jouissances de Rome. Peut-il paraître long, le temps qu'on passe dans cette Rome adorée? On ne trouve jamais trop long ce qui plaît toujours. Mille et mille fois heureux ceux qui ont mérité de naître sur cette terre fortunée; race généreuse des patriciens de Rome, à l'illustration de leur naissance, ils joignent l'honneur d'être citoyens de la ville éternelle. Les semences des vertus, présents venus du ciel, n'ont pu tomber sur un sol plus digne de les recevoir. Heureux aussi ceux qu'après les citoyens de Rome, la fortune a le plus favorisés, ceux qui jouissent du droit de cité latine. Le sénat ouvre son enceinte sacrée au mérite étranger, et regarde comme citoyens de Rome ceux qui sont dignes d'y être admis. Ils partagent avec les autres sénateurs cette dignité souveraine, et sont, eux aussi, les ministres de cette puissance tutélaire, objet de leur vénération : ainsi la voûte éthérée du ciel unit à la terre le Dieu suprême.

At mea dilectis fortuna revellitur oris,
  Indigenamque suum Gallica rura vocant.
Illa quidem longis nimium deformia bellis ;
  Sed, quam grata minus, tam miseranda magis.
Securos levius crimen contemnere cives :
  Privatam repetunt publica damna fidem.
Præsentes lacrymas tectis debemus avitis :
  Prodest admonitus sæpe dolore labor.
Nec fas, ulterius longas nescire ruinas ,
  Quas mora suspensæ multiplicavit opis.
Jam tempus, laceris post longa incendia fundis,
  Vel pastorales ædificare casas.
Ipsi quin etiam fontes si mittere vocem ,
  Ipsaque si possent arbuta[4] nostra loqui ;
Cessantem justis poterant urgere querelis,
  Et desideriis reddere vela meis.
JAMJAM, laxatis caræ complexibus urbis,
  Vincimur, et serum vix toleramus iter.
Electum pelagus ; quoniam terrena viarum
  Plana madent fluviis, cautibus alta rigent :
Postquam Tuscus ager, postquamque Aurelius agger,
  Perpessus Geticas ense vel igne manus,
Non silvas domibus, non flumina ponte coercet ;
  Incerto satius credere vela mari.
CREBRA relinquendis infigimus oscula portis :
  Inviti superant limina sacra pedes.
Oramus veniam lacrymis, et laude litamus,
  In quantum fletus currere verba sinit [5].

EXAUDI, regina tui pulcherrima mundi ,
  Inter sidereos Roma recepta polos :
Exaudi, genetrix hominum, genetrixque Deorum,
  Non procul a cœlo per tua templa sumus.

Mais ma fortune m'arrache à ce sol bien-aimé ; et les champs de la Gaule me rappellent au lieu de ma naissance. Ces champs ont été dévastés par de trop longues guerres ; mais plus leur aspect est triste, plus ils ont de droits à ma pitié. On est moins coupable d'oublier une patrie heureuse et calme ; mais les malheurs publics exigent de chaque citoyen tout son dévouement. Je dois aux foyers de mes pères mes larmes et ma présence ; souvent la douleur vient utilement nous rappeler à nos devoirs. Il ne m'est plus permis de méconnaître ces longs désastres, qu'on a multipliés encore en négligeant de les réparer. Il est temps, après tant d'incendies qui ont dévoré ces domaines, d'y rebâtir au moins d'humbles chaumières. Nos fontaines, si elles avaient une voix, nos arbres mêmes, s'ils pouvaient parler, pourraient par de justes plaintes stimuler ma lenteur, et hâter mon retour en réveillant mes regrets.

Bientôt, me séparant de la ville chérie, je cède enfin, et je me résigne, mais avec peine, à ce retour, bien tardif cependant. Je choisis la route de mer ; dans la plaine les fleuves débordés, sur les hauteurs des rochers à pic, rendent la route de terre difficile. Depuis que la campagne de Toscane et la voie Aurélienne, que la main des Goths a dévastées par le fer et par la flamme, n'ont plus d'habitations pour éloigner les forêts, de ponts pour contenir les fleuves, la mer, malgré ses dangers, offre une route plus sûre.

Mille fois je colle mes lèvres sur ces portes qu'il me faut quitter ; mes pieds ne dépassent qu'à regret le seuil sacré. Par mes larmes, par mes hommages, je conjure Rome de me pardonner mon départ ; mes pleurs entrecoupent ma voix.

Écoute-moi, reine magnifique du monde, devenu ton domaine, Rome, toi dont l'astre brille parmi les étoiles ; écoute-moi, mère des hommes, mère des dieux, tes temples nous rapprochent du ciel. Je te chante et te

Te canimus, semperque, sinent dum fata, canemus:
  Sospes nemo potest immemor esse tui.
Obruerint citius scelerata oblivia solem,
  Quam tuus ex nostro corde recedat honos :
Nam solis radiis æqualia munera tendis,
  Qua circumfusus fluctuat Oceanus.
Volvitur ipse tibi, qui continet omnia, Phœbus,
  Eque tuis ortos in tua condit equos.
Te non flammigeris Libye tardavit arenis,
  Non armata suo reppulit Ursa gelu.
Quantum vitalis natura tetendit in axes,
  Tantum virtuti pervia terra tuæ.
Fecisti patriam diversis gentibus unam;
  Profuit injustis, te dominante, capi :
Dumque offers victis proprii consortia juris,
  Urbem fecisti, quod prius Orbis erat.
Auctorem generis Venerem Martemque fatemur,
  Æneadum matrem, Romulidumque patrem.
Mitigat armatas victrix clementia vires ;
  Convenit in mores numen utrumque tuos.
Hinc tibi certandi bona, parcendique, voluptas :
  Quos timuit, superat; quos superavit, amat.
Inventrix oleæ colitur, vinique repertor,
  Et qui primus humo pressit aratra puer :
Aras Pæoniam meruit medicina per artem :
  Factus et Alcides nobilitate Deus :
Tu quoque, legiferis mundum complexa triumphis,
  Fœdere communi vivere cuncta facis.
Te, Dea, te celebrat Romanus ubique recessus,
  Pacificoque gerit libera colla jugo.
Omnia perpetuos quæ servant sidera motus
  Nullum viderunt pulchrius imperium.

chanterai toujours, tant que le permettra le sort; la mort seule peut effacer ton souvenir. Oui, je pourrais plutôt méconnaître la lumière du jour, qu'étouffer dans mon cœur le culte que je te dois! Tes bienfaits s'étendent aussi loin que les rayons du soleil, jusqu'aux bornes de la terre qu'enferme la ceinture de l'Océan. C'est pour toi que roule Phébus, dont la course embrasse l'univers; ses coursiers se couchent et se lèvent dans tes États. Les sables brûlants de la Libye n'ont pu t'arrêter; l'Ourse t'a vainement opposé ses remparts de glaces. Aussi loin que le voisinage des pôles permet à l'homme de vivre, aussi loin ta valeur a su se frayer un passage. Aux nations diverses tu as fait une seule patrie; les peuples qui ignoraient la justice ont gagné à être soumis par tes armes; et, en appelant les vaincus au partage de tes droits, de l'univers tu as fait une seule cité. Nous reconnaissons pour auteurs de ta race Vénus et Mars, la mère d'Énée et le père de Romulus : ta clémence victorieuse sait tempérer la vigueur de tes armes; tes mœurs rappellent ainsi l'influence diverse de ces deux divinités. C'est pour cela que tu te plais également à combattre et à pardonner; à dompter ceux que tu as pu craindre, à chérir ceux que tu as domptés. On adore la déesse qui apporta l'olivier aux hommes, le dieu qui leur donna le vin, et l'enfant qui, le premier, enfonça dans la terre le soc de la charrue; la médecine par l'art de Péon a mérité des autels; la gloire d'Alcide en a fait un dieu. Et toi, dont les triomphes embrassent et civilisent le monde entier, tu fais de l'univers une vaste société; c'est toi, déesse, toi que célèbrent tous les peuples devenus Romains; tous portent une tête indépendante sous ton joug pacifique. Les astres, dans leur invariable et éternelle carrière, ne virent jamais empire plus magnifique. Quel empire, en effet, comparer au tien? Vainqueurs de leurs voisins, les Mèdes n'ont uni leur territoire qu'à celui

Quid simile? Assyriis connectere contigit arva,
  Medi finitimos quum domuere suos:
Magni Parthorum reges, Macetumque tyranni,
  Mutua per varias jura dedere vices.
Nec tibi nascenti plures animæque manusque,
  Sed plus consilii judiciique fuit.
Justis bellorum causis, nec pace superba,
  Nobilis ad summas gloria venit opes.
Quod regnas, minus est, quam quod regnare mereris:
  Excedis factis grandia fata tuis.
Percensere labor densis decora alta tropæis,
  Ut si quis stellas pernumerare velit:
Confunduntque vagos delubra micantia visus:
  Ipsos crediderim sic habitare Deos.
Quid loquar aerio pendentes fornice rivos[6],
  Qua vix imbriferas tolleret Iris aquas?
Hos potius dicas crevisse in sidera montes,
  Tale giganteum Græcia laudat opus.
Intercepta tuis conduntur flumina muris;
  Consumunt totos celsa lavacra lacus.
Nec minus et propriis celebrantur roscida venis,
  Totaque nativo mœnia fonte sonant.
Frigidus æstivas hinc temperat halitus auras;
  Innocuamque levat purior unda sitim:
Nempe tibi subitus calidarum gurges aquarum
  Rupit Tarpeias, hoste premente, vias.
Si foret æternus, casum fortasse putarem:
  Auxilio fluxit, qui rediturus erat.
Quid loquar inclusas inter laquearia silvas?
  Vernula qua vario carmine ludit avis[7]?
Vere tuo nunquam mulceri desinit annus;
  Deliciasque tuas victa tuetur hiems.

des Assyriens; les rois puissants des Parthes, les souverains de Macédoine n'ont dominé que successivement. Et ce n'est pas qu'à ta naissance tu aies pu disposer de plus de courages, de plus de bras; mais tu as été plus prudente et plus sage. Des guerres justement entreprises, ta modération pendant la paix ont fait briller ta gloire et mis le comble à ta puissance. Tu es moins grande par ta royauté même que par la conduite qui t'en a rendue digne; tes actions surpassent encore tes magnifiques destinées. Entreprendre de compter tes gloires attestées par tant de trophées, ce serait vouloir nombrer les étoiles. Tes temples resplendissants éblouissent nos yeux étonnés : telle doit être la demeure même des dieux. Que dire de ces ruisseaux que des voûtes suspendent au milieu des airs à une hauteur où Iris élèverait à peine son arc chargé de pluie? on croirait voir dans ces monuments des montagnes entassées jusqu'au ciel par la main de ces géants dont la Grèce exalte les travaux. Détournés de leur cours, des fleuves sont enfermés dans tes murs; tes bains placés au sommet des édifices épuisent des lacs entiers. Tu vois aussi circuler dans ton enceinte des eaux vives, nées du sol même de la ville et qui y résonnent de toutes parts. La fraîcheur qu'elles répandent tempère les chaudes vapeurs de l'été, et l'on peut sans danger se désaltérer dans leurs ondes limpides. Jadis un torrent d'eaux bouillantes, jaillissant tout à coup du sol, rompit sous les pas de l'ennemi le chemin de la roche Tarpéienne : si cette source avait continué de couler, on pourrait ne voir dans cet événement que l'effet du hasard; mais elle ne jaillit que pour te secourir, puisqu'ensuite elle disparut. Parlerai-je des forêts enfermées dans l'enceinte de tes palais, et où des oiseaux égayent leurs maîtres par leurs chants variés? Le printemps t'appartient; jamais il ne cesse d'adoucir l'atmosphère, et l'hiver vaincu respecte ton délicieux séjour.

Erige crinales lauros, seniumque sacrati
 Verticis in virides, Roma, refinge comas[8].
Aurea turrigero radient diademata cono,
 Perpetuosque ignes aureus umbo vomat.
Abscondat tristem deleta injuria casum :
 Contemptus solidet vulnera clausa dolor.
Adversis solemne tuis, sperare secunda :
 Exemplo cœli ditia damna subis.
Astrorum flammæ renovant occasibus ortus ;
 Lunam finiri cernis ut incipiat.
Victoris Brenni non distulit Allia pœnam :
 Samnis servitio fœdera sæva luit :
Post multas Pyrrhum clades superata fugasti ;
 Flevit successus Hannibal ipse suos.
Quæ mergi nequeunt, nisu majore resurgunt,
 Exsiliuntque imis altius acta vadis.
Utque novas vires fax inclinata resumit,
 Clarior ex humili sorte superna petis.
Porrige victuras Romana in sæcula leges ;
 Solaque fatales non vereare colus.
Quamvis sedecies denis et mille peractis
 Annus præterea jam tibi nonus eat.
Quæ restant, nullis obnoxia tempora metis,
 Dum stabunt terræ, dum polus astra feret.
Illud te reparat, quod cetera regna resolvit :
 Ordo renascendi est, crescere posse malis.

Ergo, age, sacrilegæ tandem cadat hostia gentis :
 Submittant trepidi perfida colla Getæ.
Ditia pacatæ dent vectigalia terræ :
 Impleat augustos barbara præda sinus.
Æternum tibi Rhenus aret, tibi Nilus inundet :
 Altricemque suam fertilis orbis alat.

Relève ta tête chargée de lauriers, ô Rome, et que tes cheveux blanchis se disposent sur ton front sacré, comme la chevelure d'une jeune déesse! Que ton diadème d'or fasse rayonner fièrement sa couronne de tours; que l'or de ton bouclier vomisse incessamment des feux. Oublie tes disgrâces, et tu en effaceras le souvenir; méprise ta douleur, et tes plaies se fermeront. Toujours ce fut ta coutume d'espérer le bonheur dans l'adversité : à l'exemple du ciel, tu t'enrichis de tes pertes. C'est en disparaissant que les astres préparent leur brillant retour; la lune s'éteint peu à peu pour recommencer sa carrière. La victoire d'Allia ne put retarder longtemps la perte de Brennus; le Samnite expia dans l'esclavage le cruel traité de Caudium : c'est après de nombreux échecs que tu vis Pyrrhus fuir devant toi; Annibal même eut à pleurer ses succès. Les corps que leur nature maintient à la surface des eaux, remontent avec un plus rapide essor et s'élancent plus haut du fond des ondes où l'on veut les plonger; un flambeau que l'on penche resplendit ensuite d'une plus vive lumière; ainsi, abattue un moment, tu te relèves plus brillante. Propage tes lois, dont la durée égalera l'éternité de Rome; seule tu peux braver le fuseau des Parques; et pourtant aux onze siècles que comptent tes murs s'ajoutent encore soixante-neuf années. Dans l'avenir tes destinées ne connaîtront aucune borne, tant que la terre restera immobile, que le ciel portera les astres. Les malheurs qui renversent les empires te donnent une vigueur nouvelle; ta destinée est de renaître en grandissant toujours par tes maux.

Courage! et que la nation qui t'a profanée tombe à tes pieds comme une victime expiatoire; que les Gètes tremblants courbent devant toi leur tête perfide. Qu'ils payent de riches tributs à la terre enfin pacifiée; que la dépouille des barbares remplisse ton auguste sein. A toi pour toujours les récoltes du Rhin, à toi celles que fé-

Quin et fecundas tibi conferat Africa messes,
  Sole suo dives, sed magis imbre tuo 9.
Interea Latiis consurgant horrea sulcis,
  Pinguiaque Hesperio nectare præla fluant.
Ipse, triumphali redimitus arundine, Tibris
  Romuleis famulas usibus aptet aquas;
Atque opulenta tibi placidis commercia ripis
  Devehat hinc ruris, subvehat inde maris.

Pande, precor, gemino placatum Castore pontum,
  Temperet æquoream dux Cytherea viam;
Si non displicui, regerem quum jura Quirini,
  Si colui sanctos consuluique Patres.
Nam, quod nulla meum strinxerunt crimina ferrum,
  Non sit præfecti gloria, sed populi.
Sive datur patriis vitam componere terris,
  Sive oculis unquam restituere meis:
Fortunatus agam votoque beatior omni,
  Semper digneris si meminisse mei.

His dictis iter arripimus: comitantur amici.
  Non possum sicca dicere luce, Vale!
Jamque aliis Romam redeuntibus, hæret eunti
  Rufius, Albini gloria viva patris;
Qui Volusi antiquo derivat stemmate nomen,
  Et reges Rutulos, teste Marone 10, refert.
Hujus facundæ commissa Palatia 11 linguæ:
  Primævus meruit principis ore loqui.
Rexerat ante puer populos pro consule Pœnos;
  Æqualis Tyriis terror amorque fuit.
Sedula promisit summos imitatio fasces:
  Si fas est meritis fidere, consul erit.

condent les débordements du Nil; la terre, redevenue fertile, doit nourrir à son tour la nourrice des nations. Que l'Afrique même t'apporte ses moissons fécondes, cette terre si riche de son soleil, plus riche encore des pluies que tu lui envoies. Que les sillons du Latium suffisent pourtant à tes greniers; que sous tes riches pressoirs coulent les vins de l'Hespérie. Que le Tibre, le front ceint d'un roseau triomphal, soumette aux besoins de Rome ses ondes obéissantes; et qu'enrichissant tes murs par un paisible commerce, il t'apporte d'un côté les fruits de tes campagnes, et que de l'autre le tribut des mers remonte jusqu'à toi.

Ouvre-moi, je t'en supplie, cette mer calmée par l'influence de Castor et de son frère; que Cythérée me guide et m'aplanisse la route des ondes, si je n'ai point déplu quand je commandais aux enfants de Quirinus, si j'ai toujours consulté avec respect le vénérable sénat. Jamais sous mon gouvernement le crime n'a fait sortir du fourreau le glaive de la justice; mais c'est plutôt la gloire du peuple que celle du préfet. Soit que je puisse finir ma vie dans les champs paternels, soit que tu doives un jour être rendue à mes regards, mon bonheur dépassera tous mes vœux, si tu daignes toujours te souvenir de moi.

A ces mots, je pars; mes amis m'accompagnent; mes yeux se mouillent de larmes au moment des adieux. Ils retournent à Rome; seul Rufius s'attache à mes pas, Rufius, la gloire vivante de son père Albinus; il tient son nom de la race antique de Volusus, et Virgile lui donne pour ancêtres des rois rutules. Le palais est confié à son éloquence; tout jeune encore, il a mérité d'être l'organe de l'empereur. Au sortir de l'enfance, il avait déjà été proconsul de Carthage; il était à la fois la terreur et l'amour des colons tyriens. Imitant toujours son père, il doit aussi obtenir les faisceaux; si le mérite est une garantie de succès, le consulat lui est assuré. Plein de tristesse, j'ai dû employer la contrainte pour l'éloi-

Invitum tristis tandem remeare coegi :
  Corpore diviso mens tamen una fuit.
Tum demum ad naves gradior, qua fronte bicorni
  Dividuus Tiberis dexteriora secat.
Lævus inaccessis fluvius vitatur arenis,
  Hospitis Æneæ gloria sola manet.
Et jam nocturnis spatium laxaverat horis
  Phœbus, Chelarum pallidiore polo.
Cunctamur tentare salum, portuque sedemus,
  Nec piget oppositis otia ferre moris,
Occidua infido dum sævit gurgite Plias,
  Dumque procellosi temporis ira cadit.
Respectare juvat vicinam sæpius Urbem,
  Et montes visu deficiente sequi ;
Quaque duces oculi, grata regione fruuntur,
  Dum se, quod cupiunt, cernere posse putant.
Nec locus ille mihi cognoscitur indice fumo,
  Qui dominas arces et caput orbis habet ;
Quanquam signa levis fumi commendat Homerus,
  Dilecto quoties surgit in astra solo :
Sed cœli plaga candidior, tractusque serenus
  Signat septenis culmina clara jugis.
Illic perpetui soles, atque ipse videtur,
  Quem sibi Roma facit[12], purior esse dies.
Sæpius attonitæ resonant Circensibus aures ;
  Nuntiat accensus plena theatra favor :
Pulsato notæ redduntur ab æthere voces,
  Vel quia perveniunt, vel quia fingit amor.
Explorata fides pelagi ter quinque diebus,
  Dum melior lunæ sideret aura novæ.
Tum discessurus, studiis Urbique remitto
  Palladium, generis spemque decusque mei :

gner de moi ; mais cette séparation n'a pas désuni nos deux âmes.

Je m'embarque enfin à l'endroit où le Tibre, séparé en deux branches, se jette vers la droite. On évite l'autre embouchure, obstruée par les sables ; il ne lui reste que la gloire d'avoir reçu Énée. Déjà Phébus avait cédé un plus grand espace aux heures de la nuit, et le ciel pâlissait sous le signe du Scorpion. Nous hésitons à nous risquer sur la mer, nous restons dans le port, et nous supportons sans regret le repos auquel nous sommes condamnés, tandis que le coucher des Pléiades agite les ondes perfides : nous attendons que la mer orageuse ait laissé tomber sa colère. J'aime à regarder souvent la ville encore peu éloignée, et à contempler ses collines qui s'évanouissent à notre vue ; partout où se portent mes regards, ils jouissent de cette contrée chérie ; je crois toujours apercevoir ce que désirent mes yeux. Et ce n'est pas la fumée qui m'indique la place où s'élève la cité dominante, la tête de l'univers ; pourtant Homère nous vante le charme d'une fumée légère, qui monte vers le ciel du sein d'un lieu chéri : c'est la blancheur du ciel, la sérénité de l'air qui révèle les sommets éclatants des sept collines. Là rayonne toujours le soleil, et la pureté de la lumière semble doublée par le jour que Rome se fait à elle-même. Souvent à mes oreilles étonnées retentissent les bruits du cirque ; une ardente clameur m'annonce que la foule remplit le théâtre. L'air ébranlé m'apporte des sons familiers ; est-ce une réalité ? est-ce une illusion de mon cœur ?

Nous attendons quinze jours le moment de nous confier à la mer, celui où la nouvelle lune nous promet un vent favorable. Prêt à partir, je renvoie à Rome et à ses études Palladius, l'espoir et l'honneur de ma race ; cet éloquent jeune homme venait d'être envoyé des Gaules à Rome

Facundus juvenis Gallorum nuper ab arvis
  Missus, Romani discere jura fori.
Ille meae secum dulcissima vincula curae,
  Filius adfectu, stirpe propinquus, habet:
Cujus Aremoricas pater Exsuperantius oras
  Nunc postliminium pacis amare docet;
Leges restituit, libertatemque reducit,
  Et servos famulis non sinit esse suis [13].
Solvimus aurorae dubio, quo tempore primum
  Agnosci patitur redditus arva color.
Progredimur parvis per litora proxima cymbis;
  Quarum perfugio crebra pateret humus.
Æstivos penetrent oneraria carbasa fluctus:
  Tutior autumnus mobilitate fugae.
Alsia praelegitur tellus, Pyrgique recedunt;
  Nunc villae grandes, oppida parva prius.
Jam Caeretanos demonstrat navita fines:
  Ævo deposuit nomen Agylla vetus.
Stringimus hinc exesum et fluctu et tempore Castrum:
  Index semiruti porta vetusta loci.
Praesidet exigui formatus imagine saxi [14],
  Qui pastorali nomina fronte gerit.
Multa licet priscum nomen deleverit aetas,
  Hoc Inui Castrum fama fuisse putat.
Seu Pan Tyrrhenis mutavit Maenala silvis,
  Sive sinus patrios incola Faunus init.
Dum renovat largo mortalia semina fetu,
  Fingitur in venerem pronior esse Deus.

Ad Centumcellas forti deflexinus Austro:
  Tranquilla puppes in statione sedent.

pour y apprendre le droit. Les liens les plus doux nous unissent ; c'est mon fils par la tendresse, mon parent par les liens du sang : son père Exupérance apprend aux peuples de l'Armorique à bénir le retour de la paix ; il rétablit chez eux le régime des lois et de la liberté, et les sauve de la domination de ceux qui ne doivent être que leurs esclaves.

Nous levons l'ancre au moment où la lueur douteuse de l'aurore rend aux objets leurs couleurs et permet de reconnaître les campagnes. Nous glissons sur de petites barques entre les rivages voisins, où nous voyons s'ouvrir de nombreux asiles pour nos embarcations. C'est pendant l'été que les gros navires doivent se risquer sur les flots ; mais l'automne est plus sûre pour une barque qui fuit rapidement. Nous dépassons le territoire d'Alsium, Pyrgi disparaît à notre vue : ce ne sont maintenant que de grandes villas, c'étaient naguère de petites cités. Bientôt le nautonier nous montre le pays de Cœré ; le temps lui a fait perdre son ancien nom d'Agylla. Nous longeons ensuite Castrum, dont les murs sont rongés par les flots et par les années : une vieille porte indique l'emplacement de cette ville à demi ruinée. Cette porte est gardée par une petite statue représentant un dieu champêtre, et par-devant portant une inscription. Quoique le temps ait effacé l'ancien nom de cette ville, on dit que c'était le Castrum d'Inuus. Inuus, c'est Pan qui a quitté le Ménale pour les forêts de la Tyrrhénie, ou Faune, qui parcourt encore les lieux de sa naissance ; ce dieu renouvelle toutes choses et verse partout la fécondité ; c'est pour cela qu'on le suppose si ardent pour les plaisirs de l'amour.

L'Auster, soufflant avec violence, nous force de relâcher à Centumcellæ : notre barque est à l'abri dans un port

Molibus aequoreum concluditur amphitheatrum,
  Angustosque aditus insula facta tegit;
Adtollit geminas turres, bifidoque meatu
  Faucibus arctatis, pandit utrumque latus.
Nec posuisse satis laxo navalia portu,
  Ne vaga vel tutas ventilet aura rates:
Interior medias sinus invitatus in aedes
  Instabilem fixis aera nescit aquis;
Qualis in Euboicis captiva natatibus unda
  Sustinet alterno brachia lenta sono.

Nosse juvat tauri dictas de nomine thermas:
  Nec mora difficilis millibus ire tribus.
Non illic gustu latices vitiantur amaro,
  Lymphave fumifico sulfure tincta calet:
Purus odor, mollisque sapor dubitare lavantem
  Cogit, qua melius parte petantur aquae.
Credere si dignum famae, flagrantia taurus
  Investigato fonte lavacra dedit,
Ut solet excussis pugnam praeludere glebis,
  Stipite quum rigido cornua prona terit:
Sive Deus, faciem mentitus et ora juvenci,
  Noluit ardentis dona latere soli;
Qualis, Agenorei rapturus gaudia furti
  Per freta, virgineum sollicitavit onus.
Ardua non solos deceant miracula Graios.
  Auctorem pecudem fons Heliconis habet:
Elicitas simili credamus origine lymphas,
  Musarum ut latices ungula fodit equi.
Haec quoque Pieriis spiracula comparat antris
  Carmine Messalae nobilitatus ager;

tranquille : c'est un cirque fermé par des jetées ; une île, faite de main d'homme, en protége l'étroit accès ; elle élève dans les airs deux tours, et, resserrant l'entrée du port, elle laisse deux passages ouverts à ses deux extrémités. On ne s'est pas contenté d'offrir aux vaisseaux un asile assuré dans ce vaste port, et de les garantir du moindre souffle qui aurait pu s'y glisser; on a fait pénétrer la mer au milieu des maisons, où ses eaux immobiles ne connaissent plus les variations de l'air : c'est ainsi qu'à Cumes la mer rendue captive résonne sous les coups des nageurs, dont les bras remués avec lenteur la frappent alternativement.

Nous voulons voir le lieu appelé Thermes du Taureau : le trajet est court, il n'est que de trois milles. Les eaux de cette fontaine n'ont pas de saveur amère ; elles sont chaudes, sans que leur couleur soit altérée par des vapeurs sulfureuses. Elles ont une odeur si pure, un goût si agréable, qu'on se demande, en s'y baignant, lequel vaut le mieux de les prendre en bains ou de les boire. S'il faut en croire la tradition, c'est un taureau qui a découvert cette fontaine et donné aux hommes ces bains d'eaux chaudes, en faisant jaillir la terre autour de lui, comme il fait quand il se prépare au combat, et qu'il use sur le tronc des chênes ses cornes inclinées. Peut-être aussi est-ce un dieu qui, pour révéler les richesses de ce sol brûlant, prit la figure d'un taureau, comme fit Jupiter, quand, pour entraîner à travers les mers la fille adorée d'Agénor, il invita la jeune fille à s'asseoir sur sa croupe. Non, la Grèce n'a pas le privilége des grands prodiges; c'est un coursier qui fit jaillir la fontaine d'Hélicon : croyons que cette source a une origine semblable, puisque la fontaine des Muses a pu naître sous le pied d'un cheval. Messala, dans des vers où il célèbre ce lieu, compare cette source aux fontaines des Muses ; ces vers délicieux, inscrits sur la porte sacrée, charment

Intrantemque capit, discedentemque moratur
  Postibus adfixum dulce poema sacris.
Hic est, qui primo seriem de consule ducit,
  Usque ad Publicolas si redeamus avos :
Hic et praefecti nutu praetoria rexit;
  Sed menti et linguae gloria major inest.
Hic docuit, qualem poscat facundia sedem,
  Ut bonus esse velit, quisque disertus erit.
Roscida puniceo fulsere crepuscula coelo :
  Pandimus obliquo lintea flexa sinu.
Paullisper fugimus litus Minione vadosum :
  Suspecto trepidant ostia parva solo.
Inde Graviscarum fastigia rara videmus,
  Quas premit aestivae saepe paludis odor;
Sed nemorosa viret densis vicinia lucis,
  Pineaque extremis fluctuat umbra fretis.
Cernimus antiquas, nullo custode, ruinas
  Et desolatae moenia foeda Cosae.
Ridiculam cladis pudet inter seria causam
  Promere; sed risum dissimulare piget.
Dicuntur cives quondam, migrare coacti,
  Muribus infestos deseruisse lares.
Credere maluerim Pygmaeae damna cohortis,
  Et conjuratas in sua bella[15] grues.

Haud procul hinc petitur signatus ab Hercule portus.
  Vergentem sequitur mollior aura diem.
Inter castrorum vestigia, sermo retexit
  Sardoam, Lepido praecipitante, fugam :
Litore namque Cosae cognatos depulit hostes
  Virtutem Catuli Roma sequuta ducis.
Ille tamen Lepidus pejor, civilibus armis
  Qui gessit sociis impia bella tribus;

celui qui entre dans le temple, et l'arrêtent encore à sa sortie. C'est lui, c'est ce Messala qui descend du premier consul, et dont la race remonte jusqu'aux Publicola : c'est lui qui fut préfet du prétoire ; mais son génie, sa puissante parole lui ont mérité plus d'illustration. C'est lui qui nous a appris quel sanctuaire habite l'éloquence, le cœur d'un homme de bien.

Le crépuscule humide brille à l'horizon empourpré : nos voiles s'ouvrent pour prêter leur flanc à la brise. Nous dérivons un peu pour éviter les sables que le Minion amasse sur le rivage; ses eaux, s'échappant par son étroite embouchure, bouillonnent sur ce fond dangereux. Le sommet de quelques édifices nous indique la place de Graviscæ; pendant l'été cette ville est infectée par les exhalaisons des marais. Mais des bois épais couvrent de verdure tout le voisinage, et l'ombre que des pins projettent dans la mer semble flotter au fond des eaux. Nous voyons les ruines antiques et les murs noircis de Cosa, murs déserts et sans gardiens. J'ai honte, au milieu d'un ouvrage sérieux, de conter la ridicule histoire de ses malheurs; mais pourquoi n'en pas rire franchement? On dit qu'autrefois ses habitants furent obligés d'émigrer, chassés par des rats qui infestaient leurs demeures. J'aimerais mieux croire aux défaites des Pygmées, et à la ligue des grues acharnées à cette guerre implacable.

Non loin de là nous gagnons le port qui a reçu le nom d'Hercule. Une brise légère s'élève à la chute du jour. Les vestiges d'un camp nous rappellent la fuite précipitée de Lepidus en Sardaigne ; car c'est sur le rivage de Cosa, que Rome, guidée par la valeur de Catulus, repoussa des Romains devenus ses ennemis. Il fut pourtant plus coupable, ce Lepidus, qui, dans les discordes civiles, soutint avec ses deux collègues des guerres impies, et vint, par des secours nouveaux, écraser, au

Qui libertatem, Mutinensi Marte receptam,
  Obruit auxiliis, orbe pavente, novis.
Insidias paci moliri tertius ausus,
  Tristibus excepit congrua fata reis.
Quartus, Caesareo dum vult irrepere regno,
  Incesti poenam solvit adulterii.
Nunc quoque.... Sed melius de nostris fama queratur :
  Judex posteritas semina dira notet.
Nominibus certos credam decurrere mores?
  Moribus an potius nomina certa dari?
Quidquid id est, mirus Latiis annalibus ordo,
  Quod Lepidum toties recidit ense malum.
Necdum decessis pelago permittimur umbris.
  Natus vicino vertice ventus adest.
Tenditur in medias mons Argentarius undas,
  Ancipitique jugo caerula curva premit.
Transversos colles bis ternis millibus arctat,
  Circuitu ponti ter duodena patet :
Qualis per geminos fluctus Ephyreius Isthmos
  Ionias bimari litore findit aquas.[16]
Vix circumvehimur sparsae dispendia rupis ;
  Nec sinuosa gravi cura labore caret :
Mutantur toties vario spiramina flexu :
  Quae nunc profuerant vela, repente nocent.

Eminus Igilii silvosa cacumina miror :
  Quam fraudare nefas laudis honore suae.
Haec proprios nuper tutata est insula saltus
  Sive loci ingenio, seu domini genio ;
Gurgite quum modico victricibus obstitit armis,
  Tanquam longinquo dissociata mari.
Haec multos lacera suscepit ab Urbe fugatos ;
  Ilic fessis posito certa timore salus.

grand effroi du monde, la liberté relevée par la bataille de Modène. Un troisième Lepidus, couvant au sein de la paix de coupables desseins, subit le sort réservé au crime. Le quatrième tenta de se glisser jusqu'au trône des Césars, et reçut la peine de son incestueux adultère. Maintenant d'autres encore.... Mais pour eux, c'est à la renommée à en faire justice; c'est à la postérité à juger et à flétrir cette race coupable. Croirai-je que l'instinct du crime se transmet avec le sang? ou qu'aux mêmes mœurs s'attache le même nom? Quoi qu'il en soit, c'est un fait singulier dans les annales de Rome, que l'épée ait eu tant de fois à punir le crime des Lepidus.

L'ombre ne s'était pas encore retirée, que déjà nous nous confions à la mer, poussés par un vent qui nous vient de la montagne voisine. Le mont Argentarius s'avance au milieu des ondes, et sa double cime presse deux golfes azurés. Ce promontoire n'a que six milles de largeur; par mer, il a trente-six milles de tour. Tel l'isthme d'Éphyre s'allonge entre les mers d'Ionie, dont les flots viennent battre son double rivage. Nous nous avançons avec peine au milieu des rochers semés sur notre route; les circuits que nous sommes obligés de faire, rendent cette navigation laborieuse. Chaque détour change pour nous la direction du vent, et les mêmes voiles qui aidaient notre marche, la retardent tout à coup.

J'admire de loin les sommets boisés d'Igilium; il serait mal de ne pas leur payer le tribut de louanges qui leur est dû. Naguère cette île a vu ses bois préservés de l'invasion, soit par le bonheur de la situation, soit par le génie tutélaire de l'empereur. Un simple détroit l'a aussi bien défendue contre les armes des vainqueurs, que si l'étendue des mers l'eût isolée du continent. Cette île recueillit un grand nombre de citoyens échappés de Rome saccagée; c'est là qu'ils trouvèrent

Plurima terreno populaverat æquora bello
  Contra naturam classe timendus?eques.
Unum, mira fides, vario discrimine portum
  Tam prope Romanis, tam procul esse Getis.

Tangimus Umbronem: non est ignobile flumen;
  Quod toto trepidas excipit ore rates:
Tam facilis pronis semper patet alveus undis,
  In pontum quoties sæva procella ruit.
Hic ego tranquillæ volui succedere ripæ:
  Sed nautas, avidos longius ire, sequor.
Sic festinantes ventusque diesque relinquit;
  Nec proferre pedem, nec revocare licet.
Litorea noctis requiem metamur arena:
  Dat vespertinos myrtea silva focos:
Parvula subjectis facimus tentoria remis;
  Transversus subito culmine contus erat.

Lux aderat; tonsis progressi, stare videmur:
  Sed cursum proræ terra relicta probat.
Occurrit chalybum memorabilis Ilva metallis,
  Qua nil uberius Norica gleba tulit;
Non Biturix largo potior strictura camino,
  Nec quæ Sardoo cespite massa fluit.
Plus confert populis ferri fecunda creatrix,
  Quam Tartessiaci glarea fulva Tagi.
Materies vitiis aurum letale parandis;
  Auri cæcus amor ducit in omne nefas:
Aurea legitimas expugnant munera tædas,
  Virgineosque sinus aureus imber emit:

enfin le repos et un asile qui les rassura contre le danger. Un grand nombre d'îles n'avaient pu échapper aux désastres du continent, et la cavalerie des Goths, malgré la nature, s'était fait craindre jusque sur les mers. C'est un prodige que, par une contradiction singulière, ce port ait été à la fois si près des Romains et si loin des Goths.

Nous entrons dans les eaux de l'Umbro; c'est une rivière assez considérable; sa large embouchure est un asile pour les vaisseaux effrayés de la tempête. Toujours il présente un accès facile aux navires que la mer y apporte, lorsque l'ouragan furieux s'abat sur les flots. J'aurais voulu descendre sur cette rive tranquille; mais les matelots ont hâte d'aller plus loin, et il faut les suivre. Mais voilà qu'en dépit de notre impatience le vent et le jour nous abandonnent à la fois; nous ne pouvons ni avancer, ni revenir sur nos pas. Nous choisissons sur le sable du rivage une place pour y passer la nuit : un bois de myrtes nous fournit le feu du soir. Nous dressons sur nos rames de petites tentes; un croc en travers forme le sommet de cette retraite improvisée.

Le jour arrive, nous avançons à force de rames; nous semblons rester en place, mais l'éloignement de la terre nous prouve que nous avons fait du chemin. Nous rencontrons Ilva, célèbre par ses mines de fer, aussi riche que celles du Noricum. Les vastes forges des Bituriges n'en travaillent pas une quantité plus grande; le feu n'en dégage pas davantage des minerais de la Sardaigne. Une terre si riche en fer est plus utile aux peuples que le sable semé de paillettes d'or sur lequel roule le Tage, le fleuve de Tartesse. L'or, fléau des nations, enfante tous les vices; l'aveugle amour de l'or conduit à tous les crimes. L'or triomphe de la vertu conjugale; les embrassements des vierges, l'or peut les acheter. L'honneur même, vaincu par l'or, livre les villes vainement défendues; c'est

Auro victa fides munitas decipit urbes :
  Auri flagitiis ambitus ipse furit.
At contra ferro squalentia rura coluntur :
  Ferro vivendi prima reperta via est.
Sæcula semideum, ferrati nescia Martis,
  Ferro crudeles sustinuere feras.
Humanis manibus non sufficit usus inermis,
  Si non sint aliæ, ferrea tela, manus.
His mecum pigri solabar tædia venti :
  Dum resonat variis vile celeusma modis.
LAXATUM cohibet vicina Faleria cursum,
  Quanquam vix medium Phœbus haberet iter.
Et tum forte hilares per compita rustica pagi
  Mulcebant sacris pectora fessa jocis.
Illo quippe die tandem renovatus Osiris
  Excitat in fruges germina læta novas.
Egressi, villam petimus, ludoque vacamus ;
  Stagna placent septo deliciosa vado.
Ludere lascivos intra vivaria pisces
  Gurgitis inclusi laxior unda sinit.
Sed male pensavit requiem stationis amœnæ
  Hospite conductor durior Antiphate.
Namque loci querulus curam Judæus agebat,
  Humanis animal dissociale cibis.
Vexatos frutices, pulsatas imputat algas ;
  Damnaque libatæ [17] grandia clamat aquæ.
Reddimus obscenæ convicia debita genti,
  Quæ genitale caput propudiosa metit ;
Radix stultitiæ : cui frigida sabbata cordi,
  Sed cor frigidius relligione sua est.
Septima quæque dies turpi damnata veterno,
  Tanquam lassati mollis imago Dei.

au moyen de l'or; que l'ambition furieuse sème la corruption. Mais c'est le fer qui défriche les campagnes incultes; c'est le fer qui donna d'abord aux hommes le moyen de subsister. Le siècle des demi-dieux ignora Mars et ses fureurs, et se servit du fer contre les bêtes féroces. Mais cet usage innocent du fer ne suffit pas à l'homme, si des armes de fer ne viennent donner à son bras la force qui lui manque. C'est par ces pensées que je soulageais l'ennui d'une lente navigation, tandis que les matelots faisaient retentir l'air de leurs chants grossiers.

Le voisinage de Falérie nous invite à nous y reposer de nos fatigues, Phébus n'étant encore qu'à la moitié de sa carrière. Des paysans remplissaient les rustiques carrefours, et la joie d'un jour de fête leur faisait oublier leurs peines. C'était le jour où Osiris féconde pour des moissons nouvelles les semences confiées à la terre. Nous sortons de la ville, et nous allons nous amuser dans la villa voisine : nous nous arrêtons avec délices sur les bords d'un étang, dont une partie est enfermée et forme un vivier tout rempli de poissons qui jouent et s'agitent à l'aise dans leur spacieuse prison. Mais ce qui gâta pour nous les charmes de cet agréable séjour, ce fut la présence d'un fermier plus cruel pour ses hôtes qu'Antiphate lui-même. Le gardien de ce lieu était un Juif chagrin, espèce d'animal qui ne se nourrit pas comme l'homme. Il se plaint que nous tourmentons ses arbustes, que nous agitons ses roseaux; à l'entendre, nous lui avons porté un grand dommage en touchant à l'eau de son étang. Nous lui répondons par toutes les injures dues à cette race dégradée, qui mutile sans pudeur les parties génitales; à cette race, souche de toute folie, qui aime à célébrer sa fête si froide du sabbat, mais dont le cœur est plus froid encore que ces superstitions. Le septième jour est condamné chez eux à une honteuse oisiveté : cette inaction est

Cetera mendacis deliramenta catastæ
  Nec pueros omnes credere posse reor.
Atque utinam nunquam Judæa subacta fuisset
  Pompeii bellis imperioque Titi !
Latius excisæ pestis contagia serpunt,
  Victoresque suos natio victa premit.

ADVERSUS surgit Boreas ; sed nos quoque remis
  Surgere certamus, dum tegit astra dies.
Proxima securum reserat Populonia litus,
  Qua naturalem ducit in arva sinum.
Non illic positas extollit in æthera moles
  Lumine nocturno conspicienda Pharos ;
Sed speculam validæ rupis sortita vetustas,
  Qua fluctus domitos arduus urget apex,
Castellum geminos hominum fundavit in usus,
  Præsidium terris, indiciumque fretis.
Agnosci nequeunt ævi monumenta prioris :
  Grandia consumpsit moenia tempus edax.
Sola manent interceptis vestigia muris :
  Ruderibus late tecta sepulta jacent.
Nos indignemur, mortalia corpora, solvi [18] ?
  Cernimus exemplis, oppida posse mori.
LÆTIOR hic nostras crebrescit fama per aures :
  Consilium Romam pæne redire fuit.
Hic præfecturam sacræ cognoscimus Urbis
  Delatam meritis, dulcis amice, tuis.
Optarem verum complecti carmine nomen ;
  Sed quosdam refugit regula dura pedes.
Cognomen versu veniat, carissime, Rufi :
  Illo te dudum pagina nostra canit.
Festa dies, pridemque meos dignata penates,
  Poste coronato vota secunda colat ;

un symbole de la fatigue de leur dieu. Quant aux autres extravagances de cette race d'imposteurs et d'esclaves, je crois que parmi les enfants mêmes il y en a beaucoup qui refuseraient d'y ajouter foi. Et plût aux dieux que jamais la Judée n'eût été soumise par les armes de Pompée et de Titus! C'est un ulcère mal guéri qui porte plus loin ses ravages : la nation vaincue pèse sur les vainqueurs.

Borée en s'élevant s'oppose à notre marche; mais nous luttons contre lui en nous dressant sur nos rames tant que le jour cache les astres. Près de là, Populonie étend son tranquille rivage, où la nature a creusé un port dans les terres. Il n'y a point là de phare portant à son sommet un flambeau qui rayonne au milieu des nuits; mais jadis on y a choisi un rocher énorme dont la crête domine les flots vaincus, et on y a élevé un château destiné à deux usages, à protéger les terres, à éclairer les flots. On ne peut plus reconnaître les constructions, ouvrage des siècles passés; le temps a dévoré ces grandes murailles : l'enceinte est brisée çà et là, et il n'en reste que des vestiges; les toits sont étendus sur le sol, ensevelis sous de vastes décombres. Et nous, êtres chétifs, nous nous indignerons de mourir, quand ces exemples nous apprennent que les villes aussi sont sujettes à la mort !

Là une heureuse nouvelle, qui se confirme peu à peu, faillit me déterminer à retourner à Rome. Nous apprenons que la préfecture de la ville sacrée a été accordée à ton mérite, ô mon ami bien-aimé. Je voudrais faire entrer dans mon vers ton véritable nom; mais il y a des pieds que la sévérité du mètre doit en bannir. Au moins, mon ami, ton surnom de Rufius trouvera place ici ; voilà longtemps que je te célèbre dans mes vers. Ce jour sera pour moi un jour de fête, comme celui qui jadis honora mes pénates, un jour où ma porte se couronnera de lauriers et que marqueront encore des vœux pour cet autre

Exornent virides communia gaudia rami :
　Provecta est animæ portio magna meæ.
Sic mihi, sic potius placeat geminata potestas :
　Per quem malueram, rursus honore fruar.

Currere curamus velis, Aquilone reverso,
　Quum primum rosco fulsit Eous equo.
Incipit obscuros ostendere Corsica montes,
　Nubiferumque caput concolor umbra levat.
Sic dubitanda solet gracili vanescere cornu,
　Defessisque oculis luna reperta latet.
Hæc ponti brevitas auxit mendacia famæ :
　Armentale ferunt quippe natasse pecus,
Tempore, Cyrnæas quo primum venit in oras
　Forte sequuta vagum femina Corsa bovem.
Processu pelagi jam se Capraria tollit,
　Squalet lucifugis insula plena viris.
Ipsi se monachos Graio cognomine dicunt,
　Quod soli nullo vivere teste volunt.
Munera fortunæ metuunt, dum damna verentur
　Quisquam sponte miser, ne miser esse queat ?
Quænam perversi rabies tam stulta cerebri,
　Dum mala formides, nec bona posse pati ?
Sive suas repetunt ex fato ergastula pœnas ;
　Tristia seu nigro viscera felle tument.
Sic nimiæ bilis morbum adsignavit Homerus [19]
　Bellerophonteis sollicitudinibus :
Nam juveni offenso, sævi post tela doloris,
　Dicitur humanum displicuisse genus.
In Volaterranum, vero Vada nomine, tractum
　Ingressus, dubii tramitis alta lego.
Despectat proræ custos, clavumque sequentem
　Dirigit, et puppim voce monente regit.

moi-même : que de verdoyants rameaux célèbrent notre commune joie : on a élevé aux honneurs mon ami, cette moitié de mon âme. O que j'aime à goûter ainsi de nouveau le plaisir du pouvoir ! c'est jouir encore une fois des honneurs dans la personne de mon plus cher ami.

Nous ouvrons nos voiles au souffle de l'Aquilon, aussitôt que l'Aurore a brillé sur son char de rose. La Corse commence à nous montrer ses sombres montagnes ; leur couleur se confond avec celle des nuages qui les couronnent. Ainsi le croissant aminci de la lune s'évanouit peu à peu dans les airs, et, aperçu d'abord, il échappe bientôt aux yeux fatigués. Le peu de largeur de ce canal semble appuyer la fable qui suppose qu'un troupeau de bœufs le traversa à la nage, alors qu'une femme du nom de Corsa, suivant un taureau échappé, aborda au rivage de Cyrnos.

Plus loin, dans la mer, s'élève Capraria ; c'est une île sauvage, pleine d'une espèce d'hommes qui fuient la lumière. Eux-mêmes se donnent le nom grec de *moines*, parce qu'ils veulent vivre seuls et sans témoins. Ils fuient les faveurs de la fortune, parce qu'ils en redoutent les disgrâces : c'est se faire malheureux par crainte du malheur ! N'est-ce pas le délire d'un cerveau renversé, que de ne pas pouvoir supporter le bien, par peur du mal? Peut-être est-ce le destin de ces vils esclaves, de s'infliger ainsi le châtiment qu'ils méritent ; peut-être un fiel noir gonfle-t-il leur cœur. C'est ainsi qu'Homère attribue à un excès de bile la morne tristesse de Bellérophon ; on dit, en effet, que ce jeune héros, offensé par les hommes et rempli d'une sombre douleur, prit en haine le genre humain.

Ma barque entre dans les parages de Volaterra, dont le véritable nom est Vada, et s'engage dans un canal bordé par des bas-fonds dangereux. Le gardien de la proue regarde devant lui ; c'est de là qu'il dirige le gouvernail par les avertissements qu'il jette derrière lui au

Incertas gemina discriminat arbore fauces,
  Defixasque offert limes uterque sudes:
Illis proceras mos est adnectere lauros
  Conspicuas ramis et fruticante coma,
Ut, præbente algam densi symplegade limi,
  Servet inoffensas semita clara notas.

Illic me rapidus consistere Corus adegit,
  Qualis silvarum frangere lustra solet.
Vix tuti domibus sævos toleravimus imbres:
  Albini patuit proxima villa mei.
Namque meus, quem Roma meo subjunxit honori,
  Per quem jura meæ continuata togæ.
Non exspectatos pensavit laudibus annos;
  Vitæ flore puer, sed gravitate senex.
Mutua germanos junxit reverentia mores,
  Et favor alternis crevit amicitiis.
Prætulit ille meas, quum vincere posset, habenas;
  Prædecessoris major amore fuit.

Subjectas villæ vacat adspectare salinas;
  Namque hoc censetur nomine salsa palus,
Qua mare terrenis declive canalibus intrat,
  Multifidosque lacus parvula fossa rigat:
Ast ubi flagrantes admovit Sirius ignes,
  Quum pallent herbæ, quum sitit omnis ager;
Tum cataractarum claustris excluditur æquor,
  Ut fixos latices torrida duret humus.
Concipiunt acrem nativa coagula Phœbum,
  Et gravis æstivo crusta calore coit;
Haud aliter, quam quum glacie riget horridus Ister,
  Grandiaque adstricto flumine plaustra vehit.

pilote placé à la poupe. Cette route incertaine est indiquée par deux arbres, et enfermée entre deux rangs de poteaux : on a coutume d'y attacher de grandes branches de laurier, qui frappent les regards par leurs rameaux, par leur verte et épaisse chevelure; on a voulu ainsi qu'entre les algues qui croissent sur le limon accumulé contre les poteaux, le chemin, nettement tracé, conserve toujours ces signaux.

Je suis forcé d'aborder, le Corus soufflant alors avec cette violence qui brise souvent d'épaisses forêts. A peine pouvons-nous, dans les maisons voisines, nous abriter contre la pluie qui tombe par torrents; nous trouvons près de là un asile dans la maison d'Albinus, mon ami ; car je peux lui donner ce titre, quand Rome lui a transmis ma charge, quand il est revêtu des fonctions civiles que je remplissais. Son mérite compense sa jeunesse et n'a pas attendu le nombre des années; c'est un jeune homme par son âge, un vieillard par la gravité de ses mœurs. La conformité de nos cœurs nous inspira une mutuelle considération ; notre sympathie s'accrut par des services réciproques. Il me céda les rênes du pouvoir, quoiqu'il y pût parvenir ; mais aimer son rival heureux, c'était l'emporter sur lui.

J'eus le temps de voir les salines placées au pied de sa villa; c'est ainsi que l'on nomme un marais salant ; la mer y est déversée par des canaux creusés dans la terre, et des rigoles viennent la distribuer dans des réservoirs séparés. Quand le Sirius approche de nous ses feux brûlants, que les herbes se flétrissent, que la sécheresse règne dans les campagnes; alors, avec des digues, on ferme l'accès à la mer, et le sol échauffé condense dans les réservoirs ses ondes devenues immobiles. Cette eau, douée de la propriété de se coaguler, absorbe les rayons brûlants du soleil, et les chaleurs de l'été en font une croûte épaisse, semblable à la surface glacée qui couvre le sauvage Ister, lorsque ses flots enchaînés portent d'é-

Rimetur solitus naturæ expendere causas,
  Inque pari dispar fomite quærat opus:
Vincta fluenta gelu, conspecto sole, liquescunt,
  Et rursus liquidæ sole gelantur aquæ.

O, QUAM sæpe malis generatur origo bonorum!
  Tempestas dulcem fecit amara moram:
Victorinus enim, nostræ pars maxima mentis,
  Congressu explevit mutua vota suo.
Errantem Tuscis considere compulit agris
  Et colere externos, capta Tolosa, lares.
Nec tantum duris nituit sapientia rebus:
  Pectore non alio prosperiora tulit.
Conscius Oceanus virtutum, conscia Thule,
  Et quæcumque ferox arva Britannus arat:
Qua præfectorum vicibus frenata potestas [20]
  Perpetuum magni fœnus amoris habet.
Extremum pars illa quidem discessit in orbem,
  Sed tanquam medio rector in orbe fuit.
Plus palmæ est, illos inter voluisse placere,
  Inter quos minor est displicuisse pudor.
Illustris nuper sacræ Comes additus aulæ,
  Contempsit summos, ruris amore, gradus.
Hunc ego complexus, ventorum adversa fefelli,
  Dum videor patriæ jam mihi parte frui.

LUTEA protulerat sudos aurora jugales:
  Antennas tendi litoris aura jubet.
Inconcussa vehit tranquillus aplustria flatus,
  Mollia securo vela rudente tremunt.
Adsurgit ponti medio circumflua Gorgon,
  Inter Pisanum Cyrniacumque latus.

normes chariots. Que le savant qui recherche les causes des phénomènes naturels, exerce ici sa pénétration, et me dise pourquoi le même foyer de chaleur produit des effets si différents ; les eaux durcies par le froid recommencent à couler à l'aspect du soleil, et ici les eaux s'arrêtent sous l'influence de ses rayons.

Oh! comme souvent le bien est produit par le mal! Une tempête maudite fait mon bonheur en me retardant : je trouve là Victorinus, cet ami qui tient une si grande place dans mon cœur, et cette rencontre nous comble tous deux de joie. La prise de Tolosa, en l'exilant de sa patrie, le força de s'établir dans les champs de la Toscane, et de placer ses pénates sur un sol étranger. Sa sagesse n'a pas brillé seulement dans l'infortune; son cœur a supporté de même l'épreuve de la prospérité. L'Océan connaît ses vertus; Thulé, les champs labourés par le sauvage Breton peuvent en rendre témoignage : la manière dont il remplit dans cette contrée la charge de vicaire des préfets a été récompensée par l'affection que lui portent toujours les Bretons. Ce pays est rejeté, il est vrai, aux extrémités de la terre; mais dans son gouvernement, il était comme au centre du monde. Ce qui augmente sa gloire, c'est d'avoir voulu se faire aimer par des peuples dont il est moins honteux d'avoir à subir l'aversion. Élevé dernièrement à la dignité de comte du palais impérial, il a, par amour pour les champs, dédaigné une si haute fonction. Ses embrassements me firent oublier les vents contraires; il me semblait déjà que je jouissais d'une portion de ma patrie.

L'aurore aux lueurs safranées avait amené les chevaux brillants du jour; la brise qui vient du rivage nous engage à tendre nos antennes. Un souffle paisible soulève mollement la flamme placée au haut du mât. Les voiles dociles tremblent au vent, sans tourmenter les cordages. Gorgon s'élève au milieu des flots

Aversor scopulos, damni monimenta recentis:
    Perditus hic vivo funere civis erat[21].
Noster enim nuper, juvenis majoribus amplis,
    Nec censu inferior, conjugiove minor,
Impulsus furiis, homines Divosque reliquit,
    Et turpem latebram credulus exsul amat.
Infelix putat illuvie cœlestia pasci;
    Seque premit læsis sævior ipse Deis.
Nunc, rogo, deterior Circæis secta venenis?
    Tunc mutabantur corpora, nunc animi.

Inde Triturritam petimus: sic villa vocatur,
    Quæ jacet, expulsis insula pæne fretis.
Namque manu junctis procedit in æquora saxis;
    Quique domum posuit, condidit ante solum.
Contiguum stupui portum, quem fama frequentat
    Pisarum emporio, divitiisque maris.
Mira loci facies: pelago pulsatur aperto,
    Inque omnes ventos litora nuda patent:
Non ullus tegitur per brachia tuta recessus,
    Æolias possit qui prohibere minas:
Sed procera suo prætexitur alga profundo,
    Molliter offensæ non nocitura rati;
Et tamen insanas cedendo interligat undas,
    Nec sinit ex alto grande volumen agi.
Tempora navigii clarus reparaverat Eurus:
    Sed mihi Protadium visere cura fuit.
Quem qui forte velit certis cognoscere signis,
    Virtutis speciem corde vidente petat:

qui la baignent, entre le rivage de Pise et celui de Cyrnos. Je me détourne avec douleur de ces rochers qui me rappellent un malheur trop récent; c'est là qu'un infortuné est venu se séparer de la société pour s'ensevelir tout vivant. C'était un de mes amis, jeune, d'une noble famille; sa fortune, l'union qu'il avait contractée, répondaient à sa naissance : poussé par les furies, il abandonna les dieux et les hommes, et la superstition lui fait aimer l'exil dans une honteuse retraite. Le malheureux! il se figure que les souillures du corps sont agréables au ciel; et il se soumet à des tortures que ne lui infligeraient point les dieux offensés. Oui, je le demande, cette secte n'est-elle pas plus funeste que les poisons de Circé? Ils n'avaient d'action que sur le corps, tandis qu'elle métamorphose les âmes.

Nous gagnons ensuite Triturrita : ainsi s'appelle une villa qui s'étend sur une péninsule au milieu de la mer qu'elle refoule. Elle s'avance dans les flots sur des rochers unis par la main de l'homme; et celui qui éleva cette demeure a d'abord construit le sol sur lequel elle s'appuie. Le port voisin excite mon admiration; il est célèbre; c'est le marché de Pise, et la mer y apporte ses richesses. Ce havre présente un merveilleux aspect; il est battu par les flots de la pleine mer, et ses rivages découverts sont exposés à tous les vents. Ce n'est point une baie abritée par des jetées, et qui puisse braver les menaces d'Éole; mais de grandes algues, qui s'enlacent dans ses eaux, reçoivent les navires qu'elles heurtent doucement; tout en cédant aux flots, elles enchaînent leur violence, et empêchent ainsi la mer de venir y rouler ses vagues énormes.

L'Eurus qui chasse les nuages avait ramené un temps favorable à la navigation : mais je voulus voir Protadius. Pour se faire de lui une idée exacte, qu'on se représente l'image même de la vertu. La peinture ne saurait donner de lui un portrait plus ressemblant que ce portrait idéal

Nec magis efficiet similem pictura colorem,
  Quam quæ de meritis mixta figura venit.
Adspicienda procul certo prudentia vultu,
  Formaque justitiæ suspicienda micat.
Sit fortasse minus, si laudet Gallia civem:
  Testis Roma sui præsulis esse potest.
Substituit patriis mediocres Umbria sedes:
  Virtus fortunam fecit utramque parem.
Mens invicta viri pro magnis parva tuetur,
  Pro parvis animo magna fuere suo.
Exiguus rerum rectores cespes habebat,
  Et Cincinnatos jugera pauca dabant.
Hæc etiam nobis non inferiora feruntur
  Vomere Serrani, Fabriciique foco.
Puppibus ergo meis fida in statione locatis,
  Ipse vehor Pisas, qua solet ire pedes.
Præbet equos, offert etiam carpenta, tribunus [22],
  Ex commilitio carus et ipse mihi,
Officiis regerem quum regia tecta magister,
  Armigerasque pii principis excubias.
Alpheæ veterem contemplor originis urbem,
  Quam cingunt geminis Arnus et Auser aquis;
Conum pyramidis coeuntia flumina ducunt:
  Intratur modico frons patefacta solo;
Sed proprium retinet communi in gurgite nomen,
  Et pontum solus scilicet Arnus adit.
Ante diu, quam Trojugenas fortuna penates
  Laurentinorum regibus insereret,
Elide deductas suscepit Etruria Pisas,
  Nominis indicio testificata genus.
Hic oblata mihi sancti genitoris imago,
  Pisani proprio quam posuere foro.

formé de la réunion de toutes les qualités. Son visage frappe d'abord par une expression de sagesse; l'équité y respire et commande l'admiration. Ces éloges peuvent paraître suspects dans la bouche d'un Gaulois vantant un concitoyen; mais Rome, dont il a été le préfet, peut lui rendre témoignage. Au lieu des biens paternels, il ne possède en Ombrie qu'une habitation médiocre; mais la vertu égale pour lui la bonne et la mauvaise fortune. Ce peu qu'il possède encore, semble une richesse à ce cœur invincible; c'est que jadis les richesses lui semblaient être peu de chose. Un étroit terrain renfermait autrefois les maîtres des rois; un enclos de quelques arpents enfantait les Cincinnatus : pour nous l'exemple de Protadius vaut bien le soc de Serranus et le foyer de Fabricius.

Dès que j'eus placé mes embarcations dans un abri sûr, je me rends à Pise par la route de terre. Le tribun me fournit des chevaux; il m'offre même des voitures; ce tribun était mon ami, depuis qu'il avait servi avec moi, lorsque, comme maître des offices, je commandais le palais et la garde du pieux empereur.

Je contemple cette ville antique, originaire des bords de l'Alphée; l'Arnus et l'Auser l'entourent d'un double courant. Ces rivières, en se réunissant, forment un cône de pyramide, et la langue de terre qu'ils embrassent, étroite à son extrémité, va en s'élargissant. Mais dans leur lit commun, l'Arnus conserve son nom et le garde jusqu'à la mer. Longtemps avant que la fortune vînt greffer le rameau troyen sur la souche des rois de Laurente, le sol de l'Étrurie reçut Pise, sortie de l'Élide; son nom révèle et atteste son origine.

Là s'offrit à mes yeux l'image sacrée de mon père que les Pisans ont placée dans leur forum. Les éloges donnés

Laudibus amissi cogor lacrymare parentis :
    Fluxerunt madidis gaudia moesta [23] genis.
Namque pater quondam Tyrrhenis præfuit arvis,
    Fascibus et senis credita jura dedit.
Narrabat, memini, multos emensus honores,
    Tuscorum regimen plus placuisse sibi :
Nam neque opum curam, quamvis sit magna, sacrarum,
    Nec jus quæsturæ, grata fuisse magis :
Ipsam, si fas est, postponere præfecturam
    Pronior in Tuscos non dubitabat amor.
Nec fallebatur, tam carus et ipse probatis :
    Æternas grates mutua cura canit;
Constantemque sibi pariter mitemque fuisse,
    Insinuant natis, qui meminere, senes.
Ipsum me gradibus non degenerasse parentis
    Gaudent, et duplici sedulitate fovent.
Hæc eadem, quum Flaminiæ regionibus irem,
    Splendoris patrii sæpe reperta fides :
Famam Lachanii veneratur, numinis instar,
    Inter Tyrrhigenas Lydia tota [24] suos.
Grata bonis priscos retinet provincia mores,
    Dignaque, rectores semper habere bonos.
Qualis nunc Decius, Lucilli nobile pignus,
    Per Corythi populos arva beata regit.
Nec mirum, magni si redditus indole nati,
    Felix tam simili posteritate pater.
Hujus vulnificis, satira ludente, Camenis
    Nec Turnus potior, nec Juvenalis erit.
Restituit veterem censoria lima pudorem :
    Dumque malos carpit, præcipit esse bonos.
Non olim, sacri justissimus arbiter auri,
    Circumsistentes reppulit Harpyias?

à un père que j'ai perdu, m'arrachent des larmes, et une joie douloureuse me fait verser des pleurs. Mon père autrefois gouverna les champs Tyrrhéniens, et exerça le pouvoir confié aux six faisceaux proconsulaires. Il racontait, je m'en souviens, que, dans une carrière marquée par tant d'honneurs, c'était le gouvernement de Toscane qui avait le plus flatté son cœur. En effet, ni la charge de distributeur des largesses sacrées (une dignité si haute!), ni l'office de questeur ne lui fut plus agréable. Et même, qui le croirait? son affection pour les Toscans allait jusqu'à lui faire préférer ce gouvernement à la préfecture. Il avait raison, il avait éprouvé leur amour : leur reconnaissance honore sa mémoire par d'éternelles actions de grâces ; et les vieillards, recueillant leurs souvenirs, parlent à leurs enfants de son gouvernement, tout à la fois ferme et modéré. Ils sont heureux de voir que mes dignités ne sont pas au-dessous de celles de mon père, et ils m'aiment ainsi et pour mon père et pour moi-même. Cette gloire paternelle, je l'ai vue confirmée par de fréquents témoignages en parcourant le voisinage de la voie Flaminia; le nom de Lachanius est révéré comme celui d'un dieu par la Tyrrhénie tout entière, par les enfants des Lydiens. Aimée des gens de bien, cette province conserve les mœurs antiques; elle mérite d'avoir toujours de bons gouverneurs, semblables au noble fils de Lucillus, à Décius, qui gouverne les riches campagnes et les peuples de Corythus. Il est naturel qu'un père qui voit ses vertus reproduites par un fils aussi grand, soit heureux d'une telle ressemblance. La muse mordante de Lucillus, se jouant dans la satire, égalera Turnus et Juvénal. Ses amères censures ont rétabli l'antique pudeur ; châtier le vice, c'est enseigner la vertu. Autrefois, dispensateur scrupuleux des largesses sacrées, n'a-t-il pas repoussé les Harpies qui l'assiégeaient? Ces Harpies, dont les ongles déchirent l'univers, dont les pieds ne tou-

Harpyias, quarum decerpitur unguibus orbis,
    Quae pede glutineo, quod tetigere, trahunt:
Quae luscum faciunt Argum, quae Lyncea caecum:
    Inter custodes publica furta volant.
Sed non Lucillum Briareia praeda fefellit,
    Totque simul manibus restitit una manus.

JAMQUE Triturritam Pisaea ex urbe reversus,
    Aptabam nitido pendula vela Noto,
Quum subitis tectus nimbis insorduit aether;
    Sparserunt radios nubila rupta vagos.
Substitimus: quis enim, sub tempestate maligna,
    Insanituris audeat ire fretis?
Otia vicinis terimus navalia silvis,
    Sectandisque juvat membra movere feris.
Instrumenta parat venandi villicus hospes,
    Atque olidum doctas nosse cubile canes.
Funditur insidiis et rara fraude plagarum,
    Terribilisque cadit fulmine dentis aper,
Quem Meleagrei vereantur adire lacerti,
    Qui laxet nodos Amphitryoniadae.
Tum responsuros persultat buccina colles,
    Fitque, reportando, carmine praeda levis.
Interea madidis non desinit Africus alis
    Continuos picea nube negare dies.
Jam matutinis Hyades occasibus udae;
    Jam latet hiberno conditus imbre Lepus,
Exiguum radiis, sed magnum fluctibus, astrum,
    Quo madidam nullus navita linquit humum.
Namque procelloso subjungitur Oarioni,
    Aestiferumque Canem roscida praeda fugit.
Vidimus excitis pontum flavescere arenis,
    Atque eructato vortice rura tegi.

chent à rien qu'ils ne s'y attachent comme de la glu, qui rendent Argus borgne et Lyncée aveugle; car, sous les yeux des gardiens du trésor, le vol des deniers publics se fait avec la plus grande dextérité. Mais ces brigandages n'échappèrent point à Lucillus, et une seule main résista à tant de mains avides, aux cent mains de ces nouveaux Briarées.

Déjà, revenu de Pise à Triturrita, je livrais au souffle heureux du Notus ma voile pendante, quand tout à coup le ciel se couvre de sombres nuages; des éclairs jaillissent et déchirent la nue : nous nous arrêtons; car qui oserait, par un temps orageux, se confier à la mer en démence? Nous occupons le loisir que la mer nous impose à parcourir les forêts voisines, et nous nous livrons à l'exercice de la chasse. Le paysan, qui nous reçoit, nous fournit les instruments nécessaires, avec des chiens dont l'odorat subtil fait découvrir le gîte. Bientôt vient se prendre dans nos piéges et dans les larges mailles de nos filets un sanglier aux dents terribles comme la foudre; un sanglier que n'eût osé attaquer le bras de Méléagre, et qui eût échappé aux étreintes puissantes du fils d'Amphitryon. Alors la trompette fait retentir l'écho des collines, et les chasseurs, qui rapportent la proie, la rendent plus légère par leurs chansons. Cependant l'Africus aux ailes humides ne cesse pendant plusieurs jours de voiler le ciel sous de sombres nuages. Déjà, au point du jour, le coucher des Hyades était accompagné de pluies violentes, qui nous cachaient aussi le Lièvre, étoile peu brillante, mais puissante à soulever les flots, et sous laquelle nul navire n'ose quitter la terre inondée de pluie : car elle est voisine de l'orageux Orion, et fuit, humide proie, devant le Chien brûlant. Nous vîmes les flots jaunis par le sable agité et la mer vomissant ses ondes inonder les campagnes. Ainsi l'Océan se répand au milieu des plaines, quand il couvre de ses flots va-

Qualiter Oceanus mediis infunditur agris,
    Destituenda vago quum premit arva salo,
Sive alio refluus, nostro colliditur orbe,
    Sive corusca suis sidera pascit aquis [25].

gabonds une terre qu'il doit bientôt abandonner ; soit que, refoulé par un autre univers, il vienne se briser contre le nôtre, soit qu'il aille nourrir de ses eaux les astres éclatants.

NOTES

DU LIVRE PREMIER.

1. — *Velocem potius reditum mirabere* (v. 1). On a supposé qu'il manquait un distique au commencement de ce poëme, et c'est le mot *potius* qui a servi à appuyer cette conjecture. Mais pourquoi ne pas se contenter du texte, quand il peut offrir un sens naturel et complet?

2. — *Latias obtinuere domos* (v. 12). Le droit de cité latine, que la constitution de Caracalla conférait aux étrangers, et qui donnait accès aux magistratures, même à celles de Rome. (WERNSDORF.)

3. — *Et partem Genii* (v. 16 et suiv.). Les sénateurs, représentant le génie de Rome, servent d'intermédiaires entre lui et le monde, comme l'air, placé entre Jupiter et la terre, paraît servir à leur union, *connubium*.

4. — *Arbuta* (v. 32). Fréquemment employé pour *arbusta* en poésie.

5. — *In quantum fletus currere verba sinit* (v. 46). « Le poëme de Rutilius commence par un adieu à Rome. Depuis Rutilius, bien des voyageurs ont éprouvé un douloureux attendrissement au moment de cet adieu. Quand on s'est accoutumé à vivre à Rome, on ne peut s'en éloigner sans un serrement de cœur; c'est comme si on quittait une patrie. Étranger, on éprouve quelque chose qui ressemble à la tristesse de l'exil, et il arrive de pleurer en regardant Rome pour la dernière fois. Eh bien, ce sentiment est déjà dans le Gaulois du ve siècle, et il a inspiré à la muse latine de cette époque déchue quelques vers d'une mélancolie pénétrante. » (M. AMPÈRE, *Revue des Deux Mondes*, juin 1835.)

6. — *Quid loquar aerio pendentes fornice rivos* (v. 95)? Les aqueducs.

7. — *Vernula.... avis* (v. 112). On a entendu par cette expres-

sion des *oiseaux domestiques*. Je crois que *vernula* a ici plus de sens; l'expression d'*oiseaux domestiques* ne s'entendrait que des espèces d'oiseaux qui vivent habituellement avec l'homme. *Vernula* s'applique ici à toutes les espèces d'oiseaux qui sont nés dans ces bois, et qui appartiennent aux propriétaires de ces palais.

8. — *Virides.... comas* (v. 116). Le mot *virides* ne doit pas s'entendre de la couleur, mais de l'épaisseur et de la beauté des cheveux.

9. — *Imbre tuo* (v. 148). Les pluies qui viennent de l'Italie.

10. — *Teste Marone* (v. 170). *Énéide*, liv. xi, v. 463 :

Tu, Voluse, armari Volscorum edice maniplis;
Duc, ait, et Rutulos......

11. — *Commissa Palatia* (v. 171). C'était la charge de questeur du palais, ou de chancelier.

12. — *Quem tibi Roma facit purior esse dies* (v. 200). Rutilius entend par le mot *dies* la lumière et l'éclat que projetaient dans Rome les temples, les coupoles et les statues qui resplendissaient d'or et du marbre le plus beau.

13. — *Famulis.... suis* (v. 216). *Gothis, qui servire debebant, ut barbari*. M. Collombet a adopté un autre sens qui me semble moins naturel.

14. — *Præsidet exigui formatus imagine saxi* (v. 229). Ce vers rappelle ceux de Chapelle :

C'est Notre-Dame de la Garde,
Gouvernement commode et beau,
A qui suffit, pour toute garde,
Un suisse avec sa hallebarde
Peint sur la porte du château.

15. — *In sua bella* (v. 292). Cette guerre implacable *ipsis quasi propria, et fere perpetua, ut genti pugnaci*.

16. — *Ionias.... aquas* (v. 320). Non pas la mer Ionienne, mais les mers d'Ionie, la mer Égée et la mer Ionienne proprement dite.

17. — *Damnaque libatæ grandia clamat aquæ* (v. 386). Je crois que *libare* a ici le sens de toucher plutôt que celui de boire.

la stupidité du Juif est d'autant plus grande, que l'action du voyageur est plus innocente.

18. — *Nos indignemur, mortalia corpora, solvi* (v. 413)? Rutilius semble avoir imité ici un passage de la lettre fameuse de Sulpicius à Cicéron (*Lettres famil.*, liv. IV, lett. 5). « Hem! nos homunculi indignamur, si quis nostrum interiit aut occisus est, quorum vita brevior esse debet, quum uno loco tot oppidorum cadavera projecta jaceant. » C'est, au reste, l'idée exprimée dans ces vers si connus d'Horace :

Debemur morti nos nostraque.....
(*Arts poet.* v. 63.)

19. — *Homerus* (v. 449). Voyez *Iliade*, chant VI, v. 200.

20. — *Præfectorum vicibus frenata potestas* (v. 501). Le préfet des Gaules avait sous sa puissance les vicaires de l'Espagne, de la Gaule et de la Bretagne.

21. — *Perditus hic vivo funere civis erat* (v. 510). Il me semble que *civis* a ici une valeur plus grande que celle-ci : *un de mes concitoyens*. Rutilius n'indique-t-il pas par ce mot, que ce jeune homme est mort pour la *société humaine*? — Voici quelques réflexions de M. Villemain relatives à ce passage et à plusieurs autres de Rutilius : « On peut remarquer qu'il n'y a pas plus d'art dans *Child-Harold* que dans l'*Itinéraire de Rutilius*, monument curieux et parfois éclatant du dernier âge des lettres romaines. C'est également un homme qui, sans ordre et sans but, se rappelle l'impression des lieux, et tour à tour décrit ou déclame. Il y a même ce rapport entre les deux voyages, que tous les deux se font à travers des ruines dans un temps de révolution pour les croyances et pour les empires. Le Gaulois du ve siècle voit avec douleur s'écrouler le paganisme devant la foi nouvelle sortie de la Judée, et qui, déjà maîtresse à Rome, peuple de monastères les îles désertes de l'Italie. L'Anglais du XIXe siècle croit voir tomber en Espagne et en Portugal les derniers asiles du christianisme romain. Comme Rutilius, il rencontre partout les vestiges de l'invasion et de la guerre. Napoléon est pour lui le nouvel Alaric, qui laisse partout sa trace sur le monde ravagé. » (*Biographie universelle*, art. BYRON.)

22. — *Tribunus* (v. 561). Le tribun des soldats, qui était en garnison dans le pays.

23. — *Gaudia mœsta* (v. 578). « Expression un peu préten-

tieuse, un peu coquette, un peu maniérée, mais élégamment pa-
thétique, et qui donne une fort juste idée du genre d'esprit de
Rutilius, et du ton qu'il prête à sa pensée comme à son émotion. »
(M. Ph. Chasles). Ajoutons ici que cette expression rappelle le
mot touchant et si connu d'Homère, δακρυόεν γελάσασα.

24. — *Lydia tota* (v. 596). « C'est-à-dire l'Étrurie, parce que
Tyrrhenus, chef des Lydiens, conduisit une colonie dans cette
partie de l'Italie et donna aux Toscans le nom de Thyrrhéniens. »
(Lemaire.)

25. — *Sidera pascit aquis.* Lucain, *Pharsale*, liv. 1, v. 415 :

> Flammiger an Titan, ut alentes hauriat undas,
> Frigat Oceanum, fluctusque ad sidera tollat.

CL. RUTILII NUMATIANI
DE REDITU SUO
ITINERARIUM.

LIBER SECUNDUS.

Nondum longus erat, nec multa volumina passus[1],
   Jure suo poterat longior esse liber :
Tædia continuo timui cessura labori,
   Sumere ne lector juge paveret opus.
Sæpe cibis adfert serus fastidia finis :
   Gratior est, modicis haustibus unda, siti.
Intervalla viæ fessis præstare videtur,
   Qui notat inscriptus millia crebra lapis[2].
Partimur trepidum per opuscula bina ruborem,
   Quem satius fuerat sustinuisse semel.
Tandem nimbosa maris obsidione solutis
   Pisano e portu contigit alta sequi.
Adridet placidum radiis crispantibus æquor,
   Et sulcata levi murmurat unda sono.
Incipiunt Apennini devexa videri,
   Qua fremit aerio monte repulsa Thetis.
Italiam, rerum dominam, qui cingere visu,
   Et totam pariter cernere mente velit,

ITINÉRAIRE

DE CL. RUTILIUS NUMATIANUS

POËME SUR SON RETOUR A ROME.

LIVRE SECOND.

Le premier livre avait peu d'étendue, et ne faisant encore sur le cylindre qu'un petit nombre de tours, il pouvait être continué; mais j'ai craint l'ennui qui s'attache à un travail trop prolongé, l'effroi qu'inspire au lecteur un ouvrage sans divisions. Souvent un trop long repas inspire le dégoût; l'eau que l'on boit à petites gorgées est plus douce à la soif : la pierre qui porte inscrits les milles parcourus, semble reposer le voyageur fatigué de la longueur du chemin. Honteuse et timide, ma muse aime mieux parcourir en deux fois la carrière qu'il eût mieux valu achever d'une seule haleine.

Délivré enfin des tempêtes qui nous tenaient assiégés dans le port de Pise, nous prenons le large. La mer paisible scintille sous les rayons du soleil, et l'onde sillonnée fait entendre un léger murmure. Nous commençons à apercevoir les flancs de l'Apennin, près du promontoire élevé où Thétis vient se briser en frémissant.

Quand on veut embrasser d'un regard l'Italie, la reine du monde, et la considérer dans son ensemble, on trouve

Inveniet quernae similem procedere frondi,
    Arctatam laterum conveniente sinu.
Millia per longum decies centena teruntur³
    A Ligurum terris ad freta Sicaniae:
In latus at variis damnosa anfractibus intrat
    Tyrrheni rabies Adriacique salis.
Qua tamen est juncti maris angustissima tellus,
    Triginta et centum millia sola patet.

Diversas medius mons obliquatur in undas,
    Qua fert atque refert Phoebus uterque diem:
Urget Dalmaticos Eoo vertice fluctus,
    Caerulaque occiduis frangit Etrusca jugis.
Si factum certa mundum ratione fatemur,
    Consiliumque Dei machina tanta fuit;
Excubiis Latii praetexuit Apenninum,
    Claustraque montanis vix adeunda viis.
Invidiam timuit natura, parumque putavit
    Arctois Alpes opposuisse minis:
Sicut vallavit multis vitalia membris,
    Nec semel inclusit, quae pretiosa tulit.
Jam tum multiplici meruit munimine cingi,
    Sollicitosque habuit Roma futura Deos.

Quo magis est facinus diri Stilichonis acerbum⁴,
    Proditor arcani qui fuit imperii.
Romano generi dum nititur esse superstes,
    Crudelis summis miscuit ima furor:
Dumque timet, quidquid se fecerat ipse timeri,
    Immisit Latiae barbara tela neci.
Visceribus nudis armatum condidit hostem,
    Illatae cladis liberiore dolo.

qu'elle s'avance semblable à une feuille de chêne, resserrée sur ses deux flancs par les mers qui se réunissent à son extrémité. Elle s'étend dix fois l'espace de cent milles, depuis les terres des Ligures jusqu'aux mers de la Sicanie : les eaux furieuses de la mer Tyrrhénienne et de l'Adriatique viennent ronger ses flancs et y former différents golfes. Dans l'endroit où la terre est le plus resserrée entre les deux mers qui la pressent, elle n'a que cent trente milles de largeur.

L'Apennin se prolonge obliquement entre les deux mers, dont l'une est exposée au soleil du matin, l'autre à celui du soir. Le versant oriental domine la mer de Dalmatie; le versant occidental voit se briser à ses pieds les ondes bleuâtres de la mer Tyrrhénienne. Si nous reconnaissons dans le monde les combinaisons d'une intelligence supérieure; si nous voyons dans cette œuvre immense l'ouvrage d'un dieu, nous devons croire qu'il a étendu l'Apennin pour servir de rempart au Latium, pour en fermer l'entrée par des gorges inaccessibles. La nature a craint d'être accusée de négligence, de n'avoir pas fait assez pour Rome en opposant les Alpes aux menaces des enfants du Nord : de même, dans le corps, elle a multiplié autour des parties vitales et essentielles les membranes qui devaient les protéger. C'est ainsi qu'avant de naître, Rome avait mérité cette suite de remparts, et préoccupait déjà la pensée des dieux.

C'est ce qui rend encore plus grand le crime de Stilichon, qui a voulu déjouer la prévoyance de la nature en ouvrant l'empire aux barbares. Il voulut que la race des Romains pérît avant lui ; ses cruelles fureurs ont tout bouleversé. Craignant pour lui les entreprises par lesquelles il s'était fait craindre, il introduisit les barbares en Italie pour la perte de Rome. Il cacha un ennemi redoutable dans le sein même de la patrie désarmée, et par le mal qu'il lui faisait ainsi, se préparait des moyens de

Ipsa satellitibus pellitis Roma patebat,
 Et captiva prius, quam caperetur, erat.
Nec tantum Geticis grassatus proditor armis,
 Ante Sibyllinæ fata cremavit opis.
Odimus Althæam consumpti funere torris[5];
 Niseum crinem[6] flere putantur aves.
At Stilicho æterni fatalia pignora regni,
 Et plenas voluit præcipitare colus.
Omnia Tartarei cessent tormenta Neronis,
 Consumat Stygias tristior umbra faces.
Hic immortalem, mortalem perculit ille;
 Hic mundi matrem perculit, ille suam.

Sed diverticulo fuimus fortasse loquaces:
 Carmine propositum jam repetamus iter.
Advehimur celeri candentia mœnia lapsu:
 Nominis est auctor Sole corusca soror[7].
Indigenis superat ridentia lilia saxis,
 Et lævi radiat picta nitore silex.
Dives marmoribus tellus, quæ luce coloris
 Provocat intactas luxuriosa nives.
. . . .

[Reliqua desiderantur.]

lui en faire davantage. Rome était livrée à ces barbares couverts de peaux; elle était captive avant d'être prise. Le traître ne s'est pas contenté de l'attaquer avec les armes des Goths; il a anéanti, avec les livres Sibyllins, l'avenir révélé à Rome. Nous maudissons Althée, parce qu'elle brûla le tison fatal; on dit que des oiseaux pleurent le cheveu de Nisus : mais Stilichon a voulu briser le gage auquel les destins attachaient l'éternité de l'empire, les fuseaux des Parques encore chargés d'années. Que les tourments de l'infernal Néron soient suspendus! Une ombre plus coupable doit appeler sur elle les flambeaux des Furies. Néron n'a frappé qu'une mortelle; c'est une immortelle qu'a frappé Stilichon : l'un a tué sa mère, l'autre la mère du monde.

Cette digression nous a peut-être entraînés trop loin; rentrons dans le chemin que se propose ma muse. Nous arrivons bientôt dans une ville aux blanches murailles, à laquelle la sœur brillante du Soleil a donné son nom. Les pierres qu'elle produit surpassent, par leur surface brillante et veinée, les lis aux riants calices : cette terre est riche en marbres dont l'éclat semble défier celui de la neige la plus pure. . . . .
. . . .

[Le reste manque.]

NOTES
DU LIVRE SECOND.

1. — *Nec multa volumina passus* (v. 1). On a entendu *volumen* par *volume*. Comment supposer qu'un livre de six cents vers puisse former un grand nombre de volumes? Cette pensée n'aurait pas besoin d'être exprimée.

2. — *Qui notat inscriptus millia crebra lapis* (v. 8). « Chez les Romains, les distances sur les routes étaient marquées par des colonnes en pierre, d'où est venue cette locution si familière aux écrivains latins : *Tertio, quarto ab urbe lapide*. Plutarque, *Vie de C. Gracchus*, ch. vii, dit que les premières colonnes milliaires de ce genre furent placées sous le tribunat de C. Gracchus, frère de Tiberius. » (M. Collombet.)

3. — *Millia per longum decies centena teruntur* (v. 21). Pline, liv. iii, ch. 5, donne à l'Italie vingt mille pas de plus.

4. — *Quo magis est facinus diri Stilichonis acerbum* (v. 41). Ces imprécations de Rutilius n'ont pas grande valeur, quand on se rappelle son dévouement pour tout ce qui tient à la famille impériale. Il accuse plus loin Stilichon d'avoir brûlé les livres Sibyllins. Wernsdorf prouve que cette accusation est fausse : c'est sans doute un mensonge de courtisan. — « Quelque parti que l'on prenne dans la controverse qui a partagé les théologiens et les critiques sur l'inspiration, et même sur l'existence des sibylles, on ne peut s'empêcher de reconnaître que l'ouvrage qui est venu jusqu'à nous sous leur nom n'est autre chose qu'une compilation informe de plusieurs prophéties différentes, supposées la plupart, vers le 1er ou le iie siècle du christianisme par quelques-uns de ces hommes qui, joignant la fourberie avec le fanatisme, ne font point scrupule d'appeler le mensonge et l'imposture au secours de la vérité. Ces vers sibyllins sont remplis de choses très-fortes et très-sensées contre l'idolâtrie et contre la corruption des mœurs qui régnait alors dans le paganisme, et l'on ne peut s'empêcher de reconnaître que les auteurs de ces vers ont eu soin, pour accré-

diter leurs prophéties prétendues, d'y insérer plusieurs circonstances véritables, que leur fournissaient les anciennes histoires qui existaient de ce temps, mais que la barbarie des siècles postérieurs a détruites. On doit donc regarder, à certains égards, ces auteurs comme les témoins des traditions historiques reçues de leur temps, témoins, à la vérité, très-suspects, mais dont le témoignage peut être admis, lorsqu'il était dans leur intérêt de dire vrai. » (FRÉRET, *Mém. de l'Acad. des Inscript.*, t. x, p. 367.)

5. — *Odimus Althæam consumpti funere torris* (v. 53). Althée brûla le tison auquel était attachée l'existence de Méléagre, son fils.

6. — *Nisæum crinem* (v. 54). Scylla, fille de Nisus, coupa le cheveu de pourpre, duquel dépendait le sort de son père. Nisus mourut aussitôt, et fut métamorphosé en épervier.

7. — *Sole corusca soror* (v. 64). Rutilius veut ici parler de Luna, célèbre en effet par ses carrières de marbre blanc.

FIN.

TABLE

DE L'ITINÉRAIRE DE CL. RUTILIUS NUMATIANUS.

	Pages
NOTICE SUR CL. RUTILIUS NUMATIANUS............................	5
ITINÉRAIRE DE CL. RUTILIUS NUMATIANUS, Poëme sur son retour à Rome.	
Livre Ier...	9
Notes...	52
Livre II...	57
Notes...	62

POÉSIES DIVERSES
SUR L'ASTRONOMIE
ET LA GÉOGRAPHIE

TRADUITES

PAR M. ÉDOUARD SAVIOT
Agrégé de l'Université
ancien élève de l'École normale.

Rutilius

POEMATIA ASTRONOMICA ET GEOGRAPHICA.

I.

ASTRONOMICA[1].

Tu forte in luco lentus[2] vaga carmina gignis,
Argutosque inter latices et musica flabra
Pierio liquidam perfundis nectare mentem:
At nos congeries obnubit turbida rerum,
Ferrataeque premunt milleno milite curae,
Legicrepi tundunt, latrant fora[3], classica turbant,
Et trans Oceanum ferimur : porro, usque nivosus
Quum teneat Vasco, nec parcat Cantaber[4] horrens.
En quibus indicas, ut crinem frondea Phœbi
Succingant, hederaeve comas augustius umbrent.
En quos flammantem jubeas volitare per æthram.
Quin mage pernices aquilas[5] vis pigra elephantum
Praecurrat, volucremque pigens testudo molossum,
Quam nos rorifluam sectemur carmine Lunam[6].
Sed tamen, incurvus per pondera terrea nitens,
Dicam cur fesso livescat circulus orbe,
Purpureumque jubar nivei cur tabeat oris.
Non illam, ut populi credunt[7], nigrantibus antris
Infernas ululans mulier praedira sub umbras
Detrahit altivago e speculo : nec carmine victa

POÉSIES DIVERSES
SUR L'ASTRONOMIE
ET LA GÉOGRAPHIE.

I.

SUR L'ASTRONOMIE.

Peut-être qu'étendu au fond d'un bois sacré, tu enfantes des vers au hasard ; peut-être qu'au milieu des fontaines murmurantes et des brises harmonieuses tu rafraîchis ton âme aux sources divines du Piérius : mais nous, le poids des affaires nous accable ; nous n'entendons que le bruit importun du fer, les cris de mille soldats ; les harangueurs nous obsèdent, et le forum retentit de clameurs ; les trompettes sonnent, et nous volons par-delà l'Océan ; le Vascon au sein des neiges, le Cantabre dans ses montagnes, ne nous laissent point de repos. Et c'est à nous qu'on ordonne de ceindre notre front des lauriers de Phébus, et de nous tresser avec du lierre une couronne plus auguste! Et c'est nous qu'on appelle à fendre de nos ailes l'air enflammé! L'éléphant, à la marche pesante, devancera à la course les aigles à l'aile rapide ; la tortue engourdie l'emportera sur le chien en vitesse, avant que nos vers puissent s'élever jusqu'à Phébé, mère des bienfaisantes rosées. Toutefois, secouant le poids qui me courbe vers la terre, je dirai pourquoi un cercle noir se forme sur les contours défaillants de l'astre, pourquoi son front de neige se rougit d'une teinte de pourpre. Non, jamais, comme le croit le vulgaire, une magicienne hurlant dans les som-

Vel rore Stygias. . . . .
Vincibilemque petit clangorem [8]. Quippe per æthram,
Qua citimus limes dispescit turbida puris,
Inviolata meat. Sed vasto corpore Tellus,
Quæ medium tenet ima polum, dum lumina fratris
Detinet umbriferis metis: tum sidere casso
Pallescit teres umbra rotæ, dum transeat axem
Aggerei velox tumuli, speculoque rotanti
Fraternas reparet per cœlum libera flammas.
Sed qua mira putas, cur, quum vis maxima Solis
Bis novies major elucat, quam terreus orbis,
Non circumcingat terrestres lumine metas.
Sume ratum rationis opus : namque adspice Phœbum,
Quam sublimis eat convexa per aurea mundi;
Quamque humilem terram collustret curribus altis.
Hic ingens utcumque libet vel desuper ignes
Sparserit, obliquo vel quum radiaverit axe,
In terram radii franguntur. Cetera Solis
Lumina, qua major jaculis radiantibus exit,
Nil obstante globo, tendunt per inania vasta ;
Donec pyramidis peragat victa umbra cacumen [9].
Per quam quum Phœbe validos agit uda jugales,
Infima vicinis nonnunquam decolor umbris
Fratre caret, vacuoque exsanguis deficit ore.
Cur autem sola spolietur lumine Luna,
Nil vero mirum est : quippe illam lucis egentem
Lux aliena fovet : quam quum pars proxima metæ
Invidet, exspectat radios male cærula fratris.
At chorus astrorum [10] reliquus non tangitur umbris :
Et proprium cunctis jubar est, nec Sole rubescunt.
Sed sudum. . . . .
Porro ultra Solem rapitur cum vertice cœli.

bres profondeurs des cavernes infernales n'a arraché la
Lune à sa demeure céleste; non, la force d'un enchantement nocturne.... Jamais il ne fut nécessaire de la délivrer par le son de la trompette. Au milieu du ciel, et
voisine des régions où le calme est souvent troublé par
la tempête, elle marche sans éprouver d'outrage. Mais
quand le vaste corps de la terre, placé au centre du
monde, intercepte les rayons du Soleil son frère, alors
une ombre épaisse se répand sur le disque pâlissant de la
Lune, jusqu'à ce que celle-ci, se dégageant des ténèbres
projetées par les inégalités terrestres, roule en liberté
dans un autre champ du ciel et recouvre les rayons de
Phébus. Peut-être on s'étonnera que le Soleil, neuf fois
plus grand et plus apparent que le globe de la terre,
n'enveloppe pas ce globe d'un réseau de lumière. En
voici la raison. Voyez comme le Soleil s'élève, quand il
monte à la voûte éclatante des cieux, et comme du haut
de son char il couvre de ses rayons la masse infinie de la
terre. Or, soit qu'il lance la lumière du zénith, soit qu'il
l'envoie obliquement en rasant l'horizon, la terre brise
une partie de ces rayons. Les autres, ne trouvant point
de globe qui s'oppose à leur émission, se prolongent dans
l'immensité du vide, jusqu'à ce que, vaincus par l'ombre,
ils viennent mourir en pointe. Si donc la Lune pousse ses
chevaux robustes dans les régions trop voisines de la terre,
elle ne reçoit plus la lumière de son frère, son pâle visage
s'évanouit. Mais pourquoi est-elle le seul astre qui soit soumis aux éclipses? Le fait n'a rien d'étonnant : elle manque
de lumière qui lui soit propre, elle n'est réchauffée que par
des rayons d'emprunt; quand elle tombe dans le voisinage d'un corps opaque, elle devient sombre et n'est plus
éclairée par les feux de son frère. Au contraire, le chœur
des astres n'est point accessible aux ténèbres ; ils jouissent
d'un éclat qui leur est naturel, ils ne le doivent pas au
Soleil. Mais.... elle est entraînée avec sa sphère céleste

Jam cur semestri non semper palleat orbe,
Inflexi præstant obliquo tramite cursus[11].
Namque vagans errore rato quum devia tortos
Colligit anfractus, metam Sol eminus exit,
Intorquetque peplum noctis, radiatque sororem.
Hæc eadem ratio est, subitis cur frangitur umbris
Augusti Solis rutilum jubar, indiga lucis
Quando inter terram et Solem rota corporis almæ
Luna meat fratrem rectis objectibus arcens[12].

II.

DE SIGNIS COELESTIBUS.

Primus adest Aries obscuro lumine labens,
Inflexique genu[1] projecto corpore Taurus,
Et Gemini clarum jactantes lucibus ignem.
Æstifer est pandens[2] ferventia sidera Cancri,
Hunc subter fulgens sævit vis torva Leonis,
Quem rutilo sequitur conlucens corpore Virgo,
Exin projectæ claro cum lumine Chelæ,
Ipsaque consequitur lucens vis maxima Libræ[3],
Inde Sagittipotens dextra flexum tenet arcum,
Post hunc cornifero Capricornus sidere pergit[4].
Humidus inde locum conlucet Aquarius urbem[5],
Exin squammiferi serpentes ludere Pisces.

III.

MAXIMIANI DE IISDEM.

Nubigenæ juvenis vector[1], Taurique trucis frons,
Et proles duplex Jovis[2], et Nepa torrida flammis.
Æstifer inde Leo[3] justa cum Virgine fulgens.

plus loin que le Soleil. Ce qui fait que son disque n'est pas éclipsé tous les six mois, c'est qu'il décrit dans son cours oblique une ligne sinueuse. Et tandis que la Lune vagabonde suit les détours de son invariable carrière, le Soleil franchit les obstacles qui brisaient ses rayons, il déchire le manteau de la nuit, et verse sur sa sœur des torrents de lumière. C'est une cause analogue qui éteint tout à coup dans l'ombre l'éclat sacré du Soleil : la Lune étend son corps privé de lumière entre cet astre et la terre, et elle intercepte ses rayons avant qu'ils arrivent jusqu'à nous.

II.

LES SIGNES CÉLESTES.

D'ABORD se présente le Bélier, qui glisse avec une lumière pâle ; puis le Taureau, le genou ployé, le corps en avant ; puis les Gémeaux, dont les flammes jettent un vif éclat. Avec l'été vient le signe immense du Cancer brûlant ; au-dessous de lui, le Lion resplendissant exerce ses fureurs. Il est suivi de la Vierge au corps étincelant de lumière ; des Pinces du Scorpion, qui se dressent flamboyantes ; de la Balance aux vastes feux ; du Sagittaire, qui tient en main un arc recourbé ; du Capricorne, levant sa tête armée de cornes. Enfin l'humide Verseau brille au-dessus de la ville, et les Poissons agitent en se jouant leurs brillantes écailles.

III.

LE MÊME SUJET, PAR MAXIMIANUS.

ON voit l'astre qui porta le jeune fils de Néphélé, et le Taureau au front farouche, et le couple issu de Jupiter, et le Scorpion brûlé de feux. L'été amène ensuite le

Quam sequitur Libra, et violenta cuspide sævus,
Semifer Arcitenens subit, et Capricornus aquosus,
Et cui nomen aquæ faciunt[4], Piscesque gemelli.

IV.

GERMANICI DE PLANETIS ET SIGNIS ZODIACI.

Una via est Solis[1] bissenis lucida signis;
Hac rapitur Phœbe, per idem Cythereius ignis[2]
Fertur iter, per idem cristatus vertice Mavors,
Mercuriusque celer, regno cœloque verendus
Jupiter, et tristi Saturnus lumine tardus.
Omnibus his gemini motus, quorum alter ab ipsis
Nascitur, et proprios ostendit sidere nisus,
(Tunc mundum subeunt lento pede) concitus alter
Invitus rapit, et cœli circumrotat orbem.
Annua Sol medius[3] designat tempora; Phœbe
Menstrua; namque anno Solem remeare videbis,
Moverit unde suos currus per signa volantes.
Hoc peragit spatium breviore citatior orbe
Mensem expleturis Phœbe contenta diebus.
Annuus est Veneri cursus[4]; neque tardior illa
Mercurius, binos Gradivus perficit orbes.

V.

DE PLANETIS[1].

Sortitos celsi replicant anfractibus orbes,
Vicinum terris circumvolat aurea Luna,
Quam super invehitur Cyllenius, alma superni
Nectareum ridens late splendet Cytherea[2].

Lion, brillant auprès de la Vierge, déesse de la justice.
Enfin suivent la Balance, et le sauvage Sagittaire armé
d'un trait menaçant, et le Capricorne pluvieux, et le
signe qui tire son nom de l'eau qu'il verse, et les Poissons jumeaux.

IV.

LES PLANÈTES ET LES SIGNES DU ZODIAQUE, PAR GERMANICUS.

Le Soleil poursuit à travers les douze signes son invariable carrière. Dans le même sens sont emportés Phébé, et la planète de Cythérée, et Mars au brillant panache, et le rapide Mercure, et Jupiter à la fois dieu et astre, et le sombre Saturne qui se traîne lentement. Toutes ces planètes ont un double mouvement : l'un émane d'elles-mêmes et est le résultat de leur nature (et alors elles se traînent à pas lents dans le ciel); l'autre, plus vif, les emporte sans leur coopération, et fait tourner la sphère céleste. Placé au milieu d'elles, le Soleil marque les années; Phébé indique les mois. Et en effet vous verrez le Soleil, après l'an révolu, ramener son char au point de l'espace d'où il s'élança à travers les astres, tandis que Phébé, décrivant un cercle plus étroit, achève sa course en un mois. Celle de Vénus dure un an; Mercure emploie le même temps; Mars accomplit en deux ans sa rotation.

V.

LES PLANÈTES.

Voici l'ordre dans lequel les planètes décrivent leurs cercles sous la voûte des cieux : près de la terre, s'avance la Lune au disque d'or; au-dessus de la Lune, Mercure accomplit son cours; plus haut brille Vénus au sourire

Quadrijugis invectus equis Sol igneus ambit
Quartus et aetherias metas; quem deinde superne
Respicit Omnipotens[3]; sextus Phaethontius ardor
Suscipit excelsum brumali frigore sidus.
Plectricanae cytharae septem discriminibus quos
Adsimilans genitor concordi examine junxit[4].

VI.

DE PLANETIS ET EARUM CIRCULIS[1].

Bis sex signiferae numerantur sidera sphaerae,
Per quas planetae dicuntur currere septem.
Pollucis proles[2] ter denis volvitur annis.
Flumina dispergens duodenas lustrat aristas.
Bellipotens genitor mensem pensare bilibri.
In medio mundi fertur Phaethontia flamma.
Tercentum Soles, bis denos, adde quadrantem :
Ter senas partes plus his, Cytherea, retorques,
Lustrando totum praeclaro lumine mundum.
Terque dies ternos puro de vespere tollens
Sermonis domini[3] completur circulus anni.
Horas octo, dies ternos servato novenos,
Proxima telluri dum curris, candida Phoebe.

VII.

BEDAE COMPOSITIO HOROLOGII[1].

Quos cursus solis jungant sua tempora menses,
Carmine nunc, lector, paucis, adverte, docebo.
Janua nunc anni est Janus finisque December :

doux comme le nectar ; puis vient le Soleil flamboyant, qui parcourt sur son char la carrière céleste; au-dessus du Soleil, le tout-puissant Jupiter nous regarde ; le sixième cercle se ressent encore de la chaleur de Phébus; mais le septième se déroule dans les régions glacées de la sphère supérieure. Le créateur, assimilant ces planètes aux sept cordes de la lyre, les a réunies en un chœur harmonieux.

VI.

LES PLANÈTES ET LEURS CERCLES.

On compte douze signes parmi les astres de la sphère étoilée, et l'on distingue le cours de sept planètes. Le fils de Pollux [Saturne] accomplit sa révolution en trente ans. Celui qui fait naître les fleuves [Jupiter] mûrit douze moissons. Le dieu de la guerre embrasse deux fois le nombre des mois. Le flambeau du Soleil s'avance au milieu du ciel. Si l'on réunit une somme de trois cent vingt jours et un quart, et qu'on en retranche la dix-huitième partie, on aura, ô Cythérée, le laps de temps pendant lequel ta lumière éclatante fait le tour de l'univers. Si du cours de la brillante Vénus on détache neuf jours, on obtiendra la longueur de la révolution accomplie par le dieu de l'éloquence [Mercure]. Enfin, ô blanche Phébé, continue d'employer vingt-sept jours et huit heures à tourner autour de la terre.

VII.

COMPOSITION DU CADRAN, PAR BÈDE

Dans ce poëme, ô lecteur, je t'enseignerai en peu de mots comment s'accouplent les mois qui se partagent la

Hos menses paribus solis rotat orbita punctis.
Quæ volvit Februum, undecimum regit ipsa Novembrem.
Martius Octobrem spatio connectit eodem.
Tum, Septembre, tibi in sphæram concurrit Aprilis.
Augustum Maius centro prospectat ab ipso.
Junia Quintilem scandens trahit orbita mensem.
Quas horas sibi conjungant in fronte, videto,
Lector, et in cunctis æquo observare memento.
Mense omni prima undecimæ conjungitur horæ :
Hinc umbris decimam nectit cursuque secunda.
Tertia mox nonam punctis complectitur isdem.
Octavæ pariter præcedens quarta cohæret.
Quintam subsequitur numero post septima justo.
Sola suas tantum mensuras sexta retentat.
Omnibus has, lector, conjungens mensibus horas,
Quos superant spatio umbrarum cedantve, videto.
Hoc tamen in primis noscens retineto, quod orbis
Diversæ partes varias forment quoque metas.
Nam quæ vicino torrentur sole sub Austrum,
Ut mage luce nitent, minimas sic gignere possunt
Umbras. Quæ Boreæ frigentque jacentque sub axe,
Nocte magis longa tenebrisque premuntur opacis.
Quæ mediis ab utroque absistunt partibus axe,
Inter utrumque etiam lucem moderantur et umbras.
Ergo age, si subjecta legentem pagina, lector,
Te movet, hanc illa regione probabis ab ipso
Danubio, Hesperiæ primos qua vergit ad ortus,
Lugdunique urbe et Rhodani distincta fluentis
Respicit Oceani interfusos orbe Britannos [2].
Hoc quoque te juste horarum mensura monebit,
Umbrarum motus primis ne forte calendis
Ponere et ad finem velis perducere mensis.

course du soleil. Janvier qui ouvre l'année, et Décembre qui la ferme, occupent la même place sur le cadran solaire. Février, le second mois, et Novembre, le onzième, sont placés sur le même rang. Mars et Octobre sont unis par un rapport égal. Le cercle décrit par Septembre est aussi le cercle décrit par Avril. Mai et Août partent du même centre avec un même rayon. Enfin une même circonférence est tracée par Juillet et par Juin. Maintenant, lecteur, souviens-toi d'observer comment à leur tour s'accouplent les heures sur le cadran. Pour chaque mois, la première heure correspond à la onzième. La seconde et la dixième sont égales pour la distance et pour l'ombre. La troisième occupe les mêmes points que la neuvième. La huitième va de pair avec la quatrième. La cinquième est placée exactement à la même distance que la septième. La sixième seule a sa mesure à part. Après cela, lecteur, joins les heures à leurs mois, et vois à quelle époque elles marquent plus ou moins d'ombre. Mais d'abord retiens ceci, que les différents côtés du cadran n'offrent pas une même étendue. La partie méridionale, qui est brûlée par le soleil et qui reçoit le plus de lumière, ne produit qu'une ombre très-courte. Au contraire, la partie froide, qui est exposée au souffle de Borée, projette une ombre très-longue et très-épaisse. Quant aux côtés du cadran qui sont à égale distance du midi et du nord, ils ont une lumière et une ombre médiocres. Le fait que je te signale ici, ô lecteur, tu en reconnaîtras l'exactitude et sur les bords du Danube, et vers les rivages de l'Hespérie, et dans les régions où Lyon est arrosée par le Rhône, et jusque chez les Bretons que l'Océan sépare du reste du monde. Prends garde, cependant, quand tu voudras prendre la mesure des heures, de ne point adopter comme règle fixe jusqu'à la fin du mois la longueur de l'ombre fournie par le jour des calendes. La mesure qui était bonne la veille n'est plus exacte quand la

Nam pridie umbrarum fuerit quæ meta priorum,
Sub noctem nequit in vanos transire recursus,
A medio in medium sensim sed crescere mensem
Deminuive umbras vera ratione docemur,
A medio in medium signorum ut volvitur ortus.
Horarum jam nunc texemus in ordine metas:
Linea[3], quæ Jani prima est pariterque Decembris,
Tricenis pedibus binisque exporrigit umbram,
Undenisque sequens pedibus. Mox umbra recisis
Tantum bis denis[4] unoque extenta patescit.
Umbris ipsa decem figit simul atque novenos[5].
Rursus et hinc geminis sole excrescente fugatis,
Septem quarta[6] pedes retinet mensura decemque.
Hac etiam binis umbra fugiente recisis
Ter quinis quintam[7] pedibus sua linea tendit,
Centrum tuncque brevem jam sole regente duobus,
Abscisis ternos denos sibi sexta[8] retentat.
Cedendi hunc morem numeri servabis ubique.
Qui Februum mensura tenet sociatque Novembrem
Ter denis pedibus supremas colligit umbras.
Moxque novem constant pedibus denisque sequentes,
Linea tum septem atque decem sibi tertia tendit.
Quarta pedes pariter ter quinos colligit umbra.
Hinc pedibus ternis ac denis quinta patescit,
Scandentemque rotam undenis mox sexta coercet.
Cursibus Octobrem sibimet quis Martius æquat,
Octo pedes prima et bis denos linea figit.
Denos et septem complet statuitque secunda,
Tertia quindenis Phœbo ascendente tenetur,
Quarta decem excedens pedibus fugit agnita ternis;
Mox etiam quinta undenis spatiata recedit,
Sexta novem pedibus pandit sua lumina. Deinde

nuit a passé par-dessus. Nous voyons clairement que du milieu d'un mois au milieu d'un autre mois, l'ombre subit une augmentation ou une diminution sensible, suivant le cercle décrit par le cours des astres. Traçons donc par ordre les différentes limites que se posent les heures. La première ligne, qui est la même pour Janvier et pour Décembre, s'étend sur une longueur de trente-deux pieds, et surpasse la suivante de onze pieds. La seconde ligne, en effet, ne s'étend que sur une longueur de vingt et un pieds. La troisième ligne d'ombre est de dix-neuf pieds. Puis, le soleil montant à l'horizon, la quatrième n'est plus que de dix-sept pieds. L'ombre se raccourcit encore, et la cinquième ligne donne quinze pieds seulement. Enfin, le soleil projette du centre du cadran l'ombre la moins longue, et treize pieds seuls forment la dimension de la sixième ligne. Pour tous les mois il faut suivre cette marche rétrograde. La première mesure, pour Février et Novembre, donne une projection d'ombre de trente pieds ; la seconde, de dix-neuf pieds ; la troisième, de dix-sept pieds ; la quatrième, de quinze pieds ; la cinquième de treize pieds ; enfin la sixième, sous le soleil qui monte, se réduit à onze pieds. Pour Octobre et Mars, dont la marche est la même, la première ligne s'arrête après une projection d'ombre de dix-huit pieds ; la seconde se borne à dix-sept ; la troisième, diminuée par le soleil qui s'élève, atteint seulement quinze pieds ; la quatrième, treize pieds ; la cinquième arrive à peine jusqu'à onze ; et la sixième resserre ses dimensions à neuf pieds. Pour Septembre, qui s'accouple avec Avril couronné de fleurs, la première ombre laisse sur le cadran une trace de dix-huit pieds ; la seconde, une trace de quinze pieds ; la troisième mesure s'arrête au treizième pied ; la quatrième, au onzième, la cinquième, au neuvième ; et la sixième n'offre qu'une longueur de sept pieds. La première ligne, pour Août et

Quæ tibi, September, florentem nectit Aprilem,
Bis denis umbra et senis docet orbita primam
In pedibus ? sub quindenis fugitque secundam.
Ternis ac denis cursum quoque tertia frenat.
Undenis crescens pedibus tum quarta recedit,
Quinta novem pedibus cursum clauditque patentem,
Septenisque suos componit sexta meatus.
Augustum et Maium jungit quæ linea primum,
Bis denis umbræ pedibus meat usque quaternis,
Cum denis ternos excrescit moxque secunda,
Undenis clarum concludit tertia cursum,
Quarta patet pedibus cœlo tepefacta novenis.
Septem quinta tenet propriis finita sub umbris,
Sextaque tum quinis ferventi cessat in orbe.
Horarum sibi Quintilem queis Junius æquat,
Bis denis prima in pedibus patet atque duobus,
Undenisque means ostenditur inde secunda,
Tertia moxque pedes explet comprensa novenos,
Æstivo septem mox tendit quarta calore,
Quintaque tum pedibus conscendit linea quinis,
Hinc centro torrens ternos sibi sexta retentat.

VIII.

BEDÆ DE ANNO.

Bis sena mensum¹ vertigine volvitur annus,
Septimanis decies quinis simul atque duobus,
Tercentum bisque tricenis quinque diebus.
Qui ternis gaudet divisus stare columnis,
Scilicet idibus et nonis simul atque calendis.
Nam quadris constat nonis concurrere menses

Mai, projette une ligne de seize pieds de long; la seconde se raccourcit à treize pieds ; la troisième s'arrête en arrivant à onze ; la quatrième, sous un soleil déjà tiède, atteint neuf pieds seulement; la cinquième fixe sa limite à sept; et la sixième, sur le cadran brûlant, n'atteint qu'une longueur de cinq pieds. Pour Juin et Juillet, la première ligne qui marque les heures présente une longueur de quatorze pieds ; la seconde se retire à onze ; la troisième, à neuf; la quatrième, déprimée par les rayons ardents de l'été, ne se prolonge que jusqu'à sept ; la cinquième, jusqu'à cinq seulement; et enfin la sixième, se rapprochant du centre enflammé du cadran, offre une courte dimension de trois pieds.

VIII.

L'ANNÉE, PAR BÈDE.

L'ANNÉE renferme dans son cours circulaire une période de douze mois, de cinquante-deux semaines, et de trois cent soixante-cinq jours. Cet ensemble peut se ranger sous trois colonnes, qui sont les ides, les nones et les calendes. Les nones arrivent après le quatrième jour de chaque mois, excepté pour mars, mai, juillet et octobre,

Omnes excepto marte et maio[2], sequitur quos
Julius, october; senis soli hi moderantur :
Septenis patet hos pariterque flagrare calendis,
Octonisque simul pares sunt idibus omnes[3].
Janus et augustus semper mensisque december[4]
Volvuntur denis tantum nonisque calendis.
At contra currunt bis nonis rite quaternis
Julius, aprilis, september et ipse november[5].
Sedenis februus cito solus ab omnibus errat.
Bis senis sic namque rotatur mensibus annus[6],
Per nonas, idus decurrens atque calendas.

IX.

ANNI DIVISIO[1].

Bis duo tempora sunt anno, menses duodeni,
    Hebdomadæ decies quinque duæque simul.
Tercentum decies senos cum quinque diebus
    In se collectos quilibet annus habet.
Horæ sunt centum per septem[2], mille per octo,
    Sex per denarium si numerando probes.

X.

DE TEMPORIBUS ANNI[1].

Me legat, annales cupiat qui noscere menses,
Tempora dinumerans ævi, vitæque caducæ.
Omnia tempus agit : cum tempore cuncta trahuntur.
Alternant elementa vices, et tempora mutant.
Accipiunt augmenta dies, noctesque vicissim.
Tempora sunt florum, retinet sua tempora messis.

qui les placent après le sixième jour. Ainsi, dans ces derniers mois, les nones tombent le sept. Huit mois fixent les ides à un même jour. Janvier, août, décembre comprennent dix-neuf jours dans leurs calendes. Juillet, avril, septembre et novembre en comprennent dix-huit. Le seul février, différant de tous les autres, compte au plus seize jours de calendes. Ainsi roule sur douze mois le cercle de l'année, à travers les calendes, les nones et les ides.

IX.

DIVISION DE L'ANNÉE.

L'ANNÉE renferme quatre saisons, douze mois et cinquante-deux semaines. En récapitulant le nombre des jours, on trouve pour chaque année la somme de trois cent soixante-cinq. Pour la somme des heures, on l'obtient en multipliant cent par sept, mille par huit, et six par dix.

X.

LES ÉPOQUES DE L'ANNÉE.

Qu'il me lise, celui qui désire connaître les mois de l'année, calculer les époques d'un âge et d'une vie éphémères. Le temps pousse chaque chose : le temps entraîne tout avec lui. Les éléments mêmes qui le constituent subissent des alternatives, et les saisons changent. Tantôt ce sont les jours qui augmentent, tantôt ce sont les nuits.

Sic iterum spisso vestitur gramine campus.
Tempora gaudendi[2], sunt tempora certa dolendi,
Tempora sunt vitæ, sunt tristia tempora mortis.
Tempus et hora volat : momentis labitur ætas.
Omnia dat, tollit, minuitque volatile tempus[3];
Ver, æstas[4], autumnus, hiems, redit annus in annum.
Omnia quum redeant, homini sua non redit ætas.

XI.

DE QUATUOR TEMPORIBUS ANNI.

Ver, æstas, autumnus, hiems[1], sunt quatuor anni
   Tempora, quæ currus lustrat, Apollo, tuus.
Ver sua grana serit, fovet æstas semina, feta
   Colligit autumnus, feta recondit hiems.

XII.

ALIUD DE IISDEM.

Æstatis maius Tauro primordia prodit,
Junius æstivo Geminorum cardine surgit,
Julius æstivas Cancro secat alter aristas.
Autumni caput augustus parat ore Leonis.
Autumnus uvas september Virgine curat.
Libra sub autumno octobri dat semina sulco.
Scorpius innectit tempus brumale novembris,
Arcitenens hiemis Capricorni sidere frigens.
Inducit februo ver udum Aquarius arco.
Mars flores vernos nemori sub Piscibus edit.
Aprili vernante novans Aries micat annum[1].

Il y a une époque pour les fleurs, et une époque pour la moisson; et de nouveau les champs se revêtent d'un gazon épais. Il y a un temps pour la joie, et un temps pour la douleur; il y a un temps pour la vie et un temps pour la triste mort. Le temps et l'heure s'envolent; le siècle passe en un moment. Le temps donne, enlève, diminue tout sur son passage. Printemps, été, automne, hiver, voilà ce qu'une année lègue à l'année suivante. Mais tandis que toutes choses se renouvellent, l'homme vieillit sans retour.

XI.

LES QUATRE SAISONS DE L'ANNÉE.

Le printemps, l'été, l'automne, l'hiver, telles sont les quatre saisons de l'année que parcourt ton char, ô Apollon. Le printemps sème, l'été fait germer la semence, l'automne récolte les fruits, l'hiver les reçoit dans ses greniers.

XII.

MÊME SUJET.

L'été prend naissance en mai sous le signe du Taureau; en juin, il arrive au milieu de sa carrière sous le signe des Gémeaux; en juillet, il coupe les moissons sous le signe du Cancer. L'automne paraît en août avec le Lion; en septembre, il vendange les vignes avec la Vierge; en octobre, il sème le grain dans les sillons avec la Balance. L'hiver vient en novembre sous le signe du Scorpion; il achève sa course sous les signes glacés du Sagittaire et du Capricorne. Le printemps montre sa tête humide en compagnie du Verseau et de février; en mars, il fait naître les fleurs des bois sous l'influence des Poissons; enfin en avril, sous le signe verdoyant du Bélier, il rajeunit l'année.

XIII.

BEDÆ CONTENTIO VERIS ET HIEMIS [1] IN LAUDEM CUCULI.

Conveniunt subito cuncti de montibus altis
Pastores pecudum vernali luce sub umbra
Arborea, pariter lætas celebrare Camenas.
Adfuit et juvenis Daphnis seniorque Palæmon,
Omnes hi cuculo [2] laudes cantare parati.
Ver quoque florigero succinctus stemmate venit;
Frigida venit Hiems rigidis hirsuta capillis.
His certamen erat cuculi de carmine grande.
Ver prior adlusit ternos modulamine versus :
Opto, meus veniat cuculus, carissimus ales.
Omnibus iste solet fieri gratissimus hospes
In tectis, modulans rutilo bona carmina rostro [3].
Tum glacialis Hiems respondit voce severa :
Non veniat cuculus, nigris sed dormiat antris [4].
Iste famem secum semper portare suescit.

VER.

Opto, meus veniat cuculus cum germine læto,
Frigora depellat, Phœbo comes almus in ævum,
Phœbus amat cuculum crescentem luce serena.

HIEMS.

Non veniat cuculus, generat quia forte labores,
Prœlia congeminat, requiem disjungit amatam,
Omnia disturbat, pelagi terræque laborant.

VER.

Quid tu, tarda Hiems, cuculo convicia cantas?
Qui torpore gravis, tenebrosis tectus in antris,
Post epulas Veneris, post stulti pocula Bacchi.

XIII.

DÉBAT DU PRINTEMPS ET DE L'HIVER, AU SUJET DU COUCOU, PAR BÈDE.

Par un jour de printemps, tous les bergers descendent des hautes montagnes, et viennent à l'ombre des arbres faire entendre des chants joyeux. Le jeune Daphnis et le vieux Palémon y assistèrent, prêts à célébrer les louanges du coucou. Le Printemps arriva, couronné de fleurs; l'Hiver arriva aussi, avec sa chevelure hérissée de glaçons. Le combat s'ouvrit entre ces deux divinités pour chanter le coucou. Le Printemps commença par un couplet de trois vers. Oh! que je désire l'arrivée du coucou, de l'oiseau qui m'est cher! Le coucou est un hôte bienvenu sous tous les toits, qu'il égaye du ramage de son bec de pourpre. A son tour, l'Hiver glacé répondit sur un ton grave : Que le coucou ne vienne pas, mais qu'il dorme dans ses antres noirs : il apporte toujours la faim avec lui.

LE PRINTEMPS.

Oh! que je désire l'arrivée du coucou, qui annonce une végétation riante, et qui chasse la froidure! Il est l'éternel compagnon de Phébus, Phébus aime à voir le coucou grandir sous les purs rayons de son astre.

L'HIVER.

Non, que le coucou ne vienne pas! Il amène les travaux, il rallume les combats, il interrompt les douceurs du repos, il trouble tout, il tourmente la terre et la mer.

LE PRINTEMPS.

Quelles injures oses-tu vomir contre le coucou, pesant Hiver, toi qui es toujours plongé dans le sommeil, au fond de sombres cavernes, enivré des festins de Vénus et abruti par la liqueur de Bacchus!

HIEMS.

Sunt mihi divitiæ[5], sunt et convivia læta,
Est requies dulcis, calidus est ignis in æde.
Hæc cuculus nescit, sed perfidus ille laborat.

VER.

Ore refert flores cuculus, et mella ministrat,
Ædificatque domos, placidas et navigat undas,
Et generat soboles, lætos et vestiet agros.

HIEMS.

Hæc inimica mihi sunt, quæ tibi læta videntur.
Sed placet optatas gazas numerare per arcas,
Et gaudere cibis simul et requiescere semper.

VER.

Quis tibi, tarda Hiems, semper dormire parata,
Divitias cumulat, gazas vel congregat ullas,
Si Ver aut Æstas ante tibi nulla laborat?

HIEMS.

Vera refers: illi, quoniam mihi multa laborant,
Sunt etiam servi nostra ditione subacti,
Jam mihi servantes domino, quæcumque laborant.

VER.

Non illis dominus, sed pauper inopsque superbis,
Nec te jam poteris per te tu pascere tantum,
Ni tibi, qui veniet, cuculus alimonia præstet.

Tum respondit ovans sublimi e sede Palæmon,
Et Daphnis pariter, pastorum et turba piorum:
Desine plura, Hiems, rerum tu prodigus, atrox:
Et veniat cuculus, pastorum dulcis amicus.
Collibus in nostris erumpant germina læta,

L'HIVER.

J'ai des richesses, de joyeux banquets, des loisirs délicieux, un bon feu pour chauffer ma demeure. Le coucou ignore tous ces biens, le perfide oiseau ne connaît que l'activité.

LE PRINTEMPS.

Le coucou annonce le retour des fleurs, et les travaux de l'abeille, et la construction des maisons, et la navigation sur les ondes calmées, et les amours qui fécondent, et la verdure qui tapisse les champs.

L'HIVER.

Je déteste ce qui fait ta joie. Mais j'aime à compter l'or entassé dans mes coffres, à m'asseoir aux banquets, à me plonger dans une oisiveté sans fin.

LE PRINTEMPS.

O paresseux Hiver, toujours disposé au sommeil, ton or et tes richesses, comment les possèderais-tu, si le Printemps et l'Été ne travaillaient à te les amasser?

L'HIVER.

Tu dis vrai : mais c'est précisément parce qu'ils travaillent pour moi, qu'ils sont soumis à mon empire. Ils sont mes esclaves et je suis leur maître, et je leur impose ces travaux.

LE PRINTEMPS.

Non, tu n'es pas leur maître, mais le mendiant qu'ils secourent de leur fortune. Réduit à toi-même, tu ne pourrais seulement pas te nourrir : il faut que le coucou vienne te faire l'aumône de ta subsistance.

Alors du haut de son siége Palemon joyeux, Daphnis et la troupe des pieux bergers dirent à leur tour : Rude et prodigue Hiver, cesse tes malédictions, et que le coucou vienne, le coucou cher aux bergers. Que sur nos collines les bourgeons percent leur enveloppe, que les

Pascua sint pecori, requies et dulcis in arvis,
Et virides rami præstent umbracula fessis,
Uberibus plenis veniantque ad mulctra capellæ,
Et volucres varia Phœbum sub voce salutent.
Quapropter citius cuculus nunc ecce venito,
Tu jam dulcis amor, cunctis gratissimus hospes,
Omnia te exspectant, pelagus tellusque polusque.
Salve, dulce decus, cuculus, per sæcula salve!

XIV.

MENSIUM PICTURA.

Fulget honorificos indutus mensis amictus,
    Signans Romuleis tempora consulibus.
Rustica Bacchigenis intentans arma novellis[1]
    Hic meruit Februi nomen habere Dei[2].
Martius in campis ludens simulacra duelli
    Ducit Cinyphii[3] lactea dona gregis.
Sacra Dioneæ referens sollemnia matri
    Lascivus crotalis plaudit Aprilis ovans.
Maius Atlantiados gnatæ dignatus honore
    Exspoliat pulchris florea serta rosis.
Sanguineis ornans æstiva prandia moris
    Junius: huic nomen fausta juventa dedit.
Quintilis mensis Cereali germine gaudens,
    Julius a magno Cæsare nomen habet.
Augustum penitus torret Phaethontius ardor,
    Quem recreat fessum gillo, flabella, melo[4].
Æquales Libræ September digerit horas,
    Cum botruis captum rete ferens leporem.
Conterit October lascivis calcibus uvas,
    Et spumant pleno dulcia musta lacu.

prés fleurissent pour nos troupeaux, que la douce paix habite nos campagnes, que des branches de verdure prêtent leur ombre à nos corps fatigués, que nos chèvres présentent leurs mammelles pleines à la main qui les trait, que les oiseaux saluent Phébus de leurs chants variés. Viens donc vite, ô coucou, toi qui es nos amours, et l'hôte bien venu de tous. Tout le monde t'attend, et la mer, et la terre, et le ciel. Coucou, charme de l'année, salut, salut à jamais!

XIV.

PEINTURE DES MOIS.

Le mois qui marque pour Rome l'époque de l'élection des consuls, est vêtu d'un manteau de pourpre éclatante. Celui qui porte le nom du dieu Februus, taille les jeunes vignes avec un fer rustique. Mars, qui se plaît à simuler dans les campagnes les jeux de la guerre, gonfle de lait la mammelle des brebis du Cinyphe. Avril, offrant des sacrifices à Vénus sa mère, agite avec joie ses sonnettes folâtres. Mai, qui doit l'honneur de son nom à la fille d'Atlas, effeuille une guirlande de roses. Juin orne de mûres rougissantes les festins de l'été: l'heureuse jeunesse lui a donné son nom. Juillet, fier des productions de Cérès, est ainsi appelé du grand Jules César. Août, brûlé par les ardeurs du soleil, porte un éventail et savoure le melon aux sucs rafraîchissants. Septembre tient en équilibre les heures de la Balance, et porte des raisins avec un lièvre captif dans un filet. Octobre foule des grappes d'un pied joyeux, et le vin nouveau écume à pleins bords dans les cuves. Novembre creuse avec le soc le sein fécond de Vesta, alors que l'olive onctueuse est écrasée par les meules pesantes. Enfin Décembre est

Arva November arans fecundo numine Vestæ [5],
  Quum teretes sentit pinguis oliva molas.
Pigra suum cunctis commendat bruma Decembrem,
  Quum sollers famulis tessera jungit heros.

XV.

DE XII SIGNIS ADVERSIS IN ZODIACO.

Exsurgens Chelas [1] Aries demergit in ima,
Scorpion aurati submergunt cornua Tauri,
Dum subit Arcitenens, Geminis surgentibus, æquor.
Dum surgit Cancer, Capricornus mergitur undis.
Portitor urceoli formidat terga Leonis [2].
Virgo fugat Pisces : redit et victoria victis [3].

XVI.

DE SOLE.

Sol, qui purpureo diffundit lumine terras.
Sol, cui vernantur [1] tellus respirat odorem.
Sol, cui picta virent fecundo gramine prata.
Sol, speculum cœli, divini numinis instar.
Sol semper juvenis, rapidum qui dividis axem [2].
Sol facies mundi cœlique volubile templum.
Sol Liber, Sol alma Ceres, Sol Jupiter ipse,
Sol labor et ribice [3], insunt cui nomina mille.
Sol, qui quadrijugo diffundit lumina cursu.
Sol et Hyperboreo [4] fulget matutinus in ortu.
Sol reddit cum luce diem, quum pingit Olympum.
Sol æstas, autumnus, hiems, Sol ver quoque gratum.

cher à l'hiver paresseux : c'est alors que le patricien joue familièrement aux dés avec ses esclaves.

XV.

OPPOSITION DES DOUZE SIGNES DU ZODIAQUE.

Quand le Bélier se lève, les pinces du Scorpion descendent dans la mer. Le Scorpion est chassé au fond des eaux par les cornes dorées du Taureau. Le lever des Gémeaux annonce le coucher du Sagittaire. Quand le Cancer paraît sur l'horizon, le Capricorne plonge dans la mer. Le Verseau disparaît devant la crinière du Lion. La Vierge met en fuite les Poissons. Mais à leur tour les vaincus deviennent les vainqueurs.

XVI.

LE SOLEIL.

Le Soleil verse sur la terre une lumière éclatante. Le Soleil fait exhaler aux campagnes les parfums du printemps. Le Soleil couvre les prés verdoyants d'un gazon touffu. Le Soleil est le miroir du ciel, c'est l'image de la divinité. Le Soleil jouit d'une jeunesse éternelle, dans sa course à travers la sphère rapide. Le Soleil est le visage de l'univers, le temple mobile des cieux. Le Soleil est à la fois Bacchus, et la bienfaisante Cérès, et Jupiter lui-même ; il est la fatigue et la joie, il est décoré de mille noms. Le Soleil dispense ses rayons du haut d'un char attelé de quatre chevaux. Le Soleil brille au matin, quand il se lève dans les régions hyperboréennes. Le Soleil ramène le jour, en colorant l'olympe de ses feux. Le Soleil

Sol, cui mergenti servat maris unda teporem.
Sol sæclum mensisque, dies, Sol annus et hora.
Sol globus æthereis, hæc est lux aurea mundi.
Sol bonus agricolis, nautis quoque prosper in undis.
Sol repetit, quæcumque potest transcendere, semper.
Sol, cui sereno pallescunt sidera motu.
Sol, cui tranquillo splendescit lumine pontus.
Sol, cui cuncta licet rapido lustrare calore.
Sol mundi lucisque decus, Sol omnibus unus.
Sol, cui surgenti resonat liba⁵ blanda canorem.
Sol noctis lucisque decus, Sol finis et ortus.

XVII.

DE OCCASU SOLIS¹.

Jam nitidum liquidis Phœbus jubar intulit undis,
    Emeritam renovans Tethyos amne facem,
Astra subit niveis Phœbe subvecta juvencis,
    Mitis et ætherio labitur axe sopor.
Alludunt pavidi² tremulis conatibus agni,
    Lacteolasque animas lacteus humor alit.

XVIII.

DE NOCTE ET CONTICINIO¹.

Sera dedit Phœbo fugiente crepuscula vesper.
Conticuit mediam rerum confectio noctem.
Exoriens tenebris dilucula restituit sol.
Tempora sol revehit, nox cedit tempora delens :
Nox accensetur soli ceu² luna diei.

est l'été, et l'automne, et l'hiver, et le printemps gracieux. Le Soleil, en plongeant dans la mer, entretient la tiédeur des ondes. Le Soleil est le siècle, et le mois, et le jour, et l'an, et l'heure. Le Soleil est le globe des climats célestes, il est le flambeau d'or qui éclaire le monde. Le Soleil sourit au laboureur, il protége le matelot sur les flots. Le Soleil repasse sans cesse par les lieux qu'il a parcourus. Le Soleil, dans sa marche resplendissante, fait pâlir les astres. Le Soleil réchauffe tout de ses rayons infatigables. Le Soleil est l'honneur du ciel et de la lumière; seul, il brille pour tous. Le Soleil à son lever est salué par les chants délicieux du liba. Le Soleil est la gloire du jour et de la nuit, le Soleil est le commencement et la fin.

XVII.

LE COUCHER DU SOLEIL.

Déjà Phébus porte au sein des ondes l'éclat de ses feux, déjà il repose dans les eaux de Téthys son flambeau fatigué. Phébé paraît à l'horizon, traînée par des taureaux blancs comme la neige, et le doux sommeil se répand du haut des cieux. Les tendres agneaux se serrent en tremblant près de leurs mères, et de leurs lèvres de lait tètent le lait qui les nourrit.

XVIII.

LA NUIT ET SON CALME.

Phébus fuit, et Vesper a amené le crépuscule du soir. Au milieu de la nuit, toute la nature est silencieuse. Puis le Soleil se lève du milieu des ténèbres et nous rend la lumière. Quand il montre son visage, la nuit efface le sien et se retire : la nuit fuit devant le soleil, comme la lune devant le jour.

XIX.

DE OCEANO [1].

Undarum rector, genitor maris, arbiter orbis,
Oceane, o placido complectens omnia [2]...,
Tu legem terris moderato limite signas,
Tu pelagus quodcumque facis fontesque lacusque,
Flumina quin etiam; te norunt omnia patrem,
Teptant nubes, ut reddant frugibus imbres.
Cyaneoque sinu cœli tu diceris oras
Partibus et cunctis immenso cingere nexu.
Tu fessos Phœbi reficis si gurgite currus,
Exhaustisque die radiis alimenta ministras,
Gentibus ut clarum referat lux aurea Solem;
Si mare, si terras, cœlum mundumque gubernas,
Me quoque cunctorum partem, venerabilis, audi,
Alme parens rerum, supplex precor. Ergo carinam
Conserves, ubicumque tuo committere ponto
Hanc animam, transire fretum et discurrere cursus
Æquoris horrisoni sortis fera jussa jubebunt.
Tende favens glaucum per levia dorsa profundum,
Ac tantum tremulo crispentur cærula motu,
Quantum vela ferant, quantum sinat otia remis;
Sint fluctus, celerem valeant qui pellere puppem,
Quos numerare libens possim, quos cernere lætus;
Servet inoffensam laterum pars linea libram.
Te sulcante viam rostro submurmuret unda.
Da pater, ut tute liceat transmittere cursum;
Perfer ad optatos securo in litore portus
Me comitesque meos : quod quum permiseris ipse,
Reddam, quas potero, pleno pro munere grates.

XIX.

L'OCÉAN.

Maître des flots, père de la mer, arbitre du monde, Océan, ô toi qui embrasses l'univers.... C'est toi qui assignes à la terre ses limites; c'est toi qui produis toutes les mers, et les fontaines, et les lacs, et les fleuves. La nature entière te reconnaît pour son père. De toi sortent les nuages qui versent la pluie aux moissons. On dit que tes bras azurés enveloppent les régions du ciel de leur étreinte immense. Océan, si tes flots rendent la force aux chevaux fatigués de Phébus; si tu redonnes la vie à ses rayons mourants, pour que sa brillante lumière puisse de nouveau éclairer les nations; si tu gouvernes la mer, la terre, le ciel, tout l'univers, écoute-moi, moi qui suis une partie du grand tout, père vénérable de la nature, je t'en supplie, protége mon navire, quelle que soit la mer à qui je confie mon existence, quels que soient les flots et les orages que les destins cruels m'ordonnent d'affronter. Courbe sous mon vaisseau ta croupe azurée et polie, et que l'onde n'éprouve d'autre agitation que celle d'un souffle qui enfle doucement mes voiles et laisse reposer mes rames. Que les flots ne s'élèvent que pour porter ma poupe; que je puisse compter leurs ondulations et me réjouir à les contempler; que la voile en équilibre garde de tout choc les deux flancs de la nef. Trace dans l'onde un sillon d'écume qui murmure sous la proue. Père, accorde-moi une navigation heureuse à travers ton empire. Porte-moi, ainsi que mes compagnons, au port tranquille où aspirent mes vœux : si tu m'accordes cette faveur, mon cœur reconnaissant t'adressera des actions de grâces infinies.

XX.

VERSUS DE DUODECIM VENTIS [1].

Quatuor a quadro consurgunt limite venti :
Hos circum gemini dextra lævaque jugantur,
Atque ita bis seno circumdant flamine mundum.
Primus Aparctias Arctoo spirat ab axe :
Huic nostra nomen lingua est Septentrio factum.
Circius huic dexter gelido circumtonat antro :
Thrasciam Graii propria dixere loquela.
Hinc lævus Boreas glaciali turbine mugit :
Frigidus hic Aquilo nostris vocitatur in oris.
At subsolanus medio flat rectus ab ortu,
Græcus Apelioten apto quem nomine signat.
Hinc Vulturnus adest, dextra qui parte levatur,
Attica Cæcian Graiis quem littera signat.
Nubifero flatu lævum latus inrigat Eurus,
Dorica quem simili designat nomine lingua.
At Notus e medio solis dat flamina cursu :
Austrum rite vocant, quia nubila flatibus haurit.
Euronotus cui dexter adest, quem nomine mixto
Euroaustrum Latia dixerunt voce Latini.
Libonotus lævam calidis attaminat auris,
Æstibus immensis ardens Austroafricus hic est.
Solis ab occasu flores Zephyri tuba servat,
Ex Itala nomen cui fixum est voce Favoni.
Huic dextram tangit dictus Libs Atthide lingua [2].
Africus hic propria veniens regione vocatur.
At tu, Core, fremis Zephyri de parte sinistra,
Argesten quem Graia suo vocat ore camena.

XX.

VERS SUR LES DOUZE VENTS.

Quatre vents soufflent des quatre points cardinaux : chacun de ces vents est accompagné de deux autres, qui volent sur sa droite et sur sa gauche; en sorte qu'il y en a douze dont l'haleine embrasse le ciel. Le premier souffle du pôle Arctique : on l'appelle en grec Aparctias, et nous en avons fait le Septentrion dans notre langue latine. A sa droite, le Circius mugit du fond d'un antre glacé : c'est celui que les Grecs appellent Thrascias. A sa gauche, le Borée siffle et déchaîne les frimas : c'est celui que nous nommons le rigoureux Aquilon. De l'Orient vient un vent auquel les Grecs donnent le nom d'Apeliotes, d'après sa position même. A sa droite est le Vulturne, en langue attique le Cæcias; son flanc gauche est battu par le nuageux Eurus, auquel les Doriens ont appliqué une dénomination analogue. Cependant le Notus souffle du midi : nous l'appelons Auster, parce que son haleine attire (haurit) les nuages. L'Euronotus est à sa droite : les Latins lui donnent le nom d'Euroauster, qui est formé avec les deux langues. A sa gauche, le Libonotus envoie ses bouffées de vent tiède : c'est l'Austroafricus, aux chaleurs étouffantes. Du côté du couchant le Zéphyr caresse les fleurs de son murmure : les Italiens lui donnent le nom de Favonius. Sa droite est rasée par le vent que les Attiques appellent Libs, mot que nous traduisons par celui d'Africus, qui indique son origine. Et toi, Corus, tu frémis sur la gauche du Zéphyr, toi que la muse grecque appelle dans sa langue Argestes.

NOTES

DES POÉSIES DIVERSES SUR L'ASTRONOMIE
ET LA GÉOGRAPHIE.

SUR L'ASTRONOMIE.

1. — ASTRONOMICA. Cette pièce, qui contient des intentions de poésie assez remarquables, est attribuée par Burmann à Sisebut, roi des Visigoths d'Espagne, auteur de quelques autres opuscules latins. Ce qui nous porte à admettre l'opinion du savant Hollandais, c'est d'abord (v. 10) une allusion à la couronne du poète, couronne *que celui-ci veut rendre plus auguste en l'entrelaçant de feuilles de lierre;* c'est ensuite l'énumération des soucis qui l'accablent, et qui ne peuvent guère peser que sur une tête royale; enfin c'est l'espèce de déclaration de guerre qu'il prononce contre les Vascons et les Cantabres, et qui convient particulièrement à un roi d'Espagne.

2. — *Tu forte in luco lentus, etc.* (v. 1 et suiv.). Ce début est évidemment une réminiscence de la première églogue de Virgile.

3. — *Latrant fora* (v. 6). De même Ovide (*in Ibin*, v. 14) :

  Latrat et in toto verba canina foro.

4. — *Vasco.... Cantaber* (v. 8). Il est à remarquer que les peuples dont se plaint Sisebut sont précisément ceux qui donnèrent le plus de mal aux Carthaginois, aux Romains, aux Arabes, aux Francs, et qui maintenant encore sont les plus indomptables de l'Espagne.

5. — *Quin mage pernices aquilas, etc.* (v. 12). Autre imitation de la première églogue de Virgile.

6. — *Rorifluam sectemur carmine Lunam* (v. 14) La Lune est présentée comme mère de la rosée, parce que la rosée tombe pendant la nuit.

7. — *Ut populi credunt, etc.* (v. 18). Les poëtes anciens font

souvent mention de cette croyance populaire et en tirent de merveilleux effets. Ovide (*Métam.*, liv. vii, v. 207) dit : *Te quoque, Luna, traho, etc.* Stace (*Théb.*, liv. vi, v. 685) : *Adtonitis quoties avellitur astris Solis opaca soror.* Horace, dans ses différentes pièces sur Canidie, signale l'influence des enchantements sur la lune. Et chez nous, J.-B. Rousseau, dans sa *Cantate de Circé*, n'oublie pas cet astre :

>La lune sanglante
>Recule d'horreur.

8. — *Vincibilemque petit clangorem* (v. 22). Nouvelle superstition populaire dont les poëtes latins ont aussi profité. Les peuples de l'antiquité croyaient que de grands cris et des bruits d'instruments pouvaient porter secours à la lune défaillante et hâter la fin d'une éclipse. On sait que dans l'opinion de certains barbares, la lune est alors menacée par un immense dragon, qui veut l'engloutir, et que le moyen de la sauver, c'est d'effrayer le dragon par des clameurs épouvantables.

9. — *Donec pyramidis peragat victa umbra cacumen* (v. 41). Ce vers nous apprend quelle était la théorie des anciens sur les rayons lumineux.

10. — *At chorus astrorum, etc.* (v. 49). La science moderne a pourtant découvert que Mercure reçoit la lumière du soleil.

11. — *Inflexi præstant obliquo tramite cursus* (v. 54). Il y a ici un peu de vague ; mais on ne peut méconnaître une clarté remarquable dans cette longue explication de la cause des éclipses. Elle est conforme aux données de la science moderne, sauf quelques erreurs de détail, qui tiennent surtout à ce que l'auteur avait sur la position respective du soleil et de la terre les idées fausses de Ptolémée.

12. — *Luna meat fratrem rectis objectibus arcens* (v. 61). Cette fin est trop brusque, et le commencement promettait un morceau plus achevé. Peut-être aussi n'est-ce qu'un fragment : les lacunes qui se trouvent dans le courant de la pièce, les altérations dont la trace est sensible, autorisent ce soupçon.

LES SIGNES CÉLESTES.

1. — *Inflexique genu* (v. 2). Heinsius propose la version *inflexique genus*; Burmann propose cette autre version, *inflexus-*

que genu; Lemaire désirerait mettre *inflexoque genu projectus*, et il s'appuie sur ce qu'Avienus (*Phén.*, v. 424) dit *Flexo jacet illic crure.* Tel qu'il se trouve ici, le vers offre un sens très-intelligible.

2. — *Æstifer est pandens, etc.* (v. 4). De même Silius Italicus (*Puniques,* liv. 1, v. 94) : *Cancrum æstiferum;* de même encore, Stace (*Théb.,* liv. IV, v. 693) : *Æstifer Erigones spumat Canis.*

3. — *Vis maxima Libræ* (v. 8). Il est difficile de dire pourquoi, dans l'édition Lemaire, on a préféré la version *vis magna Nepai.* A la vérité, le Scorpion est un des douze signes du zodiaque; mais ce signe est déjà nommé dans le vers précédent, puisqu'on y indique les Pinces. En outre, la Balance n'étant point mentionnée dans le reste de la pièce, il en résulte que si on ne la place point ici, il n'y a que onze constellations de nommées, au lieu de douze; et la pièce est incomplète.

4. — *Sidere pergit* (v. 10). Une ancienne leçon donnait *vada repergit;* ce qui ne signifie rien. Bède l'a modifiée ainsi : *lumine pergit;* ce qui offre un sens raisonnable. Enfin Heinsius et Burmann ont substitué au mot *lumine* le mot *sidere,* qui est presque équivalent. Lemaire propose *vertice.*

5. — *Humidus inde locum conlucet Aquarius urbem* (v. 11). Évidemment ce vers a subi une altération considérable : les deux mots de *locum* et de *urbem* y paraissent déplacés. Aussi les savants se sont évertués à le changer. On voit dans Bède : *Humidus at lato collucet Aquarius orbe.* Heinsius demande qu'on lise : *Humidus inde loci conlucet Aquarius urna.* Burmann va même jusqu'à refaire deux vers entiers, et propose cette version : *Humidus urceolo conlucet Aquarius, orbem Exinflammigerum supremi cludere Pisces.* Lemaire, se rappelant le passage d'Avienus (*Phén.*, v. 448), *Ipse dehinc longos insignis Aquarius artus,* se hasarde à lire *Humidus hinc longos collucet Aquarius artus.* Sans doute toutes ces rectifications offrent un sens satisfaisant; mais elles s'éloignent trop du texte donné, qui suffit à la rigueur.

MÊME SUJET.

1. — *Nubigenæ juvenis vector* (v. 1). C'est le Bélier. L'auteur latin donne ici la traduction du mot Néphélé, *nubigena.* Phrixus était fils d'Athamas, roi de Thèbes, et de Néphélé, qu'Athamas avait répudiée après avoir épousé Ino, fille de Cadmus.

2. — *Et proles duplex Jovis* (v. 2). Castor et Pollux.

3. — *Æstifer inde Leo* (v. 3). Dans la pièce précédente, l'épithète d'*æstifer* s'applique au Cancer, et non au Lion. Elle est également convenable aux deux signes; mais pourquoi le Cancer n'est-il pas nommé ici? n'y aurait-il pas une altération dans le texte?

4. — *Et cui nomen aquæ faciunt* (v. 6). Le Verseau. Le même jeu de mots se trouve en latin et en français. De ces deux pièces aucune n'indique que le Zodiaque ait subi plus de douze divisions. Mais l'astrologue Julius Firmicus (*Astron.*, liv. II, ch. 4, et liv. IV, ch. 16) nous apprend que les anciens Égyptiens partageaient chaque signe du zodiaque en trois sections, et que chaque section fut sous la direction d'un être fictif qu'ils appelaient *decanus* ou chef de dizaine; en sorte qu'il y eut trois *decani* par mois et trente-six par an.

LES PLANÈTES ET LES SIGNES DU ZODIAQUE.

1. — *Una via est Solis* (v. 1). Il est curieux de comparer le commencement de cette pièce de Germanicus avec la strophe suivante de Malfilâtre :

> Ainsi se forment les orbites
> Que tracent ces globes connus;
> Ainsi, dans les bornes prescrites,
> Volent et Mercure et Vénus.
> La terre suit; Mars, moins rapide,
> D'un air sombre s'avance et guide
> Les pas tardifs de Jupiter;
> Et son père, le vieux Saturne,
> Roule à peine son char nocturne
> Sur les bords glacés de l'éther.

C'est le même sujet; seulement, d'après le système de Ptolémée, Germanicus ne considère pas la terre comme une planète, et la remplace par le soleil.

2. — *Cythereius ignis* (v. 2). Cythère était l'une des premières îles de la Grèce où les Phéniciens eussent apporté le culte de Vénus.

3. — *Sol medius* (v. 10). En effet, le Soleil, dans le système de Ptolémée, a trois planètes au-dessus de lui, et trois planètes au-dessous. C'est de cette manière qu'il est au milieu, et non point, comme on pourrait l'entendre, parce qu'il se trouve au centre du monde : suivant Germanicus, c'est la terre qui occupe le centre de l'univers.

4. — *Annuus est Veneri cursus*, etc. (v. 15 et 16). L'auteur cherche à fixer le temps de la révolution des planètes : il le fait d'une manière très-incertaine, de même que l'auteur de la pièce n° VI, intitulée *les Planètes et leurs cercles*. Afin de rectifier une fois pour toutes ce qu'il y a de défectueux dans ces évaluations approximatives, nous donnons sur le cours des planètes les calculs de la science moderne : Mercure parcourt son ellipse en 87 jours 23 heures 25 minutes 44 secondes, Vénus en 224 jours 16 heures 49 minutes, Mars en 686 jours 23 heures 30 minutes 41 secondes, Jupiter en 12 ans, Saturne en 29 ans 5 mois 14 jours. Nous ne comprenons dans ce calcul que les planètes connues des anciens, en retranchant toutefois le Soleil, qui n'est point une planète, et la Lune, qui est simplement le satellite de la Terre.

On peut remarquer que les sept planètes avaient donné leur nom aux sept jours de la semaine : *Dies Solis, dies Lunæ, dies Martis, dies Mercurii, dies Jovis, dies Veneris, dies Saturni*.

LES PLANÈTES.

1. — DE PLANETIS. Plusieurs vers de cette pièce paraissent altérés. On peut la comparer avec une épigramme de l'*Anthologie grecque*, qui a également pour sujet les sept planètes, et dont Grotius a donné la traduction latine. *Voyez* cette traduction dans les notes de l'édition Lemaire.

2. — *Nectareum ridens late splendet Cytherea* (v. 4). Le poëte n'a pas mis ici une épithète banale. Vénus est, en effet, la plus brillante des planètes : on la voit resplendir tantôt le matin, tantôt le soir. Quand elle paraissait le matin, les anciens l'appelaient Lucifer ; quand elle paraissait le soir, ils l'appelaient Vesper : ils avaient fait d'un même astre deux astres différents.

3. — *Respicit Omnipotens* (v. 7). Jupiter est la plus considérable des planètes ; malgré son éloignement immense, son éclat égale par moments celui de Vénus.

4. — *Plectricanæ*, etc. (v. 9 et 10). Cette fin semble indiquer que l'auteur était un pythagoricien. On sait, du reste, que le nom-

bre sept était un nombre sacré aux yeux des anciens. Cette opinion se perpétua même jusque dans le moyen âge. La bulle d'or, qui établit, sous Charles IV de Luxembourg, la constitution de l'empire d'Allemagne, semble attacher une importance mystérieuse au nombre sept, dans la nomination des sept électeurs.

LES PLANÈTES ET LEURS CERCLES.

1. — DE PLANETIS ET EARUM CIRCULIS. *Voyez* pour cette pièce la note 4 sur *les Planètes et les Signes du zodiaque*, par Germanicus.

2. — *Pollucis proles.* Saturne est fils de Pollux : ce que le mythologue Fulgence (liv. 1, ch. 2) explique par une étymologie : Pollux, dit-il, vient de *pollere* ou de *pollucibilitas.* Il ne faut point voir dans cette divinité le frère de Castor.

3. — *Sermonis domini* (v. 11). C'est encore Fulgence qui explique que par cette divinité nous devons entendre Mercure. Chez les Indiens, les Chinois, les Thibétains et d'autres peuples de l'Orient, cette planète reçoit le nom de Boudd, de même que le jour de la semaine (mercredi) consacré par nous à Mercure.

COMPOSITION DU CADRAN.

1. — COMPOSITIO HOROLOGII. L'horloge n'était point connue, du moins des Occidentaux, avant que le calife de Bagdad Haroun-al-Reschid en eût envoyé une en présent à Charlemagne. Bède ne pouvait donc donner que la description du cadran solaire. Toutefois Fabricius prétend que cette pièce n'est pas de Bède, mais de Wandalbert.

2. — *Respicit Oceani interfusos orbe Britannos* (v. 32). Du temps de Bède (il mourut en 735), tous les Bretons n'étaient pas de l'autre côté de l'Océan ; une grande partie d'entre eux, fuyant l'invasion anglo-saxonne, s'étaient établis dans l'ancienne Armorique, qui avait reçu dès lors le nom de Bretagne.

3. — *Linea* (v. 42). Cette ligne est celle de la première heure et de la onzième. C'est en effet au matin et au soir que la projection de l'ombre est la plus longue.

4. — *Bis denis* (v. 45). La deuxième heure et la dixième.

5. — *Novenos* (v. 46). La troisième heure et la neuvième.

6. — *Quarta* (v. 48). La quatrième heure et la huitième.

7. — *Quintam* (v. 50). La cinquième heure et la septième.

8. — *Sexta* (v. 52). La sixième heure.

9. — *Bis denis umbra et senis docet orbita primam In pedibus*, etc. (v. 69 et 70). Il y a ici une erreur, puisque la même mesure est donnée pour le mois précédent. Au reste, ces données ne sont qu'approximatives : l'auteur a tout à fait négligé les fractions. Il a fait une omission encore plus importante, en oubliant de dire la longueur de la tige située au centre du cadran. Il est pourtant indispensable de la connaître, puisque de cette longueur dépend celle des ombres projetées.

L'ANNÉE.

1. — *Bis sena mensum* (v. 1 et suiv.). *Voyez* le même calcul dans la pièce suivante, intitulée *Division de l'année*.

2. — *Nam quadris constat nonis concurrere menses Omnes excepto marte et maio* (v. 6 et 7). Varron exprime le même fait en d'autres termes : *Nonarum aliæ quintanæ, aliæ septimanæ*.

3. — *Octonisque simul pares sunt idibus omnes* (v. 10). Les mêmes mois qui placent les nones au septième jour, placent les ides au quinzième. Pour les huit autres mois, les ides tombent le treizième jour.

4. — *Janus et augustus semper mensisque december* (v. 11). Janvier, août, décembre, ont quatre jours de nones, huit d'ides et dix-neuf de calendes.

5. — *Julius, aprilis, september et ipse november* (v. 14). Avril, juillet, septembre, novembre ont quatre jours de nones, huit d'ides, dix-huit de calendes.

6. — *Sedenis februus cito solus ab omnibus errat* (v. 15). Février avait quatre jours de nones, huit d'ides, quinze et quelquefois seize de calendes.

DIVISION DE L'ANNÉE.

1. — ANNI DIVISIO. C'est la division de l'année telle qu'on l'avait adoptée avant la réforme du calendrier par Jules César : aussi n'est-il point question dans cette pièce des années bissextiles. L'an de Rome 707 (avant J.-C., 46), César, voyant qu'une erreur de soixante-sept jours s'était glissée dans la chronologie, crut y remédier en ajoutant un jour pour une période de quatre ans. Ce

nouveau système laissait encore subsister une erreur de quelques minutes. En 1582, le pape Grégoire XIII la fit disparaître par une réforme définitive, qui porta le calendrier au plus haut degré de précision qu'il soit possible d'atteindre.

2. — *Horæ sunt centum per septem*, etc. (v. 5 et 6). Le détour pris par l'auteur pour arriver au nombre 8760 est au moins bizarre. Le produit de 7 par 100 est de 700; celui de 8 par 1000 est 8000; celui de 6 par 10 est de 60. En additionnant les trois produits 700, plus 8000, plus 60, on a pour résultat la somme de 8760. Or, si l'on considère le jour comme composé de 24 heures, en multipliant par 24 le nombre 365, qui est celui des jours contenus dans l'année, on arrive au même résultat 8760. Donc le nombre fourni par l'auteur est exact. Seulement on pourrait s'étonner de ce qu'il a regardé le jour comme composé de 24 heures. On sait que les anciens divisaient la journée en 12 heures, et la nuit en quatre veilles. Faudrait-il en conclure que l'auteur est un moderne? Chez nous, il y a deux manières de compter le jour : on le compte civilement ou astronomiquement. Le jour civil est divisé en deux fois douze heures, et se compte de minuit à minuit. Les astronomes partagent le jour en 24 heures, et le comptent de midi à midi. De sorte que le jour civil avance de 12 heures sur le jour astronomique. Cependant le Bureau des Longitudes compte le jour astronomique comme le jour civil, de minuit à minuit.

LES ÉPOQUES DE L'ANNÉE.

1. — DE TEMPORIBUS ANNI. Le caractère de cette pièce est tout à fait différent de la plupart de celles qui précèdent et qui suivent. Tandis que celles-ci exposent la science de l'astronomie en termes presque scientifiques et en vers qui rappellent les vers techniques de certains auteurs modernes, nous trouvons ici des idées philosophiques sur les vicissitudes du temps, sur les biens et les maux de la vie; et la manière dont ces idées sont rendues porterait à croire que le poëte est un chrétien des premiers siècles. Ce qu'il y a de certain, c'est qu'il a eu en vue certains passages de *l'Ecclésiaste*; et comme d'un autre côté saint Jérôme paraît avoir cité l'auteur de cette pièce, nous pourrions presque donner à notre hypothèse la certitude d'un fait avéré.

2. — *Tempora gaudendi*, etc. (v. 8 et 9). Ce sont ces vers que le poëte a imités de *l'Ecclésiaste*. Salomon dit (*Eccles.*, ch. III):

« Il y a temps de naître et temps de mourir; temps de planter et temps d'arracher ce qui a été planté. Il y a temps de tuer et temps de guérir; temps d'abattre et temps de bâtir. Il y a temps de pleurer et temps de rire; temps de s'affliger et temps de sauter de joie, etc., etc.

3. — *Volatile tempus* (v. 11). Burmann préfère l'épithète *volubile*; et en effet cette épithète est plus fréquemment employée et semble mieux appropriée au temps. Ovide (*Am.*, liv. 1, élég. 8, v. 49, et *Métam.*, liv. x, v. 519) a dit : *Labitur occulte fallitque volubilis ætas.* Maximianus (élég. 1, v. 103) s'est servi du même terme : *Cuncta trahit secum vertitque volubile tempus.* En parlant d'un fleuve, Horace s'exprime de même : *In omne volubilis ævum.*

4. — *Ver, æstas*, etc. (v. 12). Ce vers se retrouve avec un léger changement dans les commentaires de saint Jérôme sur le prophète Ézéchiel.

LES QUATRE SAISONS DE L'ANNÉE.

1. — *Ver, æstas, autumnus, hiems* (v. 1). Le commencement de cette petite épigramme, vive et serrée, ressemble tout à fait au début d'une autre épigramme qui se trouve dans les œuvres de Bède (1, p. 520):

> Ver, æstas, autumnus, hiems, sunt quatuor anni
> Tempora.....

mais le reste est différent. Celle-ci d'ailleurs est en distiques, au lieu que l'autre est en hexamètres. On pourrait encore rapprocher du vers que nous venons de citer celui qui termine la pièce précédente, intitulée *les Époques de l'année* :

> Ver, æstas, autumnus, hiems, redit annus in annum.

Voici comment dans notre hémisphère, qui est l'hémisphère boréal, les quatre saisons se partagent l'année : le printemps dure 92 jours 22 heures 14 minutes; l'été, 93 jours 13 heures 34 minutes; l'automne, 89 jours 16 heures 35 minutes; l'hiver, 89 jours 1 heure 47 minutes. De sorte que l'été est la plus longue et l'hiver la plus courte des saisons. Le contraire a lieu dans l'hémisphère austral.

NOTES.

MÊME SUJET.

1. — *Aprili vernante novans Aries micat annum* (v. 11). Le printemps commence au 21 mars; l'été, au 23 juin; l'automne, au 23 septembre; et l'hiver, au 22 décembre. Ce sont les deux équinoxes et les deux solstices qui marquent le point de départ de chacune de ces saisons. *Voyez* la note de la pièce précédente.

DÉBAT DU PRINTEMPS ET DE L'HIVER.

1. — Contentio veris et hiemis. Cette espèce d'églogue offre une imitation évidente des pastorales de Virgile et de Théocrite.

2. — *Cuculo* (v. 5). Le coucou est ici pour représenter le printemps. En effet, de même que la plupart des insectivores, il émigre en hiver vers les pays chauds et revient à l'époque de la belle saison dans nos climats. On le voit arriver ordinairement avec le mois d'avril, et disparaître avec septembre. Les naturalistes supposent qu'il se retire en Afrique. Le coucou est surtout connu pour déposer ses œufs dans les nids d'oiseaux d'une espèce différente, mais qui nourrissent également leurs petits d'insectes, comme le bruant, la fauvette, la grive, le merle, la lavandière, le rouge-gorge, le rossignol. Le jeune coucou est ainsi élevé par une mère étrangère, qui souffre même que ses propres petits soient expulsés du nid par le nouveau venu. C'est un fait dont les particularités ont été observées et signalées par Jenner, l'inventeur de la vaccine.

3. — *Modulans rutilo bona carmina rostro* (v. 12). On sait quel est le chant du coucou : c'est à ce chant que l'oiseau doit son nom. Le mâle seul le fait entendre, et seulement quand il est parvenu à sa deuxième année. Au mois de juillet, époque à laquelle il commence à muer, il reste silencieux.

4. — *Nigris.... antris* (v. 14). Quelques-uns croient qu'au lieu d'émigrer, le coucou reste engourdi dans des trous.

5. — *Sunt mihi divitiæ*, etc. (v. 25 et suiv.). Ces éloges de l'hiver sont reproduits, et souvent dans les mêmes termes, par J.-B. Rousseau (*Cantate pour l'hiver*) :

> C'est le père des doux loisirs,
> Il réunit les cœurs, il bannit les soupirs,

Il invite aux festins, il anime la scène :
Les plus belles saisons sont les saisons de peine,
    La sienne est celle des plaisirs.
Flore peut se vanter des fleurs qu'elle nous donne ;
    Cérès, des biens qu'elle produit ;
Bacchus peut s'applaudir des trésors de l'automne,
Mais l'hiver, l'hiver seul en recueille le fruit.....

PEINTURE DES MOIS.

1. — *Rustica Bacchigenis intentans arma novellis* (v. 3). Columelle (*de l'Agriculture*, liv. III) nous a fourni le sens que nous donnons à *novellis*. « Malleolus autem novellus est, palmes innatus prioris anni flagello, cognominatusque a similitudine rei, quod in ea parte, quæ deciditur ex vetere sarmento prominens utrinque malleoli speciem præbet. »

2. — *Hic meruit Februi nomen habere Dei* (v. 4). Macrobe (*Saturn.*, liv. I, ch. 13) fait mention de ce dieu Februus. Il dit, en parlant de Numa : « Secundum (mensem) dicavit Februo Deo, qui lustrationem potens creditur : lustrari autem eo mense civitatem necesse erat, quo statuit ut justa Dis Manibus solverentur. »

On assigne encore une autre étymologie au mois de février :

.....Le mois que le luperque honore,
Et qui tire son nom du far mêlé de sel,
Qu'un licteur désigné doit porter à l'autel.
            (*Lucrèce*, acte III, sc. 3)

3. — *Cinyphii* (v. 6). Le Cinyphus était un fleuve d'Afrique.

4. — *Quem recreat fessum gillo, flabella, melo* (v. 16). Ce vers paraît avoir subi beaucoup d'altérations. *Voir* au t. II de l'*Anthologie*, l. V, les différentes leçons présentées et discutées par Burmann.

5. — *Vestæ* (v. 21). Vesta est ici la déesse qui règne dans les profondeurs de la terre. Quelques commentateurs pensent que le poëte veut parler de l'âne qui tournait la meule du pressoir. L'âne était consacré à Vesta, comme l'indique ce vers de Properce (liv. IV, élég. 1, v. 21) :

Vesta coronatis pauper gaudebat asellis.

NOTES.

OPPOSITION DES DOUZE SIGNES DU ZODIAQUE.

1. — *Exsurgens Chelas*, etc. (v. 1). Ce vers est évidemment altéré. Ce n'est point le Scorpion qui est le signe opposé au Bélier, c'est la Balance. Le Scorpion est opposé au Taureau, ainsi que l'indique le second vers, qui, par conséquent, est en contradiction avec le premier.

2. — *Terga Leonis*. Une autre version porte *signa Leonis*, et elle est peut-être préférable. Le Lion, opposé au Verseau, était aussi pour les Égyptiens l'emblème de l'inondation. Ils peignaient l'inondation par un lion, parce qu'elle arrivait sous ce signe; et de là, dit Plutarque, l'usage des figures de lion vomissant de l'eau à la porte des temples.

3. — *Redit et victoria victis* (v. 6). On peut voir, dans les *Phénomènes* d'Aviénus (à partir du vers 1060), la description du lever et du coucher, non-seulement des douze signes du zodiaque, mais de toutes les constellations attachées à la sphère céleste.

LE SOLEIL.

1. — *Sol, cui vernantur* (v. 2). Altération dans le texte. Heinsius propose de remplacer *vernantur* par *verna novum*.

2. — *Qui dividis axem* (v. 5). Il est très-probale qu'il faut *dividit*, et c'est d'après cette hypothèse que nous avons traduit.

3. — *Sol labor et ribice* (v. 8). Burmann désespère presque de pouvoir ici rétablir le texte. Il propose pourtant *requies*, qui nous paraît une correction très-plausible.

4. — *Sol et Hyperboreo* (v. 10). Le soleil ne se lève pas au nord. C'est pourquoi Burmann est d'avis qu'on remplace *hyperboreo* par *hyperionio*. Mais ne pourrait-on pas entendre le nord-est, qui est en effet, dans les jours d'hiver, le point de départ du soleil ?

5. — *Sol cui surgenti resonat liba* (v. 22). Qu'est-ce que le *liba* ? Les commentateurs l'ignorent. C'est pourquoi nous reproduisons textuellement ce mot dans la traduction.

LE COUCHER DU SOLEIL.

1. — De occasu solis. Cette pièce, dans les manuscrits, est attribuée à Ovide.

2. — *Alludunt pavidi* (v. 5). C'est peut-être une imitation de divers poëtes anciens. Lucrèce (*de la Nature des choses*, liv. II, v. 367), dit :

> Præterea teneri tremulis cum vocibus hædi
> Cornigeras norunt matres ;

et liv. III, v. 7 :

> Aut quidnam tremulis facere artubus hædi.

LA NUIT ET SON CALME.

1. — De nocte et conticinio. L'auteur de cette épigramme observe très-bien la différence qui distingue, pour le sens, les deux mots de *crepusculum* et *diluculum*; que plusieurs ont confondus. Par exemple, c'est à tort que Servius, dans ses commentaires sur Virgile (*Énéide*, liv. II, v. 268), s'exprime ainsi à propos du crépuscule : « Licet utrique tempori possit jungi, usus tamen, ut matutino jungamus, obtinuit. »

2. — *Nox accensetur soli ceu luna diei* (v. 5). La plupart des éditions portent *seu*, leçon fautive et qui détruit tout le charme de la comparaison. C'est à Burmann que nous devons la correction que nous avons adoptée.

L'OCÉAN.

1. — De Oceano. Dans cette pièce, qui offre de remarquables détails de poésie, l'Océan est moins considéré comme la mer elle-même que comme le principe des eaux et de l'humidité, principe vivifiant qui, s'il n'est pas celui de Thalès, s'en rapproche au moins beaucoup.

2. — *Oceane, o placido complectens omnia....* (v. 2). Burmann supplée à la lacune par le mot *vultu*.

NOTES.

SUR LES DOUZE VENTS.

1. — De duodecim ventis. — C'est ce que nous appelons la Rose des vents. Beaucoup plus compliquée chez nous que chez les anciens, elle compte trente-deux vents au lieu de douze, comme on le voit par la figure qui suit :

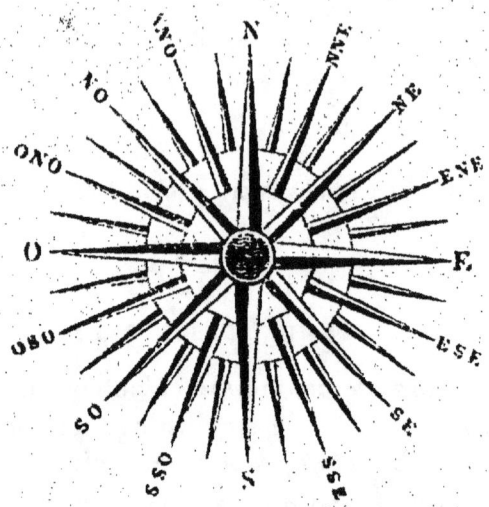

2. — *Atthide lingua* (v. 24). Attique, de même que plus haut Dorique, n'a pas d'autre signification que celle de grecque.

FIN.

TABLE

DES POÉSIES DIVERSES SUR L'ASTRONOMIE
ET LA GÉOGRAPHIE.

	Pages
1. Sur l'astronomie	3
2. Les signes célestes	7
3. Même sujet	ib.
4. Les planètes et les signes du zodiaque	9
5. Les planètes	ib.
6. Les planètes et leurs cercles	11
7. Composition du cadran	ib.
8. L'année	17
9. Division de l'année	19
10. Les époques de l'année	ib.
11. Les quatre saisons de l'année	21
12. Même sujet	ib.
13. Débat du printemps et de l'hiver en l'honneur du coucou	23
14. Peinture des mois	27
15. Opposition des douze signes du zodiaque	29
16. Le soleil	ib.
17. Le coucher du soleil	31
18. La nuit et son calme	ib.
19. L'océan	33
20. Vers sur les douze vents	35
Notes	36

www.ingramcontent.com/pod-product-compliance
Lightning Source LLC
Chambersburg PA
CBHW052135230426
43671CB00009B/1261